言语法研究的语法化视角

林华勇◎编著

科学出版社
北京

内 容 简 介

本书从粤方言出发，对汉语方言的语法化研究现状进行回顾，并试图从语法化的视角，联系语义地图、语言接触等理论方法，对汉语方言中"正""过""来""开""着""讲"等的多功能性进行分析；基于方言事实，对语法化的不一致现象、语法化程度、区域的语法化、持续范畴的分合、言说动词的语法化、语气助词与句末语调的叠加关系、结构的演化、小称功能之间的联系等热难点问题进行分析。实践证明，基于汉语方言事实的语法化研究必不可少。

本书的读者对象主要为对语言学感兴趣的本科生、语言学相关专业的研究生。可作为方言学、语法学、语法化、语言类型学及语言接触等方面教学与研究的参考书。

图书在版编目（CIP）数据

方言语法研究的语法化视角 / 林华勇编著. —北京：科学出版社，2023.10
ISBN 978-7-03-076308-2

Ⅰ. ①方… Ⅱ. ①林… Ⅲ. ①粤语–语法–研究 Ⅳ. ①H178

中国国家版本馆 CIP 数据核字（2023）第 170740 号

责任编辑：王 丹 贾雪玲 / 责任校对：张亚丹
责任印制：徐晓晨 / 封面设计：润一文化

科学出版社 出版
北京东黄城根北街 16 号
邮政编码：100717
http://www.sciencep.com
北京市金木堂数码科技有限公司印刷
科学出版社发行 各地新华书店经销

*

2023 年 10 月第 一 版 开本：720×1000 1/16
2024 年 1 月第二次印刷 印张：18 3/4
字数：342 000
定价：108.00 元
（如有印装质量问题，我社负责调换）

本书是国家社科基金重大项目"清末民国汉语五大方言比较研究及数据库建设"（批准号：22&ZD297）的中期成果

获得中山大学中国语言文学系2022年度学科建设经费资助

序

　　我没踏足过粤西地区，读到林华勇教授的《廉江粤语语法研究》（2014）时曾特意确认过廉江的地理位置，但是这次刚翻到《方言语法研究的语法化视角》这部著作的目录时，就发现不少章节标题中出现的地名及具体位置，我并不是十分清楚，就先从书架最底下一排取出一本好久没打开过的《广东省地图集》（2003），翻了翻有关广东地势、矿产、水资源等情况的地图（其中所附的彩色动物分布图告诉我，廉江附近有穿山甲和黑尾蟒），果然查到了"吴川"和"怀集"这两个地点，还看到了"北流"位于廉江市附近的广西壮族自治区，但"贵港"（旧称"贵县"）只得另外翻看广西的地图了。《方言语法研究的语法化视角》的关键词还包含"语言接触"（language contact），所以打开《中国语言地图集（第2版）：汉语方言卷》，确认了B2-1地图上闽、客、粤方言拼图似的分布，以及根本无法划出方言分区界线的B2-2地图（广西壮族自治区的汉语方言A），看到贵港地区写着"YKP"（粤语、客家话、平话），接下来又打开少数民族语言卷看了C2-5地图上"标话"在广东省西北部的分布，也确认了C2-3地图上贵港地区被涂成了均匀的淡黄色（壮语）。书中有两章还讨论四川资中方言（西南官话），说明这本书观察的语言现象的分布远远超出了狭义的华南地区，也涉及了官话方言以及汉语以外的语言。

　　《方言语法研究的语法化视角》的第1章概括了以粤方言为主的方言语法化研究的现状。有关粤方言的各种域内域外文献原来就非常丰富，记载了19、20世纪每一个阶段的历史演变，研究粤方言的各位专家也特别活跃，所以第1章这个"导读"不是多余的。第2章就把读者带到没有受到语言学界太大关注的粤西地区，介绍这个闽、客、粤三大方言接触频繁的地区的独特区域性特征，让读者发现粤西地区是个语言接触事例的宝库，有条件为接触引发的语法化（contact-induced grammaticalization）理论提供不少资源。

　　书中有5章为以"多功能"为轴心的个案研究，对不同方言的"正""过"

"来""开""着"等做了细致严谨的分析,揭示了中国南方式的多元语法化(polygrammaticalization)模式的面貌。其中的"过""来",再加上"起身",也为进一步讨论空间趋向形式的各种语法化途径提供了宝贵材料,支持或者丰富了吴福祥(2010a)提出的汉语趋向动词语法化的类型。讨论"正""讲""来""开"的几章以及讨论疑问助词的第13章,涉及了句末助词及其助词化过程这一热门话题,这也正是汉语方言研究可以为跨语言研究和类型学研究带来决定性突破的问题。除了以某一个形式为主的阐述部分外,书中最后两章讨论构式的语法化和词缀的功能。第14章介绍来源于反复问句的重叠式疑问格式,即否定词消失后在动词上不留下痕迹的那一类型。第15章专门探讨粤方言在小称形式功能方面的内部差异,也是汉语方言研究能够为一般语言学做出贡献的领域。

这本书涉及的语言材料和语法化理论问题丰富多彩,我在这儿仅选择有关"开"的第6章作进一步的评论。"开"在贵港粤语里有完成体用法("开$_1$"),这个功能虽然在当地客家话和其他客家话里都很常见,但在其他粤方言里却较为少见。作者经过对历史文献的细致考察(包括巴色会19世纪末、20世纪初的材料),得到的结论是贵港粤语的"开$_1$"大概是在客家话的影响下发展而来的。我曾经考察过巴色会编的客话圣经中的三种高频完成体标记"开""哩""倒"与动词的组合情况,对"开"的完成体用法还记得清清楚楚。最近有机会到访100年前曾是客家话"地盘"的深圳布吉等地,感受很深,不由得赞赏这个"弱势方言"成为模式语(M语)的分析——这是对"弱势方言"不能成为模式语的反击。始续体标记"开$_2$"也有自己的特点:与广州话相比,贵港的"开$_2$"只能和姿势动词组合,表达"对特定空间的临时占有",显示出与人体相关的动词词汇在体貌标记衍生过程中的重要性。至于兼标注"意外"的实现体助词"开$_3$",作者认为这是本地粤方言的自我拓展,不是"外来品"而是个"土特产"。作者用语义地图很好地显示了贵港粤语、贵港客语和广州话共有的动词、趋向补语、动相补语功能,也提示了讨论对象"开$_{1,2,3}$"有可能经历过的语法化途径。

最后还想提到的是,对身在国外的读者来说,这本书有一个非常值得推荐的理由:每一章都包括相当全面的研究综述和相关的参考文献,反映了中国最近20年方言语法研究在选材方面的深化和理论上的进展。

柯理思(Christine Lamarre)
2022年8月14日

前　言

0.1　方言语法的描写与语法化视角

为什么要谈方言语法的描写？先从以下三点说起。

第一，传统观点认为，描写是汉语方言语法研究的第一要务。这个观点不但不会过时，而且越来越得到学术界的认可和重视。对一种方言的语法现象进行描写，这是汉语语言学的基础性工作，其本身就是研究，可称为"方言语法描写研究"。这一点毋庸置疑，但其重要性往往又容易被学术界忽视。

第二，方言研究是语言研究，方言语法研究就是语法学研究。方言研究用的是语言学的方法，语法学的理论同样适用于方言语法研究。不少人误认为方言研究仅局限于某一地域，其意义有限，难有大作为，难登学术"大雅之堂"。这种认识上的偏差，跟语言学的普及程度不够有关，但也体现了学术界对语言学或人文学科研究的极大误解。费孝通的人类学名著《江村经济》（2006），不也正是对其故乡（江苏省吴江县[①]开弦弓村）的农村经济生活进行探讨吗？一方面，语言学同一些人文学科的研究一样，宜从点到面，由小及大，逐渐铺开。所以一开始便追求"宏大叙事"的做法，往往操之过急，难以驾驭，结果适得其反。另一方面，最重要的是，方言语法研究与标准语语法研究一样，既可以反映人类自然语言的共性规律，也可以反映某种语言的个性特点，也许在某些方面比标准语更具个性。因此，对方言语法进行描写研究，不管从哪个角度说，都是有价值的。

可以借用邓思颖（2013：14）的一段话，来说明方言语法研究的方法及重要性，引录如下：

[①] 2012年，经国务院批准，撤销县级吴江市，设立苏州市吴江区。

方言语法研究应该属于语法学研究的一个范畴，语法学研究的本质就是研究词和短语的组合规律。先从形式结构认识方言特点，就好像建构大楼前先要有详细的工程图，把每个细节了解清楚后，我们才可以把大楼一层一层搭建起来，建构在稳固的基础上，不容易倒塌。倘若离开仔细的语法描述、缺乏严谨的比较研究，光谈宏观的语言接触或语言演变问题，恐怕只能得出模糊的印象。

　　我们时常会被问到这样一个问题："你所从事的方言研究（或方言语法研究），对语言学（或语法学）有哪些贡献？"这个问题乍一听有些"尖锐"或"不够友好"，但仔细想想，我们确实有责任、有义务去思考：方言研究或方言语法研究，能为语言学的理论方法做出什么样的贡献？对本书而言，汉语方言语法研究，能为语法化理论等提供哪些营养？这是写作的初衷。

　　第三，描写研究没有止境。语言描写的背后往往存在某种理论背景，比如赵元任运用结构主义对北京话进行详细的描写，写成了 *A Grammar of Spoken Chinese*（1968），该书翻译成《汉语口语语法》（吕叔湘译）（1979）、《中国话的文法》（丁邦新译）（1980），是汉语语言学研究的丰碑，为经典之作。理论方法就像一面镜子，由于角度、方法上的更新，可发现新的或者以往被忽略的事实，看到语言不同的侧面。把新发现的语言事实或不同侧面呈现出来，是对以往描写的补充。描写越充分、越全面，就意味着对该语言的认识越深刻，对人类自我的认识又往前迈进了一小步。因此，从这个角度来说，描写是新理论、新方法的试金石，是一项不折不扣的创新性的工作。既然是创新，自然没有止境。

　　那么，方言语法的描写研究，跟语法化理论有什么关系呢？学界一般认为，语法化这一术语，最早是由法国语言学家 Meillet（1912）提出的。国内较早介绍语法化概念的是沈家煊，他在1994年的《"语法化"研究综观》中对"语法化"作了如下定义。

　　　　"语法化"（grammaticalization）通常指语言中意义实在的词转化为无实在意义、表语法功能的成分这样一种过程或现象，中国传统的语言学称之为"实词虚化"（沈家煊，1994：17）。

　　此后，刘坚等（1995）、沈家煊（1998，1999）、洪波（1998，1999）、江蓝生（1999，2002）、石毓智和李讷（2001）、石毓智（2003，2006，2011）、刘丹青（2001，2002）、方梅（2002）、吴福祥（2002，2003，2005a）、彭睿（2020）

等，围绕汉语词汇语法化及实词虚化、构式语法化、语法化机制、语法化程度与语音变化表现等问题展开了深入的研究。吴福祥（2005b）等曾对语法化研究进行了回顾，并提出了有待研究的问题，主要关注现代汉语普通话与汉语史中的语法化现象。

《语法化与语法研究》（商务印书馆）的出版，可以说是语法化理论与汉语语法研究紧密结合的标志性成果。2015 年，石毓智所著的大部头《汉语语法演化史》面世；2017 年，分别由江蓝生、吴福祥、杨永龙、李宗江、张谊生、陈昌来、陈前瑞、董秀芳、史金生所著的九本论文集构成的"语法化词汇化与汉语研究丛书"得以出版。这说明，语法化理论在汉语学界已得到高度认同，并深入人心。

语法化是汉语学界关注度、参与度较高的理论方法，用于汉语研究（方言语法研究也不例外），与传统研究"实词虚化"一拍即合。该理论仍在不断地发展、完善，这一点在史文磊（2021）的文章中有充分的体现。本书写作的初衷是希望能为语法化理论建设添砖加瓦，我们仍从描写方言事实出发，从结构主义出发，但又突破传统结构主义语言描写的做法——把语法化的动态演变（"动"）的因素，引入方言语法的描写（"静"）之中，试图打通共时和历时的关系，归纳、总结出一个"静-动"结合的共时描写（比较）框架（林华勇等，2021）。

语法化理论要求方言语法研究者以动态或演变的眼光来看待方言。方言或语言时刻处于演变的过程中。即便一时一地的方言，也存在动态演变的表现，要把方言语法的这些表现描写出来，需同时具备共时和历时的眼光。朱德熙（1985）明确指出，不应该把历史研究和断代描写割裂开来，"画地为牢"。即便是共时的描写，也能反映出语言动态演变的信息，如有条件，还可以进一步与历时演变相比较。

从语法化的角度去观察、描写方言语法（大多是口语语法）现象，是 20 世纪末至今方言语法描写研究的一个新视角。以往方言语法的描写，通常根据语音、词法（或词的"形态"）、句法等顺序进行。讲词法时，分名词、动词、形容词、介词、副词、助词等不同词类进行描述；讲句法时，根据不同的句式进行描述。21 世纪以来，方言语法研究逐渐呈现专题化的趋势，跨语言/方言的比较逐渐增多，讨论方言语法化问题的文章也越来越多。

0.2　方言的语法化研究什么？

汉语是分析性语言，存在大量一词（或语素）多义、一种结构形式或手段表示多种意义或功能的多功能语法形式。这为语法化研究提供了一个绝佳的用武之地。换句话说，语法化理论适合汉语这样一种分析性语言。

本书是在笔者主持的国家社科基金青年项目"粤西粤方言的多功能语法形式"（项目编号：12CYY007）研究成果的基础上，进一步修改而成的。原项目成果针对粤西廉江、吴川、高州、化州和阳江等地粤方言进行专题式的调查和研究，范围包括表达小称、持续、处置、疑问、被动、趋向等范畴的多功能语法形式，此外，还包括重叠形式。囿于篇幅，个别偏谈描写的研究暂不包括进来，拟放在另一本主谈方言语法描写的专著中。本书在对多功能语法形式的功能进行描写的基础上，以语法化为主要理论背景，根据实际研究需要，再结合语义地图模型（semantic map model）或相关语言接触理论，进行适当的跨语言/方言的考察或解释。语法化与语义地图模型、语言接触理论，在方言语法研究中可以互相结合、互相补充（见第 2 章）。

本书从熟悉的粤西方言出发，顺藤摸瓜，考察了广西贵港、北流，广东怀集、新会、顺德[①]，四川资中等地汉语方言以及当地民族语言相关的多功能语法形式，并展开一定范围内跨语言/方言的比较。本书重点关注汉语方言中多功能语法形式的功能描写，在描写的基础上，尝试结合早期方言语料，或从共时系统提供的信息中，按照语法化的原则（如单向性原则、渐变性原则等），重构其语法化过程或途径，或对形式的来源进行探讨。主要内容和观点分三个部分，简述如下。

0.2.1 方言范畴的描写与比较

持续范畴：粤方言持续范畴可根据不同形式三分为：动作持续（动作进行）、状态持续和事态持续。包括粤西在内的 11 个粤方言点的事实说明：由于跟谓语动词密切结合，动作持续（动作进行）和状态持续的区分并非泾渭分明，其区分在粤方言中呈连续统分布的模式；语素"在"表示事态持续存在于西部（粤西、广西）粤方言中。

言说范畴（动词和语气助词）：从粤西廉江粤方言言说动词向"标句词"、引述话语标记、语气助词等演变出发，对照广州粤方言及西部粤方言等，联系早期粤语[②]材料，发现粤方言言说性语气助词已经分化为"直述"和"转述"两种功能，其形式差异通过音高或采用不同来源的语素（如"讲"和"话"）来表现。

重叠式疑问范畴：谈重叠式疑问句（如"去去？去不去？"）时，学界极少提及粤方言。但怀集、顺德两地的粤方言不光存在重叠式表疑问的现象，而且其"重

[①] 指江门市新会区、佛山市顺德区。
[②] 早期粤语是指 19 世纪到 20 世纪初的口语文献所记录的粤方言。

叠化"的程度比目前所发现的方言更甚。对比研究发现，怀集、顺德的重叠式疑问句是粤方言自身发展所致，但其反方向（向"VP-not-VP"演化）的进程，又分别受到标话与广州话的影响。

小称范畴：从粤西高州方言出发，进而联系廉江、阳江、吴川三地粤方言，根据小称形式附着的不同语法单位所表示的语义功能，提出了小称范畴语义功能的五个类别及演变模式；与其他语言相比，汉语方言小称范畴的表现十分突出。

0.2.2　句末语气助词的功能、分类及探源

语气助词范畴是方言语法研究的难点，是方言语法研究水平的试金石。对粤方言句末语气助词的探讨是本书的一个重点。除了上述的言说性语气助词外，还包括以下两个语气助词问题。

源自趋向动词的语气助词："来"是汉语中出名的多功能词，如廉江粤方言的"来"具有语气助词等多功能性（林华勇和郭必之，2010a）。在四川资中方言中，"来"的功能之丰富程度，相对廉江方言而言，有过之而无不及：除作趋向动词外，还可作补语（动相补语或傀儡可能补语）、状态补语标记、体助词、语气助词；其中，语气助词功能丰富，可表确认、惊讶及提醒，提醒又包括话题标记和委婉用法两种功能。在对以上"来"的多功能性进行描写的基础上，可重构趋向动词"来"的语法化过程。方言中多功能词"来"的存在，证明了汉语普遍存在"趋向动词>体貌标记>语气助词（含话题标记）"的演变模式。这一演变模式在世界语言中并不十分常见，反映出汉语的个性。

语气助词与句调：探讨句末语调对疑问语气助词的影响。廉江粤方言存在一个高升的疑问语调，该句末语调完全覆盖（覆盖叠加）或连续叠加在语气助词的音高上，形成了疑问语气助词读高平或高升的情况。根据具体音高，可进一步区分句末语气助词的"语气化"程度；根据不同形式的疑问语气助词，可得出方言是非问句的疑问系统。

0.2.3　语法化与语言接触及语义地图模型

先行体范畴的语法化与语言接触：廉江粤方言中的"头先"和"正"都存在多功能性。"头先"有作方位名词、时间名词、先行动态助词的用法；"正"有形容词、副词（表时间、条件和语气）、先行事态助词、语气助词的用法。联系早期粤语、客方言，以及现代粤西粤方言、客方言等，发现廉江粤方言中"头先""正"的多功能性的来源均与当地客方言的接触有关，属接触引发的语法化现象。接触引发的语法化是探讨多功能语法形式来源问题的一个重要角度和方向。

完成体范畴的语法化与语义地图：同样，广西贵港粤方言的"开"也是个可表体貌意义的多功能词。作动词时表"开启、开动""离开""分离"义，可作趋向补语、结果补语、动相补语，进而演变出完成体和始续体的意义。句末的"开"还兼表实现体和出乎意料的语气（"意外实现体"）。从语义地图看，贵港粤方言完成体、始续体和意外实现体三种体貌用法，分别是复制当地客方言、粤方言固有用法及自身功能扩展的结果。

以上两个个案，是语法化、语义地图模型与相关语言接触理论在汉语方言中的具体实践。

此外，本书还利用语义地图，结合语法化和语言接触的理论，探讨了广西北流粤方言"著"（阳入）的多功能性及来源问题。

本书提供了汉语方言中多功能语法形式的大量语法事实，它们通常是第一手材料。在坚持描写的基础上，尝试从语法化的视角对相关事实和材料进行分析，可进一步体现和提升方言语法研究的材料价值和理论价值。希望本书有利于纠正学术界对方言语法研究认识上的某些"偏见"：一是认为方言语法研究只关注描写、不关注理论，或说只需要描写、不需要理论；二是方言语法研究仅仅对方言研究有用，对语法史、标准语（普通话）研究无关紧要，与普遍语言理论建设更是沾不到边儿。如果本书能起到一点"纠偏"的作用，所作努力也算是没有白费了。

0.3 特别说明

本书的"粤语"即粤方言，"客家话""客话"或"客语"即客方言，"闽语"为闽方言等。"广州方言""广州话"即广州粤方言，"廉江方言""廉江话"即廉江粤方言。全书暂不强求说法上的统一。为便于阐述，在不影响阅读的情况下，有时直接用地名替代该地方言，如广州的"来"，即广州方言或广州话的"来"。以下不再另行说明。

目 录

序

前言

第 1 章 方言语法化研究的现状：以粤方言为例 ·········· 1
  1.1 研究语料 ·········· 1
  1.2 研究对象 ·········· 3
  1.3 与语法化相结合的理论方法 ·········· 7
  1.4 粤方言语法化研究的三个阶段及展望 ·········· 10

第 2 章 接触引发的语法化与语义地图相结合：粤西方言的一组区域性语法特征 ·········· 12
  2.1 接触引发的语法化与语义地图模型 ·········· 12
  2.2 两者相结合的框架：研究的新动向 ·········· 14
  2.3 粤西方言的一组区域性语法特征 ·········· 17
  2.4 接触引发的语法化与语义地图模型相结合 ·········· 28

第 3 章 多功能性研究（一）：廉江方言的"头先"和"正" ·········· 30
  3.1 引言 ·········· 30
  3.2 廉江方言"头先"的多功能性 ·········· 31
  3.3 廉江方言"正"的多功能性 ·········· 34
  3.4 "头先""正"的句法语义差异及语法化过程 ·········· 37
  3.5 廉江方言"头先""正"多功能性的来源问题 ·········· 40
  3.6 小结 ·········· 50

第 4 章　多功能性研究（二）：资中方言的"过" ……………… 51
4.1　引言 ……………… 51
4.2　作趋向动词的"过" ……………… 52
4.3　作体助词的"过" ……………… 52
4.4　作介词的"过" ……………… 56
4.5　早期语料中"过"的用法 ……………… 58
4.6　资中方言"过"的语法化途径 ……………… 60
4.7　小结 ……………… 62

第 5 章　多功能性研究（三）：资中方言的"来" ……………… 63
5.1　作趋向动词和补语的"来" ……………… 63
5.2　"来"的助词用法 ……………… 65
5.3　资中方言"来"的语法化途径 ……………… 74
5.4　小结 ……………… 76

第 6 章　多功能性研究（四）：贵港粤方言的"开" ……………… 78
6.1　引言 ……………… 78
6.2　贵港粤方言"开"的动词用法 ……………… 79
6.3　从动相补语到体助词 ……………… 80
6.4　贵港粤方言"开"体貌用法的来源 ……………… 84
6.5　小结 ……………… 91

第 7 章　共时、历时的一致与不一致：廉江方言的"起身" ……………… 93
7.1　"起身"的语法化 ……………… 93
7.2　近代汉语、普通话的"起身" ……………… 100
7.3　语法化的不一致现象 ……………… 105
7.4　小结 ……………… 109

第 8 章　语法化程度的差异：新会（会城）粤方言的两个完成体标记 ……………… 110
8.1　引言 ……………… 110
8.2　新会话的完成体（了$_1$）和实现体（了$_2$） ……………… 111
8.3　"减"与"□[ə]"的句法差异 ……………… 111
8.4　"A 得+微些/□[nit^5]"结构 ……………… 116
8.5　"减"是补语还是体助词？ ……………… 116

8.6　小结 ··· 117

第9章　语言区域与语法化：北流粤方言"着"（阳入）的多功能性及其探源 ··········· 119

9.1　引言 ··· 119
9.2　"着"（阳入）的动词用法：语义演变 ··· 120
9.3　被动标记：动词前发生的语法化 ·· 123
9.4　动词后发生的语法化 ··· 124
9.5　"着"（阳入）的语义演变及语法化途径 ······································· 126
9.6　"着"（阳入）的多功能性探源 ·· 130
9.7　小结 ··· 140

第10章　持续体貌的分与合：以粤方言为例 ·· 142

10.1　引言 ·· 142
10.2　三分的持续体貌系统 ··· 143
10.3　粤方言的动作进行和状态持续 ··· 144
10.4　粤方言的事态持续 ··· 153
10.5　粤方言持续体貌系统的特点：与其他东南方言及早期粤语相比较 ········· 154
10.6　小结 ·· 161

第11章　言说动词的语法化：廉江方言"讲"的语法化 ····························· 162

11.1　引言 ·· 162
11.2　"讲$_1$"：自我表述标记 ·· 162
11.3　"讲$_2$"：引述标记 ·· 165
11.4　"讲$_3$"：小句标记 ·· 171
11.5　"讲$_4$"：话题标记 ·· 174
11.6　小结 ·· 175

第12章　转述和直述：言说性语气助词的功能分化 ··································· 177

12.1　引言 ·· 177
12.2　对广州（或香港）粤方言"㗎"的一些看法 ································· 178
12.3　转述功能与直述功能 ··· 180
12.4　语法化 ·· 187
12.5　主观化 ·· 195

12.6 声调、主要元音开口度对语气的影响 ……………………………… 196
12.7 小结：言说性语气助词的来源与共现情况 …………………………… 198

第13章 句调与疑问：廉江方言疑问句末语调与语气助词的叠加关系 ……… 199
13.1 引言 ……………………………………………………………………… 199
13.2 单字调和疑问句末语调 ………………………………………………… 200
13.3 叠加于语气助词的疑问语调 …………………………………………… 202
13.4 余论：是非问句的分类 ………………………………………………… 205

第14章 结构的演化：怀集（下坊）粤方言的重叠式疑问句 ……………… 207
14.1 引言 ……………………………………………………………………… 207
14.2 怀集（下坊）话重叠问的构成 ………………………………………… 209
14.3 怀集（下坊）话重叠问的类型学意义 ………………………………… 219
14.4 怀集（下坊）话重叠问的来源探讨：
　　 联系标话和顺德（容桂）粤方言 …………………………………… 223
14.5 小结：结构的语法化和接触引发的"钟摆现象" …………………… 242

第15章 形式与功能的联系：粤西粤方言的小称范畴 ……………………… 244
15.1 引言 ……………………………………………………………………… 244
15.2 粤西粤方言的小称形式 ………………………………………………… 245
15.3 小称功能与所附单位——以高州为例 ………………………………… 250
15.4 小称功能的分类与联系 ………………………………………………… 257
15.5 粤西粤方言小称的共性和个性 ………………………………………… 262
15.6 小结 ……………………………………………………………………… 263

结语 ………………………………………………………………………………… 265

参考文献 …………………………………………………………………………… 267

后记 ………………………………………………………………………………… 280

第 1 章

方言语法化研究的现状：以粤方言为例

近些年来，语法化研究逐渐成为粤方言语法研究的热点问题。本章以粤方言（从俗，有时也称粤语）为例，基于所收集到的逾百种文献，从使用语料的特点、研究对象的类别、研究方法与理论等方面对粤方言的语法化研究现状进行梳理和总结，管窥方言中的语法化研究现状，以期有所启发。

1.1 研究语料

1.1.1 使用共时语料

在讨论接触引发的语法化问题时，不少学者结合了粤方言周边闽方言、客方言等方言语料进行分析，如吴福祥（2010a），陈前瑞、王继红（2010），郭必之、林华勇（2012），片冈新（2015），秦绿叶（2015）等。部分研究结合了民族语言，主要探讨接触引发的语法化问题，说明其他语言也存在平行性语法化现象。相关研究包括覃凤余、吴福祥（2009），郭必之（2010，2014），覃东生、覃凤余（2015），黄阳（2016）等。一部分研究专注于香港/广州粤方言，如 Chor（2013）、Yiu（2013）等。另一部分研究则结合多地语料展开，目的是寻找粤方言演变的共性规律，如高婉瑜（2007）运用了詹伯慧、张日升（1988，1994，1998），黄伯荣（1996），汤志祥（2000），邵慧君（2005）等所记录的语料，讨论粤方言小称的语法化轮回问题，涉及了广州、中山、东莞、阳江、茂名等地的粤方言。

1.1.2 共时语料与历史语料相结合

除现代语料外，部分研究还结合了早期粤语语料讨论语法化问题，如粤讴、清末《圣经》粤方言译本、20世纪中期粤方言电影对白等历史语料，相关研究有杨敬宇（2005，2006）、林俐（2005）、Leung（2006）、片冈新（2007，2010，2015）、姚玉敏（2008）、丘宝怡（2008）、Chin（2011）、Chor（2013）、林晓玲（2014）、黎奕葆（2015）等。郭必之、片冈新（2006）考察早期广州话完成体标记"晓"的来源及演变时，结合东莞、蚝涌、中山、澳门、南海[①]等地粤方言，明确了早期粤语的"晓"应为"休"。结合早期客家、粤方言语料讨论接触引发的语法化途径，如林华勇、李雅伦（2014），片冈新（2015）等；有的还结合近代汉语语料进行研究，如麦穗（2002）、林华勇（2006）等。

早期粤语语料对研究粤方言历时变化和语法化问题举足轻重。Yue（2001）研究动补结构时，整理了30多种早期粤语语料，之后她（Yue，2004）又结合大量相关文献，呼吁关注粤方言的历时研究，并着重介绍了其中的14种，将其分为五类：关于广州粤方言、关于中国、粤人写的资料、教科书、圣经及宗教性的资料。不少学者在关注语法化等相关问题时，也收集整理了大量早期粤语语料。

就目前掌握的文献资料看，早期粤语语料主要有19世纪传教士所编的《圣经》粤方言译本、粤方言改编的圣经故事、粤方言教材及词典，广东人所编的英语教材等，常见的有：*A Vocabulary of the Canton Dialect*（《广东省土话字汇》，1828，简称《土话字汇》）、*A Chinese Chrestomathy in the Canton Dialect*（《广东方言读本》，1841，简称《读本》）、*Easy Lessons in Chinese*（《拾级大成》，1842）、*A Vocabulary with Colloquial Phrases of the Canton Dialect*（1854）、*An English and Cantonese Pocket-Dictionary*（《英粤字典》，1859）、*Easy Phrases in the Canton Dialect of the Chinese Language*（《英华常语合璧》，1877）、《散语四十章》（1877）、*Cantonese Made Easy*（1883、1888、1907、1924，简称 *CME*）、*A Chinese and English Phrase Book in the Canton Dialect*（《英语不求人》，1888、1920）、*Beginning Cantonese*（《教话指南》，1906、1927）、*How to Speak Cantonese*（1902、1912，简称 *HTSC*）、《广州俗话书经解义》（1893）、《广州俗话诗经解义》（1893）、《分类通行广州话》（1925）、《耶稣言行撮要俗话》（1863）等。19世纪《圣经》的粤方言译本众多，从1862年单篇《马太福音》面世到1894年新旧约全译本出版，历时30多年，为粤方言的历时研究提供了基础。

香港科技大学公开了"早期粤语口语文献资料库"（Early Cantonese Colloquial Texts: A Database）[②]、"早期粤语标注语料库"（Early Cantonese Tagged

---

[①] 指佛山市南海区。
[②] 早期粤语口语文献资料库检索网址为 http://database.shss.hkust.edu.hk/Candbase/。

Database）①，分别收录整理了 7 种和 10 种早期粤语材料。此外，还有口语语料库如"香港粤语语料库"（Hong Kong Cantonese Corpus，2006）、"香港二十世纪中期粤语语料库"（A Linguistic Corpus of Mid-20th Century Hong Kong Cantonese，2012）等。后者收录整理了香港 20 世纪五六十年代播出的 21 套粤语长片的语料，为粤方言的历时研究提供了便利。

1.2 研究对象

按研究对象进行回顾，可发现粤方言语法化研究主要关注动词及动词词组、动词后置成分、句末助词、词缀、结构助词与指示代词、语法结构和句式、话语标记等方面的语法化问题。

1.2.1 动词的语法化问题

粤方言语法化研究中最早关注动词虚化的问题，其中，受到较多关注的是动词到动态助词的语法化及言说动词、趋向动词的语法化等。詹伯慧（1958）较早注意到粤方言（广州话）中的"亲、住、翻、埋、添"存在虚化用法。21 世纪前后，学者开始关注动词的语法化过程，如杨敬宇（1999）、麦穗（2002）分别对广州、贵港的动态助词"住"的语法化进行探讨，构拟其语法化途径。之后，方小燕（2003）介绍了广州话的"到"的四种用法（作为动词、结果补语、程度补语标记、表完成的动态助词），并分析其语法化过程。

最早提出广州话句末助词"wo（㗎）"由"wah（话）"和语气助词"oh"合音构成的是赵元任（Chao，1947）。Matthews（1998）明确指出句末三个调的"wo（㗎）"表达不同的传信功能和意外功能。麦耘（1998）则认为广州话句末语气词"㗎"用于反诘语境，引申出了"大不以为然"的功能。邓思颖（2014）把表达传信的"㗎"归入谓词性语气词。专门探讨言说动词语法化问题的研究有林华勇、马喆（2007），林华勇、李敏盈（2017）：前者认为廉江粤方言的言说动词"讲"分别语法化为自我表述标记、引述标记、标句词和话题标记；后者把粤方言的言说性句末助词分为直述和转述两大类，并考察其共现顺序。

趋向动词的语法化也是热点之一。林华勇、郭必之（2010a）讨论了廉江粤方言多功能词"来""去"的语法化问题。郭必之（2014）认为广西南宁地区语言中的"去"义语素包括趋向动词、趋向补语、程度事态助词和使令助词等用法，

---

① 早期粤语标注语料库的检索网址为 https://database.shss.hkust.edu.hk/Cantag/。

并重构了其语法化途径。Yiu（2013）考察粤方言趋向动词和趋向补语的表达路径，认为动词和趋向补语在粤方言中的融合程度没有普通话高。

给予动词"畀"的语法化也是热点之一。Chin（2011）探讨粤方言双宾动词"畀"具有间接宾语标记、受益者标记、使役动词、被动标记、工具标记五种功能，通过跨语言/方言比较，他认为以上五种功能都从双宾语动词"畀"语法化而来。林晓玲（2014）则认为广州话的"畀/俾"的语法化存在"给予动词＞方式义介词/与格标记""给予动词＞使役义动词＞被动标记"的语法化途径。单韵鸣（2009）对动词"够"的语法化进行了探讨。

部分研究关注动词的词汇化和语法化问题。林华勇（2006）考察了廉江粤方言中"起身"的词汇化和语法化途径，认为"起身"经历了从动词词组到动词、从动词向虚词发展的两个阶段。还有部分研究关注动词语法化伴随出现的音变问题（钟棣庆，2013）。

1.2.2 动词后置成分相关的语法化问题

这部分内容包括了体标记或动态助词等成分，它们的共同特点是都处于动词或动词短语之后。研究大多是从现有虚成分出发，回溯其语法化途径，如竹越美奈子（2005）关注粤方言动词前、后的"喺度"，将其与吴语、闽方言语的近似形式进行对比，认为粤方言的"喺度"表达持续的功能尚未完全成熟。

相当一部分后置成分源自趋向动词的语法化。后置成分"过"是语法化研究的热点。林俐（2005）利用《花笺记》等粤方言俗曲文本，考察了广州话动态助词"过"的语义功能及其语法化过程。严丽明（2009）描述了表修正的助词"过"的使用条件，认为其核心意义是对相关动作行为不如意结果的修正。覃凤余、吴福祥（2009）认为南宁白话中的与格介词"给过"源于给予动词"给过"的语法化，短差比式"X+A+过"则来源于"X+A+过+Y"中的基准"Y"删略。

再如 Chor（2010）探讨"埋"的语法化过程，认为附于动词后的方向助词用法，是从表"接近"的趋向动词语法化而来，接着发展为表"附加"的量化助词，并进一步语法化为主观评价标记。Chor（2013）讨论趋向动词向体助词"返"的语法化过程，结合 19 世纪至今的方言材料，认为"返"从趋向动词发展成体标记，并进一步发展为具有主观评价色彩的标记。

体标记探源始终是语法化研究的一大热点。郭必之、片冈新（2006）描写了早期广州话动词后"晓"的语法特点，探讨"晓"的语法化途径和后期弱化乃至消失的原因。姚玉敏（2008）从共时和历时的层面，探讨粤方言开始体标记"起上嚟"的产生。片冈新（2010）分析 19 世纪到 20 世纪的粤方言口语料，探索粤方言"紧"体貌功能（包括表时段的体貌、持续体貌、未来的标记等）的形成过程，认为其实现体功能跟 19 世纪的处所结构"V 近处"有密切关系。秦绿叶（2015）从粤客接触出发，认为广东化州、连山粤方言的持续体及进行体标记"稳"与客方言有关，是复制自客方言并语法化而成的。

1.2.3　句末助词相关的语法化问题

部分粤方言句末助词源于动词，但在共时层面已演变为与动词不同的形式。邓思颖（2014）关注"罢喇""系喇""啤""呙"四个谓词性语气词，推测它们分别由动词"罢"+喇、动词"系"+喇、动词"估"+啊、动词"话"+啊合音并语法化而成。Leung（2006）通过追溯香港粤方言句末助词"wo（呙）"19 世纪以来在觉悟、提醒、引用、对立四个功能上的更迭与发展，认为"wo3"可能源自动词"话"（waa6）的语法化或句末助词"嚤"（bo3）的弱化。

在语言接触方面，覃东生、覃凤余（2015）在区域语言学的视角下，关注广西南宁、石南等地粤方言"去"作为句末成分的用法，认为这一用法源于壮语，是语言接触下语法复制的产物。多功能词的语法化研究多与语言/方言接触有关，如郭必之、林华勇（2012）认为廉江粤方言中动词后的"倒"可用于表示持续、确定体意义，这些意义与客方言有关，再如郭必之（2014）对广西南宁"去"（含句末语气助词用法）的多功能性及语法化进行了探讨，认为其语法化与壮语接触引发的复制有关[①]。

句末语气助词常与主观性及主观化有关。梁慧敏（2016）从主观性的角度出发，探讨句末助词"啫"的功能及语法化过程。该文结合早期粤语语料，认为"啫"的语义引申模式为"低限→轻描淡写→解释说理→反驳→不满→请求"，是一个主观化与语法化相结合的演变过程。

也有部分学者关注句末位置整体的语法化程度。邓思颖（2016）在对反复问句的联合结构进行分析时，认为粤方言句末助词数量丰富，所表达的意义和功能变化多端，反映出句末位置的成分已发生高程度的语法化。

1.2.4　词缀相关的语法化问题

粤方言词缀的语法化研究集中在两个方面：小称词缀的语法化和状貌词词缀的语法化。相对而言，前者起步较早，研究较多。

粤方言小称的语法化与名词有关，学界较为关注粤西粤方言的小称问题。邵慧君（2005）探讨了茂名粤方言的小称从儿尾到儿化的语音演变过程，认为使用

---

① 跟西部粤方言有关的多功能词的语法化研究方兴未艾，如黄阳（2016）对南宁粤方言的多功能词"晒"进行描写，认为"晒"的多功能性与广西官话及壮语的接触有关。

范围的扩大、语义虚化与小称标记的确立有关。林华勇、马喆（2008）关注廉江粤方言"子"义语素与小称的语法化问题，认为从语义与分布来看，廉江粤方言的小称具有连续性，体现了不同程度的语法化。高婉瑜（2007）、林华青（2011）运用曹逢甫（2006）提出的小称"语法化轮回"的概念，分别讨论广州、吴川粤方言"小称词"的语法化阶段及分布状况，高文认为小称词的语义与语音的演化并没有对应关系，语义和语音的演变速度不一。郭必之（2016）则从音韵的角度，探究粤方言小称变音的类型及其历史来源。

与状貌词词缀相关的语法化研究，如郭必之（2012）比较了南宁粤方言与壮侗语在状貌词方面的特点，认为语言接触催化了南宁粤方言状貌词的发展：由拟声词演变成词缀，"ABB"加缀法中"A"的条件更宽松等。黎奕葆（2015）也认为状貌词后缀的形成是一个语法化的过程，即单音节的实词重叠成双音节，与另一个词连用，重叠的实词逐渐虚化，最终重新分析为"状貌词后缀"。

1.2.5　结构助词与指示代词的相关语法化问题

结构助词相关的语法化问题与量词有关。彭小川（2006a）认为广州话兼表复数量意义的结构助词"啲"，是由不定量词"啲"（些）虚化而来的，其语法化途径为：不定量词>指示词>结构助词。

饭田真纪（2012）则关注结构助词"嘅"构成条件分句的功能，并从共时的角度阐释了其功能扩展的机制，认为名词化标记"嘅"被分析为连接条件句 X 与主句 Y 的条件分句标记。汪化云（2008）对粤、吴、闽等汉语方言的"个类词"（汉语史中为量词、指代词、结构助词）进行研究，认为粤方言的"个类词"主要语法化为远指代词，其间伴随着"个"的韵母与声调的变化。张洪年（2017）详细论述了"个"由量词到远指代词（嗰），再到程度代词（咁）和情态代词（噉"，通常被认为是状语标记、结构助词）的演变过程。

1.2.6　语法结构和句式的语法化问题

语法结构的语法化涉及了致使结构、能性述补结构等方面的问题。Li（2002）关注粤方言致使结构的象似性、语法化及语义结构的问题，认为致使结构及相关虚词的语法化与隐喻有关。

述补结构受到较多关注。吴福祥（2005a）认为"Neg-V 得 OC"和"Neg-V 得 CO"两种结构是在"V 得 OC"和"V 得 CO"前加上否定词构成的。刘子瑜（2006）结合历史文献，认为"到"字结构经历了"V 到 O"（连谓结构，O 为处所词）>"V 到 O"（趋动式述补结构，O 为处所词）>"V 到 C"（程度述补结构，C 为谓词性成分）的语法化过程。林俐（2006）、丘宝怡（2008）等均以粤方言能性述补结构为研究对象，分析其格式、句法、历史发展等情况，在研究角度和语料使用上各有侧重。郭必之（2010）借用"转用干扰"等理论考察南宁粤方言"VOC"结构的来源，认为这是与壮语接触后的结果。

张双庆、郭必之（2005）讨论香港粤方言两种差比句（"过"字句和"比"字句）交替使用的机制，认为后者循前者表达能力较弱之处进入香港粤方言比较句。吴福祥（2010a）考察粤方言的差比式"X+A+过+Y"中"过"的演化历程，赞同 Ansaldo（1999）的意见，即存在以下演变链条：主要动词>连动式的第二成分>述补结构的比较标记。

与趋向动词相关结构的研究再如严丽明（2016）。该文认为广府粤方言的"去+VP"结构具有由连动结构向动宾结构语法化的倾向。

片冈新（2007）分析早期粤语语料时发现，多功能词"掫"（[k^{h}ai^{13}]）具有"拿"义动词、工具介词、处置句标志及与格标志四种功能，分析了"掫"的来源和语法化过程。冯雅琳（2009）调查分析了广东 15 个粤方言点的处置句，同时联系汉语史和清末粤方言处置句的演变情况进行了探讨。

1.2.7 话语标记的相关语法化问题

话语标记的语法化问题是比较新的研究领域，跨越了语篇与句法两个层面。例如陆镜光（2002）对广州话句末"先"做出话语分析，认为不能还原的"先"的主要功能是充当话语标记，标示话语中暂时需要打断的地方，是一种会话管理手段，这种用法由表示时间或次序先后的副词"先"演变而来。又如张惟、高华（2012）发现话语标记"即係"作系动词或语篇连接词的功能在会话中较少见，比较常见的是做解释说明标记、修补标记和停顿填充词，他们认为在会话交际中，"即係"已扩展为构造话轮的标记，发生了语法化。

以上研究不光涉及语法化，还涉及词汇化、主观化及语言接触等，但它们有一个共同特点，都涉及从实义用法到虚义用法的演变问题，暂且将之笼统地归到语法化当中。

1.3 与语法化相结合的理论方法

除了根据共时语料及早期历史语料构拟语法化途径外，粤方言的语法化研究还经常与跨语言/方言比较、语言接触、语义地图模型、主观化等理论或方法、角度相结合。

1.3.1　语法化与跨语言/方言比较

粤方言的语法化研究，经常运用跨语言/方言比较的视角，探讨某一语法化现象的语言共性或普遍的演变机制，这类研究结合了区域语言学、语言类型学等理论方法，如 Chin（2011）构拟了粤方言"界"五种功能的发展顺序，同时从区域语言学的角度，把相关语法化现象与国内及东南亚等邻近区域的非汉语语言做比较，归纳出"界"类成分的语言演变机制。覃东生、覃凤余（2015）考察了广西汉语（包括南宁、石南粤方言）"去"和壮语方言 pai¹ 表使成和程度的用法，同时与傣语、临高语、泰语、老挝语等进行比较，认为上述两种特殊用法是境内外台语[①]共享的一项区域特征。

彭小川（2006a）结合吴方言苏州话、徽方言休宁话、赣方言南昌话等类似现象，用以佐证广州话不定量词"啲"虚化为结构助词的过程。林华勇、马喆（2007）比较了廉江、广州、惠州、北京等方言，并对比境内独龙语、西非 Ewe 语等相关语言现象，认为言说动词语法化为传信/示证情态标记或标句词是语法化的普遍规律。

1.3.2　语法化与语言接触

语言接触是引发语法化的重要原因。西部粤方言的语法化研究牵涉语言接触，把粤方言中某一现象与周边汉语方言或民族语言进行比较，从中探寻某一语法化成分的来源，如覃凤余、吴福祥（2009）讨论南宁粤方言短差比式"X+A+过"的来源和演化问题，发现这种差比式也见于百色粤方言及泰语、老挝语等东南亚语言，认为其影响路径为：泰语/老挝语>靖西壮语>百色粤方言>南宁白话>横县[②]粤方言/福建村官话，由外而内。

粤方言多功能词/语素的形成往往跟接触有关。郭必之（2014）认为南宁粤方言、宾阳平话、武鸣[③]壮语的"去"义语素存在高度平行的语法化途径，是语言接触引发复制的结果，其中壮语是模式语，粤方言和平话是复制语。郭必之、林华勇（2012）推断廉江粤方言的动词后置成分"倒"的多功能性，源自与邻近客方言的接触，采用的模式是"复制语法化"。廉江粤方言的"头先""正"的多功能性的产生如出一辙。

---

① 台语包括傣语、临高语等。这里的台语指的是台语支的语言，台语支的上层概念为"侗台语族"。
② 2021 年 2 月 3 日，撤销横县，设立县级横州市。
③ 2015 年，撤销武鸣县，设立南宁市武鸣区。

1.3.3 语法化与语义地图模型

近年来，吴福祥（2007a）、张敏（2010）等引入的语义地图模型这一类型学方法，在汉语历史语法、汉语方言研究方面产生了较大影响，成为分析多功能语法形式、语义演变和语法化的有效手段。在粤方言的语法化研究中，语义地图模型这一方法也得到有效的运用，如郭必之、林华勇（2012）总结了廉江粤方言中动词后置成分"倒"的语义地图模型，结合接触引发的语法化，解释廉江粤方言是如何从客方言中把后置成分的多功能性复制过来的，如图1-1所示。

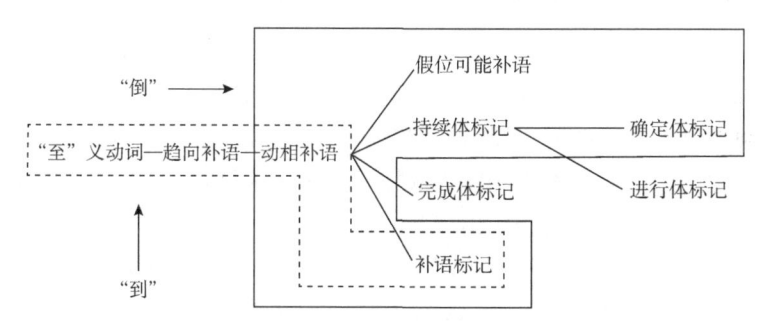

图1-1 廉江粤方言"到/倒"的语义地图

再如郭必之、李宝伦（2015）从方言比较的角度出发，探讨粤方言"晒""齐""了"三个全称量化词的来源和语法化途径，也运用了语义地图模型这一工具，如图1-2所示。

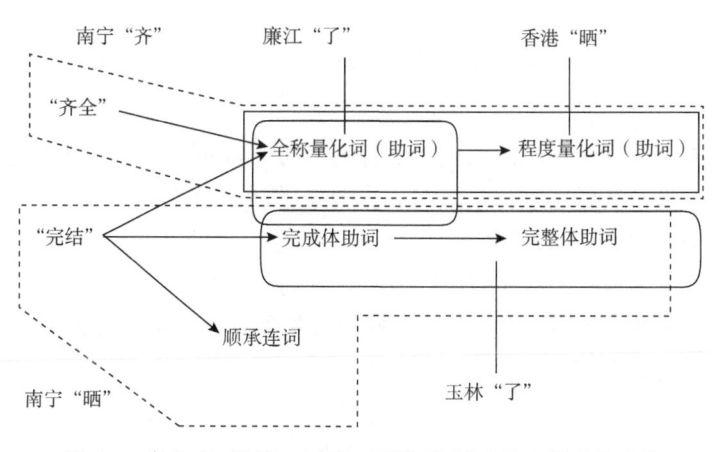

图1-2 粤方言"晒""齐""了"的语法化途径及其功能

图中使用不同的虚实线围成框，这些框中的功能之间存在关联。框外通常出现对应的语素（通常用箭头或线条加以指明）。例如图1-1中语素"倒"的功能，包括箭头所指实线几何图形框中的功能；图 1-2 中，"南宁'齐'"意为南宁方言的语素"齐"，其功能包括虚线框中的三种功能；"廉江'了'"意为廉江方言的语素"了"，其功能为直线所指框中的"全称量化词"。

语义地图模型与语法化相结合的做法，为自下而上开展跨方言甚至跨语言比较创造了有利条件。

1.3.4 语法化与主观化

句末语气助词等时常带有言者的主观性，其语法化研究常与主观化研究相结合，例如：单韵鸣（2009）认为广州话动词"够"通过词义虚化、重新分析和主观化，派生出表比较、表贬抑的语气副词用法；Chor（2010，2013）结合主观化等语用机制探讨粤方言助词"埋"和"返"的语法化过程，认为"埋""返"产生出了主观性用法；梁慧敏（2016）认为粤方言句末助词"啫"的词义和功能从实到虚，是一个主观化与语法化相结合的过程。

饭田真纪（2017）认为句末助词"嘅"（ge2[kɛ^{25}]）是由名词化结构"X 嘅[kɛ^{33}]"带上句末上升语调"↗"后，形成构式"X 嘅↗"，经过重新分析进而演变产生的；构式"X 嘅↗"隐含对比这一点反映了 ge2 的反预期语义。

粤方言的语法化研究也时常关注语音的变化情况，特别是在研究词缀、句末语气助词等语法成分演变过程中，如邵慧君（2005）、黎奕葆（2015）、郭必之（2016）等的研究。

1.4 粤方言语法化研究的三个阶段及展望

在将语法化理论引入国内以前，学界对粤方言虚词的研究集中在定性及功能描写上，较少关注其虚化过程或机制。少数文献涉及对虚词来源的推断，如赵元任（Chao，1947）认为香港粤方言中表示重述所闻的句末语气助词"wo"是"wah+oh"（话+oh）合音的结果。这些"探源类"的研究，常与考本字、方言音韵等领域相结合，体现了语法与音韵研究天然的联系。随着语法化理论的运用，传统的语言描写加入了演变关系及过程的探讨，使方言语法研究逐步具备了比较开阔的视野。

我们把 21 世纪以来粤方言的语法化研究总结为三个阶段。

第一，起步阶段（2000 年前后至 2005 年）。这一阶段主要关注动词的语法化问题，主要是联系近代汉语重构其语法化途径，对早期粤语语料的使用不多，如杨敬宇（1999）的研究。

第二，多样化阶段（2005年至2010年前后）。越来越多的学者关注粤方言中的语法化问题，研究对象和方法呈现出多样化的特点，表现在：一方面，重视相关用法的描写，并在共时描写的基础上重构其语法化途径；另一方面，与相关理论如类型学、语言接触等相结合。

第三，深入探讨阶段（2010年前后至今）。粤方言语法化研究更为深入，体现在：①共时和历时结合得更为紧密，把相关问题放在汉语甚至更大的跨语言背景下进行讨论，如Yue（2011）从纵、横两个方面研究表存在的"有"，张敏（2011）探讨汉语方言双及物结构南北差异的成因，Yiu（2013）考察粤方言和普通话趋向动词在类型转换和语法化进程中两个方面的表现；②粤方言内部演变与外部接触的关系的探讨更为深入，如郭必之（2019）对广西南宁粤语相关结构、虚词的形成与语言接触的关系的一系列探讨；③重视话语的研究，如Chor（2010）、梁慧敏（2016）、饭田真纪（2017）的研究。

与此同时，粤方言语法化研究也存在一些问题，今后应加强至少以下两个方面的研究。

一方面，应加强粤方言内部与外部的比较研究。粤方言内部的差异比想象中要复杂得多，其语法化情况也并不完全相同，加强两广地区粤方言与非粤方言（客方言、闽方言、平话、官话等汉语方言及壮语等民族语）的比较，将粤方言语法化问题放在更广阔的区域语言学的背景下进行考察，定能有所收获。

另一方面，以语法化为理论背景，对方言语法现象进行重新审视、描写和分析。以往方言语法的描写重视静态的结构和分布，缺少动态演化的细节。加强动态演化描写的好处，是把共时和历时两个"关节"打通，使得共时的描写既是静态的、可测试的，同时又是动态的，能反映出语言演变不同阶段的细节。

语法化已成为方言语法描写研究的重要理论框架和视角。随着早期汉语方言历史文献的不断发掘与使用，加上语法化与类型学、语言接触、主观化、话语分析等理论方法的相互结合，可以预见，语法化理论在今后方言语法研究中将继续发挥积极的作用。

第 2 章

接触引发的语法化与语义地图相结合：
粤西方言的一组区域性语法特征

一般认为，语法化研究应排除接触的因素。这一观念似乎被视为进行语法化研究的前提。然而，事实是否如此呢？是否存在独立发展，不与其他语言或方言发生接触关系的语言或方言呢？

接触引发的语法化是针对语言接触与语法变化研究领域提出的理论模式。该理论模式自引入国内，被运用于汉语与非汉语、汉语方言之间的接触研究已逾十年，获得了新突破并出现了新的研究动向——与语义地图模型这一类型学方法相结合。本章着重介绍汉语相关研究所取得的进展，并在此基础上讨论粤西方言的一组区域性语法特征。区域性语法特征的探讨，对其他学科方向如文化人类学、区域文化地理的研究，也有启示意义。

2.1 接触引发的语法化与语义地图模型

Heine 和 Kuteva（2003，2005）提出接触引发的语法化理论模式，这一理论模式和语义地图模型[①]都涉及多功能语法形式（具有多种用法的虚词、语法结构或手段）的演变。这两种理论方法结合运用，形成了一种新的研究框架或范式。这可被视为接触引发的语法化与语义地图模型两种理论方法结合运用于汉语研究实践所产生的一个新动向。

吴福祥（2014a）讨论了语义地图模型与语法化之间的关系，旗帜鲜明地指出如下三点：①概念空间的动态化可解释一系列语义演变的共性，并可为概念空间的共时构型提供解释。②概念空间的动态化可基于三种手段：共时层面的跨语言/

[①] 语义地图模型的具体使用方法见 Haspelmath（2003），中文的详细介绍请见张敏（2010）和吴福祥（2011）。此处不再赘述。

方言比较（概念间的蕴含关系）、语法化或语义演变路径、语法化原则及程度。③语义地图模型与语法化研究互补互惠，语义地图模型可更多地受惠于语法化研究的成果。

同样，语义地图模型的用途之一，是对语法化的路径进行预测和检验，这与语法化研究对语义地图模型概念空间的构建所提供的解释是一致的。我们认为这两种理论方法并不矛盾，可将其视为互补关系。理由是语法化路径是从历时或共时的角度按一定原则（如单向性、语义接近等）构拟的，而语义地图模型的概念空间是通过跨语言/方言的比较得来的，两者并不互为前提，应视为殊途同归、可互为验证的关系。语义地图模型的概念空间不带箭头，表面上是静态分布的，但由于概念间存在蕴含关系，其实际上具有动态性。

自语言接触引发的语法化等相关理论模式引入国内（刘云和龙海平，2009；吴福祥，2009a）以后，与汉语相关的语言/方言接触研究近些年取得了新突破，一些看似"巧合"的语法现象及其来源得到了较为合理的解释。在这方面取得瞩目成绩的代表人物主要是吴福祥（2009b，2009c，2009d，2010b，2014b，2015a）和郭必之（2009，2012，2014）。

以往的语法化研究总把接触因素排除在外，理由是语法化属语言内部的演变，而接触是语言与语言之间的，即语言外部的，两者不能混为一谈。但种种实践说明，接触引发的语法变化中，由接触引起的多功能语法形式的演变往往遵循语法化单向性等原则，符合语法化演变的普遍原则和规律。

接触引发的语法化是语法复制的下位概念，语法复制还包括语法结构复制，例如南方民族语言对汉语正反问的复制（吴福祥，2008）。我们之所以特别关注接触引发的语法化，是因为该理论适合用于考察存在接触关系的汉语与非汉语、汉语方言之间的"簇聚"式或多功能形式的平行性语法化现象。汉语是分析性强的语言，虚词的功能复杂，而且常常是一个形式负载多种功能。多功能语法形式（语素、词或结构手段）多，是汉语的一个显著特点。因此，密切联系接触引发的语法化与语义地图模型这两种理论方法，是研究汉语中与接触相关的虚词问题时理应去关注的。

接触引发的语法化研究，重点关注不同语言间接触引发的语法化现象，对方言间的接触现象涉猎不多。原因并非这一理论不适用于方言研究，而是正如 Heine 和 Kuteva（2005：5）所说："方言间接触的相关数据不易寻得。"由于在结构类型上更为接近，方言间接触引发的语法变化可能会更不易被察觉，但也许更为深刻。张敏（2010：6）指出："汉语方言之间差异甚大，……对汉语的时间变体（历代汉语）和空间变体（方言）里的差异进行比较，其实已无异于跨语言比较。"实践表明，语言接触引发的语法化理论"同样适用于方言间的研究"（Heine and Kuteva, 2005：5）。诚然，西方学者所说的方言（dialect）侧重社会性的语言差异，而汉语学者所谈的方言侧重地域性，两者存在差异，但也有相通之处。

近年来，接触引发的语法化研究逐步延伸至汉语方言领域，这既是对该理论的补充和完善，也扩大了汉语方言语法研究的视野，更提升了汉语方言语法研究的理论价值。例如对粤西方言的小称词及虚词的探源，Kwok 等（2009）描写了粤西化州（良光镇）粤方言的四种小称形式——儿[ŋ$^{23-53}$]、子[ɗei^{35}]、仔[ɗei^{35}]以及小称变调，认为表果实的名词演化为小称词缀"子"的语法化过程是和粤西客方言接触而引发的结果，"仔"由"人子"义名词演化为小称词缀的语法过程，是和标准粤方言（广州话）接触引发的结果，这两种接触引发的语法化过程都属于"复制语法化"。

粤西及广西是粤方言、闽方言、客方言、平话、官话及壮语多语言/方言频繁接触的地区（粤西主要是粤方言、闽方言、客方言并存）。结合方言历史语料，尤其是结合反映早期汉语方言的域外文献（如传教士编写的学话课本、用方言翻译的圣经等）与现时方言口语语料进行比较研究，已成为南方汉语方言研究的一种趋势。

与此同时，几乎不存在与世隔绝的语言/方言，把接触引发的语法化理论引入方言语法研究中，使语言接触、语法化和语义地图模型等理论方法自然、密切地结合起来，无疑大大丰富了汉语方言语法研究的手段和方法，使多功能语法形式的相关语法现象得到更为充分的解释，也进一步彰显了汉语方言语法研究的重要性和必要性。

2.2 两者相结合的框架：研究的新动向

把接触引发的语法化理论模式与语义地图模型这一类型学方法结合起来的好处之一，就是直观，把具有接触关系的不同语言或方言的语义地图摆在一起，不同语言/方言系统内多功能语法形式的表现如何，哪些功能是接触影响所致等问题就一目了然了。

在国内，吴福祥率先运用了此方法，是将接触引发的语法化与语义地图模型两种理论模式相结合进行研究的代表。吴福祥（2009d）在《从"得"义动词到补语标记——东南亚语言的一种语法化区域》一文中，比较了东南亚语言（包括中国南方的民族语言及境外东南亚语言）中"得"义语素的功能，构建了"得"义

第 2 章　接触引发的语法化与语义地图相结合：粤西方言的一组区域性语法特征

语素的概念空间且绘制了相关语义地图，并在此基础上探讨概念空间中各功能间的历时演化关系。语义地图模型是主要基于共时语料的类型学方法。但该文的研究表明，语义地图模型结合语法化理论，可对多功能语法形式进行分析。以举吴福祥（2009d）的一幅语义地图（图 2-1）为例进行说明。

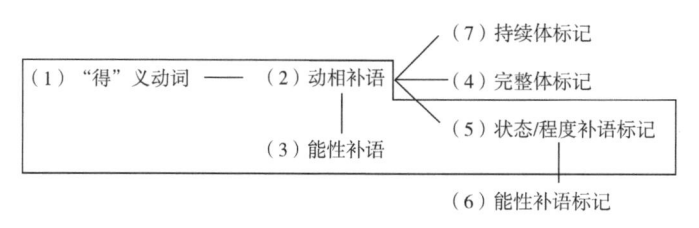

```
                              ┌── (7) 持续体标记
(1)"得"义动词 ── (2) 动相补语 ──┼── (4) 完整体标记
                   │          └── (5) 状态/程度补语标记
                (3) 能性补语
                              (6) 能性补语标记
```

图 2-1　回辉话 hu^{33} 的语义地图

以上七种功能存在演变关系。海南回辉话的 hu^{33} 有"得"义动词、动相补语、能性补语、状态/程度补语标记四种功能（图 2-1 方框内）。这四种功能在语义地图（图 2-1 方框）中是连续的，没有中断，应由汉语复制而来。

郭必之、林华勇（2012）在以往"到""倒"概念空间的基础上，对比了早期粤语、现代广州粤方言以及周边客方言中"到"和"倒"的语义及功能。该文多次结合语义地图模型方法和语法化理论，探讨方言中"达至"义语素的功能演变及接触来源。该文所绘制的廉江粤方言"到/倒"的语义地图见图 2-2。

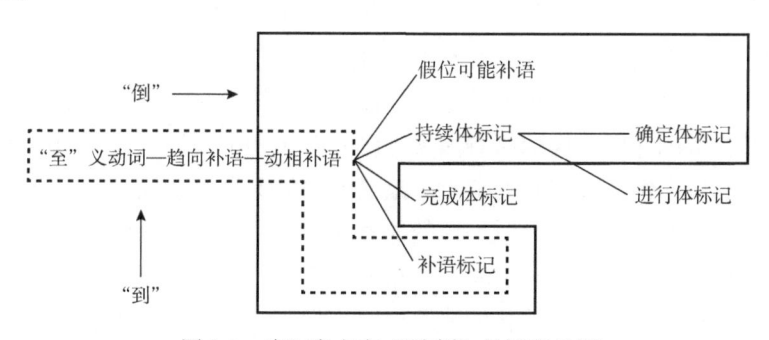

```
                        ┌── 假位可能补语
"倒" ──→                │
                        ├── 持续体标记 ←── 确定体标记
"至"义动词──趋向补语──动相补语
                        ├── 完成体标记   进行体标记
 ↑
"到"                    └── 补语标记
```

图 2-2　廉江粤方言"到/倒"的语义地图

比较早期粤语和现代广州粤方言，以及客方言"到"和"倒"的语义地图（图 2-3、图 2-4），廉江粤方言"到""倒"多功能性的来源便一目了然了：动相补语、假位可能补语为粤方言固有，确定体标记、补语标记则是由周边客方言复制而来的，持续体标记是早期粤语的用法，由于客方言也存在持续体标记的用法，早期粤语的用法得以保留（现代广州粤方言已不用于表示持续）。

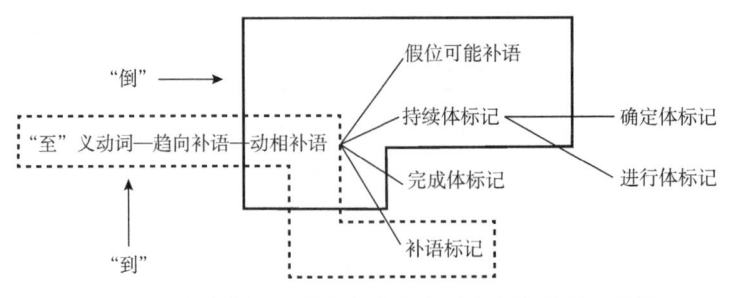

图 2-3　早期粤语和现代广州粤方言"到/倒"的语义地图

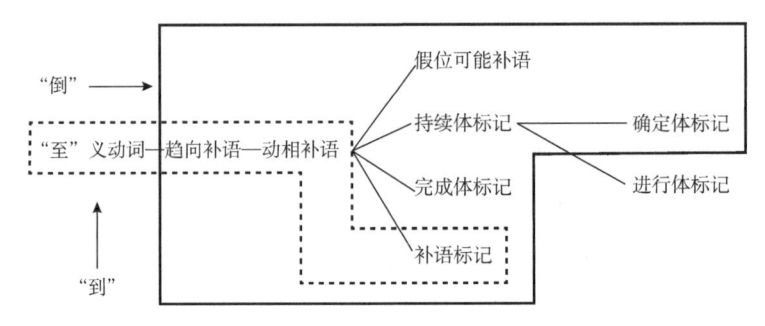

图 2-4　客方言"到/倒"的语义地图

以上研究在语义地图模型的基础上探讨了接触引发的语法化问题。语言接触与语法化相结合，打破了过去谈语法化只管语言内部不管语言外部（主要是接触因素）的局限。语义地图模型这一类型学方法，很适合跨语言/方言考察某语义形式的多功能性，通过图示（箭头和界线）的方式，把语法化途径和某语言/方言所涉及的功能范围直观地表示出来。语义地图模型在处理一些例外（少数语料违反连续性）时会考虑非概念性的接触因素（张敏，2010）。接触引发的语法化符合一般语法化的单向性，其涉及的节点（语义或功能）是概念性的，符合概念空间上的分布原则，不是局限于一时一地的非概念性的巧合。

我们认为，研究语言接触引发的语法演变应区分为概念性的和非概念性的两种，其中概念性的不违背语法化的普遍原则（如单向性），运用语义地图模型分析时，不应将其排除在外。认识到这一点非常重要。语义地图模型这一类型学方法给语法（包括方言语法）研究提出了一系列的问题和挑战。例如人类语言中某种表达形式（如小称形式、重叠）有多少种功能？这些功能之间的亲疏关系如何，有何关联？汉语（或汉语方言）中某语法形式在相关语义地图模型中的地位或表现如何，反映出了语言的哪些共性或个性？如果跟接触有关，哪些功能是接触影响的？这些问题在语义地图上可以得到具体而直接的体现。

语义地图模型与接触引发的语法化两种理论模式相结合的研究动向，将有力

第 2 章　接触引发的语法化与语义地图相结合：粤西方言的一组区域性语法特征　　17

促进汉语与非汉语、汉语方言之间的接触研究，并进一步拓宽理论视野，将接触研究与语法化、类型学、认知等理论方法结合起来。下文将在语义地图模型与接触引发的语法化相结合的理论框架内，尝试观察粤西地区存在的一组区域性语法特征。

2.3　粤西方言的一组区域性语法特征

粤西地区存在粤、闽、客三大汉语方言，该地区双语或双方言现象非常普遍。从《中国语言地图集》（1987）上看，闽方言（当地称"雷话"或"黎话"）主要分布在雷州半岛及茂名电白县①，粤方言（当地称"白话"）分布最广，客方言（当地称"哎话"）主要分布在三处丘陵地带。詹伯慧、甘于恩（2002）根据移民史认为雷州话"成形于唐（后期），定型于宋"，19 世纪中叶（清朝统治年间）大量客家人入迁粤西，而粤方言居民来得较晚，多从事商贸。也就是说，三大汉语方言进入粤西地区的先后顺序大致为闽>客>粤（">"表示"先于"）。

我们选取了粤西廉江、高州（粤），遂溪、雷州（闽），廉江吉水、廉江塘蓬（客家）六地方言作为考察对象，尝试总结并提出一组区域性语法特征，包括动词短语重叠式、特色小称、后置表确定的情态标记、持续体貌三分②。这些语法特征几乎为以上六地的粤、闽、客三大方言所共有。

2.3.1　动词短语重叠式

如果把重叠看成一种构词或构形语素，则可把短语重叠式看作一种多功能语法形式（成分）。除个别闽、客方言中存在动词短语的重叠，鲜有其他汉语方言动词短语重叠现象的记载（广州话的"跳下跳下"除外）。我们发现，这种较为罕见的现象在粤西地区的粤、闽、客方言中同时存在，并表示一定的语法意义（表示某一特定状态或"有界化"），例如：

（1）廉江（粤）：
　　a. 鸡姆<u>爱死爱死</u>嘅做倒啩[tɛ²¹]哇。（母鸡快要死了啊。）【临界状态】
　　b. 如今<u>想呕想呕</u>嘅做倒。（现在有点儿想吐。）【状态轻说】

---

① 2014 年，撤销电白县，设立茂名市电白区。
② 指某方言的持续体貌范畴包括动作持续（动作进行）、状态持续和事态持续三种情况。见下文。

c. 淋花淋花嗰只人系我大佬。（正在浇花的那个人是我大哥。）
【持续或进行】

（2）高州（粤）①：

a. 举⁼盆花睇到(佢)爱死爱死紧嗲。(那盆花看起来就快要死了。)
【临界状态】

b. 我头先冇知做乜嘢有呢⁼想呕想呕嗲。（我刚才不知道为什么有点想吐了。）【状态轻说】

c. 呢⁼地淋湿淋湿[sep⁵-səm⁴⁶]就得嗲。（这/那些地浇得有点湿就行了。）【状态轻说】

（3）廉江塘蓬（客）：

a. 天爱落水爱落水□[ken²⁴]。（□[ken²⁴]：这样。天好像要下雨似的。）【临界状态】

b. 驶牛驶牛□[kai³³]只佬系我大伯。(正在犁田的那个人是我大伯。)
【持续或进行】

（4）廉江吉水（客）：

a. 天好似爱落水爱落水□[ken²⁴]（/欸[ε⁵⁵]）。（天好像就要下雨了。）【临界状态】

b. 驶牛驶牛□[ka³³]只佬系我阿伯。(正在犁田的那个人是我伯父。)
【持续或进行】

（5）雷州（闽）：

a. 阿天□[tʰɔ³³]落雨□[tʰɔ³³]落雨哦[ɔ³³]。（天好像要下雨了。）【临界状态】

b. □[tu³³]□[tsia⁵⁵]驶牛驶牛□[kei³³]是我□[ni³³]伯。（正在犁田的是我伯父。）【持续或进行】

我们从粤西的粤、闽、客三大方言中各选取两个点进行考察，其中在遂溪闽方言中并未发现短语重叠式。从以上粤西粤、闽、客方言的五组例子来看，动词短语重叠至少可以表示三种意义："临界状态""持续或进行""状态轻说"（表2-1）。

---

① 高州粤方言材料由卢妙丹（高州人，中山大学文学硕士）提供，其余未注明出处的语料由笔者调查所得。

第 2 章　接触引发的语法化与语义地图相结合：粤西方言的一组区域性语法特征　　19

表 2-1　粤西方言动词短语重叠式的功能分布

语法功能	廉江（粤）	高州（粤）	塘蓬（客）	吉水（客）	雷州（闽）	遂溪（闽）
临界状态	+	+	+	+	+	–
持续或进行	+	–	+	+	+	–
状态轻说	+	+	–	–	–	–

注：+表示该地有此用法，–表示无此用法，下文同。

粤西方言动词短语重叠式的概念空间分布如下（图 2-5）。

```
              ┌── 持续或进行
  临界状态 ──┤
              └── 状态轻说
```

图 2-5　粤西方言动词短语重叠式的概念空间

除廉江粤方言外，高州、雷州、塘蓬、吉水四地方言动词短语重叠式的语义地图表示如下（图 2-6）。

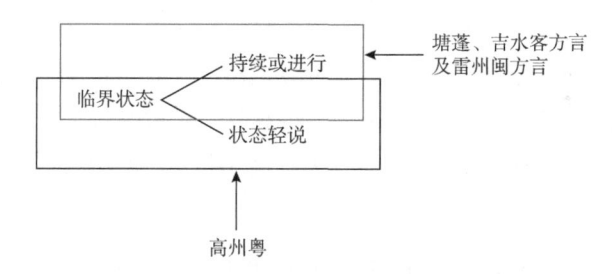

```
  ┌─────────────────────────┐   塘蓬、吉水客方言
  │          ── 持续或进行 ←│── 及雷州闽方言
  │ 临界状态                │
  │          ── 状态轻说    │
  └─────────────────────────┘
              ↑
           高州粤
```

图 2-6　粤西四地（高州、雷州、塘蓬、吉水）动词短语重叠式的语义地图

动词短语重叠现象以往在广东汕头（施其生，1997a）、海南屯昌（钱奠香，2002）闽方言、粤西廉江方言（林华勇，2014）等方言中有零星报道，其功能有待进一步归纳和概括，例如：

（6）广东廉江（粤）：（林华勇，2014：93）
　　嗰只天好似<u>爱落水爱落水</u>。（这个天好像快要下雨了。）【临界状态】
　　鸡姆<u>爱死爱死</u>嗷做倒唔哇。（母鸡快要死了啊。）【临界状态】
（7）广西贵港（客）：（博士生刘玲提供）
　　只鸡看倒<u>想死想死</u>啖样。（这只鸡看起来快要死了。）【临界状态】
（8）广东汕头（闽）：（施其生，1988a：149）

唔甘唔甘（有点舍不得）【状态轻说】
爱做风台爱做风台（快要刮台风）【临界状态】
(9) 海南屯昌（闽）：（钱奠香，2002：64，68）
卖菜卖菜奵嫂（卖菜的那位大嫂）【持续或进行】
无嚼糜无嚼糜许枚（还没吃饭的那一个）【持续或进行】

粤方言中的动词短语重叠现象除粤西廉江外，很少见诸报道。早期粤语、现代广州话除"V下V下"重叠式表示反复进行（如"跳下跳下"）外，也未发现短语重叠式的存在。因此，粤西粤方言的动词短语重叠式，应源自与闽方言和客方言的接触。粤西地区粤、闽、客方言中都存在动词短语重叠现象，应是方言接触所引发的区域语法现象。

2.3.2 特色小称

汉语的小称范畴显赫，小称的形式和功能都很丰富。汉语几乎每种方言都有小称范畴，且小称形式的分布和功能各异。但粤西的粤、闽、客方言中小称形式的分布和功能却有着相似之处。除普遍存在的事物小称外，较具特色的要数数量小称、短时小称（小称形式附着在动词重叠式后）、状态小称（小称形式附着在形容词重叠式后）和程度小称（为区分"高高仔""好高仔"，把形容词重叠式"高高仔"称为状态小称，"好高仔"为程度小称），见表 2-2（林华勇和郭必之，2010b）。

表 2-2 粤西等方言特色小称的形式和功能

方言点	名~ （事物小称）	数·量~ （数量小称）	VV~ （短时小称）	AA~ （状态小称）	副·形~/代·形~ （程度小称）
湛江廉江（粤）	牛仔、狗仔	两斤仔、两条仔	睇睇仔	高高仔	好高仔、好远仔
茂名高州（粤）	眼 小眼眲 [ŋan]³⁵⁻⁴⁶①	一只[tseŋ]↗②	走走↗	软软↗	好高↗
廉江吉水（客）	牛子、狗子	两斤子、两条子	看看子	傻傻子	好高子、好远子
廉江塘蓬（客）	牛儿/子	—	睡睡下	高高下	好高下、好远下

---

① ↗表示升调（调值记为 46），若韵母为单元音时，变韵规律为在单元音后加上 n；如韵尾分别为塞音-p、-t、-k 时，则韵尾分别变为-m、-n、-ŋ，并同时变调。见林华勇、卢妙丹（2016）。

② 含升调且变韵。

第 2 章 接触引发的语法化与语义地图相结合：粤西方言的一组区域性语法特征

续表

方言点	形式和功能				
	名～ （事物小称）	数·量～ （数量小称）	VV～ （短时小称）	AA～ （状态小称）	副·形～/代·形～ （程度小称）
龙岩连城（客）	鱼子、狗子①	斤半子、一碗子	—	香香子	这轻子、解短子
湛江麻章（闽）	牛囝、狗囝	两斤囝、两条囝	食食囝	高高囝	好高囝、好远囝
湛江遂溪（闽）	狗囝、猫囝	□[na⁵¹]ₒ两条	读读囝	悬悬囝	好高囝
湛江雷州（闽）	狗囝、猫囝	□[na⁵⁵]ₒ两条	读读囝	高高囝	好高囝
海南海口（闽）	牛囝、狗囝	一盅囝	食食下	—	—
广东汕头（闽）	鸡囝、蚊囝	两斤囝、两条囝	食食下	—	—
饶平海山（闽）	鸡囝、蚊囝	两斤囝、一撮囝	—	—	—

注："—"表示该地方言未发现此类用法。

"☐"内的是粤西的汉语方言。动词重叠后加小称形式表示持续的时间短，暂称"短时小称"。除遂溪、雷州闽方言的数量小称不使用"囝"缀而用副词"□[na⁵¹ᐟ⁵⁵]ₒ"外，其余都用后附形式（包括"人子"义语素的"仔""子""囝"和语素"下"）表达。短时、状态和程度小称在粤西的粤、闽、客方言点中同时存在，表现出相当的一致性。汉语小称的组合分布形式和意义/功能存在连续性（林华勇和马喆，2008），这与不同的语法化阶段相对应（曹逢甫，2006）。根据表 2-2，表中小称的概念空间分布如图 2-7 所示。

图 2-7　粤西方言特色小称的概念空间

粤西方言中特色小称的语义地图如图 2-8 所示。

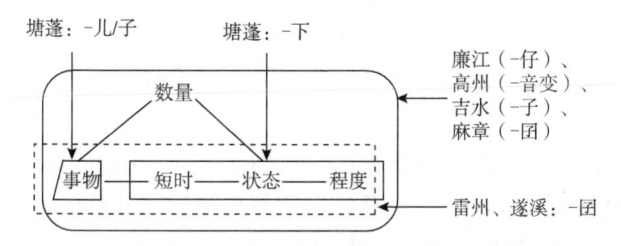

图 2-8　粤西方言特色小称的语义地图

---

① 表 2-2 所引连城客方言的"-子"读[tsai⁵¹]，上声，见项梦冰（1997：33）。

从语义地图上看，雷州、遂溪闽方言没有数量小称，数量小称是以上众小称功能中最不常见的一种。短时、状态、程度等特色小称可被视为粤西地区的另一个区域性语法特征。目前来看，其他方言有关特色小称的情况分布如下：

（10）广东信宜（粤）：（叶国泉、唐志东，1982：51，50，49）
慢慢↗走[maŋ²²maŋ↗tʃeu³⁵]【状态小称】
咁阔↗[kem³³fut↗]（这么宽）【程度小称】
一斤↗米[jet⁵⁵ken↗mei²³]（才一斤米）【数量小称】

（11）广东中山（客）：（甘甲才，2003：224-225）
冷冷子（有点儿冷）、咸哨咸哨子（有点儿咸）【状态小称】
行行子（走着走着）【短时小称】

（12）江西南康①（客）：（卢惠惠，2015：16，18）
两三里子路、斤把子肉、几百菀子树【数量小称】
蛮乖子【程度小称】
红红子【状态小称】

（13）广西贵港（客）：（博士生刘玲提供）
两斤仔（才两斤）【数量小称】
短短子（短短的）【状态小称】

（14）广东汕头（闽）：（施其生，1997b：236）
拢总正许六包囝熏（总共才那么六盒烟）【数量小称】

（15）福建厦门（闽）：（林宝卿，1982：216）
慢慢仔行（慢慢走）、爽爽仔睏（舒舒服服地睡）【状态小称】

（16）福建永春（闽）：（林连通，1988：125）
红红仔（有点红）、甜甜仔（有点甜）、秋清秋清仔（稍微有点冷）【状态小称】
汝想想仔吼嗖说。（你稍微想一想再说。）【短时小称】

（17）海南（闽）：（陈鸿迈，2002：299）
快快囝、厚厚囝、多多囝、细心细心囝【状态小称】

广州话的"仔"及变调不用于表达数量小称，但可以表示状态小称（状态轻说），如"慢慢[maŋ²¹maŋ²¹⁻²⁵]"。从以上语料可见，在几种特色小称中，状态小称是较为常见的用法，短时（持续）及数量、程度小称的用法相较而言不大常见。

---

① 指江西省赣州市南康区。

粤西的粤、闽、客三大方言都存在短时小称、程度小称（小称形式附着在"副词+形容词"短语后）及状态小称，这在其他地区方言中不大常见。

2.3.3 后置表确定的情态标记

粤、闽、客等东南汉语方言中普遍存在"有"位于谓词性结构前（"有 VP"）表确定的用法（施其生，1996）。方言中还有一种现象，即用动词的后置成分如"到"、"倒"（上声）、"来"[①]等表确定情态，与前置成分"有"异曲同工。粤西的粤、闽、客方言，多采用"倒"等相似形式。如高州粤方言用后置成分"倒[tou^{35}]"表确定情态，也可与"有"共现，例如：

（18）高州（粤）：
　　——佢屋己⁻(有)栽倒[tou^{35}]菜吗？（≈[②]他家里的确种菜了吗？）
　　——栽倒（呙）。（种了。）/冇（栽倒）。（没种。）

粤西其余方言点的例子如：

（19）廉江（粤）：嗰次开会我去倒[tou^{25}]。
　　　　　　　（≈那次会议我的确去了。）
　　塘蓬（客）：□[kai^{33}]次会议我去倒[tɔ^{21}]。
　　吉水（客）：□[kai^{33}]次会议我去倒[tɔ^{21}]□[ɛ^{55}]。
　　遂溪（闽）：□[hat^5]□[ɛ^{24}]开会去□[tɔ^{21}]。
　　雷州（闽）：□[ha^{55}]□[tɐu^{51}]会议我去□[tɔ$^{21/51}$]□[la^{55}]□[ɔ^{21}]。

再如否定句：

（20）廉江（粤）：苹果我冇食倒[tou^{25}]。（≈苹果我的确没吃。）
　　塘蓬（客）：苹果我冇食倒[tɔ^{21}]。
　　吉水（客）：苹果我（真实）冇食倒[tɔ^{21}]。
　　遂溪（闽）：苹果我无食□[tɔ^{21}]。
　　雷州（闽）：阿苹果我无食□[tɔ$^{21/51}$]。|我无食□[tɔ^{21}]苹果□[ɔ^{21}]。

[①] 如广西贵港、钦州两地粤方言的"到"、广东廉江方言的"倒"（来源应是"到"）、广东阳江粤方言的"来"等。

[②] "≈"指无法用普通话精确地翻译，只是尽可能用普通话表示句子原意，余同。

以上粤西粤、闽、客方言都存在表确定的情态标记，它们都后置于动词。从语音形式和语义上看，来源应相同。郭必之、林华勇（2012）认为，"倒"在廉江粤方言及客方言中均具有多功能性，廉江粤方言和客方言之间存在簇聚式的平行语法化现象，廉江粤方言"倒"表确定的用法由动相补语用法演化而来。"倒"（上声）应是源自"到"（去声），这一点可见于广西的粤、客方言，例如：

（21）广西贵港（客）：（博士生刘玲提供）
价⁼摆开会我冇去到[tau⁵⁵¹]。（那次会议我没去。）
苹果我冇食到[tau⁵⁵¹]。（苹果我没吃。）
（22）广西贵港（粤）：
——佢中午睡到[tou⁵¹]觉无？（他中午睡觉了吗？）
——睡到[tou⁵¹]。（睡了。）/无睡到[tou⁵¹]。（没睡。）
（23）广西钦州（粤）：
——佢睡到[teu³³]中午觉冇？（他睡午觉了吗？）
——睡到[teu³³]/了[liu¹³]。（睡了。）/冇睡到[teu³³]。（没睡。）
（24）广西南宁（粤）：
——佢中午睡无睡到[tu³³]觉？
——睡来[lei³³]/*到。（睡了。）/无睡到[tu³³]。（没睡。）

例（18）～（24）都是粤西或广西的方言，它们都使用"到"（去声）或"倒"（上声）表示"的确"或"确定"。而在汉语方言中，除了动词后使用"到"或"倒"外，更广泛地使用助动词"有"的形式来表达确定这一情态意义，例如：

（25）广州、肇庆（粤）：
——佢中午有冇瞓觉？（他中午睡觉了吗？）
——有瞓。（≈的确睡了。）
（26）广东梅县①（客）：
佢有来。（≈他的确来了。）
（27）广东汕头（闽）：（施其生，1996：26）
伊有来过我只内。（他来过我家里。）
（28）福建福州（闽）：（郑懿德，1985：310）
我有共伊拍电话。（我给他打过电话。）

---

① 2013年，撤销梅县，设立梅州市梅县区。

（29）福建厦门（闽）：（李如龙，2007：200）
伊昨昏<u>有</u>写好啊。（他昨天写好了。）
伊即久<u>有</u>嘞写。（他现在正在写。）
伊下晡<u>有</u>拍算卜写。（他下午打算写。）

由于确定标记"到"或"倒"主要集中在粤西或广西，其他地方多数用"有"等表示，因而我们推测，粤西方言普遍用"到"或"倒"，估计是受到广西地区粤方言等的影响。

2.3.4 持续体貌三分

持续体貌三分，是指某方言的持续体貌范畴包括动作持续（动作进行）、状态持续（动词之后）、情况或事态持续（句末助词）三种情况；这里尤指"在"义语素语法化而来的持续标记，该标记表示以上三种不同持续意义的情况。闽、吴方言中持续体貌三分的情况普遍存在，不少方言中以上三种持续体貌还分别存在"使然""非使然"的区别（施其生，1985，2006，2013）。

现代广州话中句末用"住"表示情况持续或事态持续，如"唔好去<u>住</u>"，意为"先不要去"，即保持"不要去"的状态。广州话不存在"在"义语素表情况持续或事态持续的情况；而"在"义语素分别表示三种持续意义的持续体标记，在粤西的粤、闽、客方言中都能找到，体貌标记的形成尤其是句末助词的语法化过程与"介+方所成分"的语法化有关，例如：

（30）廉江（粤）：你敲门嗰阵我<u>在呢⁼</u>(/<u>在几⁼</u>/<u>走呢⁼</u>/<u>走几⁼</u>) 睇电视。（你敲门时我在看电视。）
门开开<u>在呢⁼</u>(/<u>在几⁼</u>/<u>走呢⁼</u>/<u>走几⁼</u>)，冇人睇屋。（门敞开着，没人看家。）
佢未结婚<u>在</u>。（他没结婚呢。）
（31）高州（粤）：佢食紧饭。|佢<u>在举⁼</u>(/<u>在己⁼</u>) 食（紧）饭。（他在吃饭。）
门开倒<u>在举⁼</u>。（门开着。）
□[ɐn³⁵]未做完作业（□[nɔ³³]）。① （还没做完作业啊。）

---

① "□[ɐn³⁵]……（□[nɔ³³]）"结构表示情况持续，相当于普通话的"还……呢"。未能在高州粤方言中找到类似廉江方言"在"位于句末表情况持续的形式标记。

（32）塘蓬（客）：佢食紧饭。（他正在吃饭。）

口开开□[a⁵⁵]□[kɐu³³]。（嘴巴张着在那儿。）

佢盲⁼[maŋ³³]结婚开。（他还没结婚呢。）

（33）吉水（客）：你敲门□[ka³³]时间，渠开（/在）□[kɔ²⁴]看紧电视。
（你敲门时，他正在看电视。）

面红红在（/开）□[kɐu²⁴]。（脸红着呢。）

灯着着在（/开）□[kɐu²⁴]。（灯开着呢。）

继续食药开。（还继续吃药呢。）

（34）遂溪（闽）：你敲门欸⁼时候，伊□[tu³³]□[ta⁵⁵]看□[ɔ⁵⁵]电视。（你敲门时，他正在看电视。）

阿灯光光（/开开）□[tu³³]。（灯亮着呢。）

继续食药□[tu³³]。（继续吃药呢。）

（35）雷州（闽）：领导□[tu³³]□[tsia⁵⁵]开会（/开会□[tu³³]□[tsia⁵⁵]）。
（领导正在开会。）

门开□[tu³³]□[tsia⁵⁵]。（门开着。）

伊继续食药□[tu³³]。（他继续吃药呢。）

例（30）～（35）中的持续体貌标记（下划线标出）分别表示动作持续、状态持续和情况或事态持续。除了例（31）的高州粤方言的情况或事态持续用副词形式表达外，其余"在""走""□[a⁵⁵]""开""□[tu³³]"等语素都存在介词用法（相当于普通话的"在"），它们都经历了不同程度的语法化，其中句末助词的语法化程度最高。

广西贵港粤方言及客方言、钦州粤方言句末也用"在"表示情况持续或事态持续。这在其他地区的客方言不大常见。一般方言都有动作持续（动作进行）或状态持续两种持续体貌，"在"义语素在句末表示情况/事态持续则不大常见，举例如下：

（36）贵港（客）：（博士生刘玲提供）

佢食紧饭。（他正在吃饭。）

灯开紧在价⁼趟。（灯在那开着。）

佢盲⁼结婚在。（他还没结婚呢。）

（37）贵港（粤）：都准备五十了，佢仲未曾结婚在[tsʰuəi³³⁵]。（都快五十了，他还没结婚呢。）

(38) 钦州（粤）：都五十岁咯，佢（仲）未结婚在[tʃʰuɔi¹³]。（同上）
(39) 丰顺（客）：哥哥盲结婚走嘅。（哥哥还没结婚呢。）

例（36）～（39）的句末是"在"和"走嘅"，前者是介词进一步的语法化，后者是"介宾"结构的语法化，最后都成了情况持续或事态持续的标记。可以认为，贵港客方言的情况/事态持续标记是受到广西粤方言的影响，而丰顺客方言则可能是受周边粤东（如揭阳、汕头）闽方言的影响。

根据施其生（2013）的研究，福建—台湾片、粤东片以及雷州片、海南片的闽南方言都有专用于表示动作持续体貌的副词；状态持续通常采用动词后置成分表示；句末用一个"在"义及相关持续体标记，表示情况持续或事态持续，这在闽南方言中是较为常见的。以下例子引自施其生（2013：289，290，292，298）。

动作持续：

(40) 泉州：外爿咧落雨。（外面在下雨。）
　　 厦门：外面咧落雨。（外面在下雨。）
　　 台中：外口咧落雨。（外面在下雨。）
　　 漳州：口外咧落雨。（外面在下雨。）
(41) 汕头、揭阳：口爿□[to⁵²⁻²⁵]落雨。（外面在下雨。）

状态持续：

(42) 泉州、厦门、台中：坐咧讲。（坐着讲。）
(43) 汕头、揭阳：坐放块呾。（坐着讲。）

情况/事态持续：

(44) 厦门：天啊各早咧。（天还早呢。）
(45) 台中：天野各早咧。（天还早呢。）
(46) 漳州：天天早着咧。（天还早呢。）
(47) 汕头、揭阳：日还早伫。（天还早呢。）
(48) 海丰：天时还早住。（天还早呢。）

例（40）～（48）的"咧""放""伫""□[to⁵²]"在闽南方言中都是"在"

义语素。实际上,"咧"等在闽方言中不仅出现在句末,也常置于动词前和动词后,分别表示动作持续和状态持续(动作所形成的状态的持续)。

粤西方言的持续体貌三分,与方言接触有关。由于接触的关系,不同方言中选用"在"义语素进一步语法化,因此就有了句末助词"在""开""□[tu^{33}]"等表示情况/事态持续的用法。

以上四种语法结构或现象之所以成为粤西方言的区域性语法特征,是因为以上粤西各地方言相邻,相互影响。这些结构或现象即便存在于其他地区某一种方言(如粤方言)中,但在该地区的另两种方言(如客、闽方言)中并不共同存在。传统观念认为,相对于语音和词汇而言,语法较为稳定,在语言接触过程中最不易发生变化。因此,如从传统观念上看,这一组区域性语法特征似乎更能说明粤西是粤、闽、客方言接触频繁、相互影响的区域。

2.4 接触引发的语法化与语义地图模型相结合

接触引发的语法化与语义地图模型相结合,实际上就是语言接触、语法化与语义地图模型三种理论方法相结合的模式。这一"三结合"模式,我们可理解为"利用语义地图看接触引发的语法化",用以直观地解决语言接触频繁区域的语法化问题。这里仍想强调三点。

第一,不同语言或方言间平行的簇聚式语法化模式,较能说明相邻的语言或方言间发生了接触引发的语法化。上述区域性语法特征的语法形式都是多功能语法形式(包括重叠)。以小称形式为例,其功能均不仅局限于表强度增强、减弱或有界化、量小、持续等,还有其他多种功能。这些功能之间存在演变关系,均涉及簇聚式语法化,可以证明粤西地区的粤、闽、客方言之间存在接触引发的语法化现象。

第二,动词短语重叠式、特色小称、表"确定"的情态标记、持续体貌三分这一组语法特征并非粤西粤方言所固有,应是客、闽方言对粤方言的影响所致。也就是说,以上特征都是所谓"弱势"方言对"强势"方言影响的结果。粤西地区粤方言的形成跟当地人(闽方言或客方言使用者)"未完全习得"粤方言有关(麦耘,2009),导致该地区的粤方言始终处于类似"中介语"的状态。长此以往,粤西粤方言与标准粤方言(广州话)的差异得以体现。

第三,结合语义地图模型的方法分析区域性语法特征(图2-6、图2-8),自下而上地建立其概念空间,坚持下去,将对类型学的理论发展有所贡献,并能更清楚地揭示汉语的类型特点。当然,分析的前提是这些区域性语法特征应属于接

第 2 章 接触引发的语法化与语义地图相结合：粤西方言的一组区域性语法特征

触引发的语法化，符合一般语法化的规律。Jurafsky（1996）曾对近 70 种语言（含官话、粤方言、闽方言和客方言等汉语方言）的小称范畴进行了研究，得出了一个小称的放射性范畴模型。在下文章节谈及小称时可以看到，粤西几地粤方言，甚至廉江一地粤方言的小称功能，几乎囊括了该放射性模型中的全部功能，且还能对小称的功能进行补充。汉语小称的复杂性和显赫性由此可见。

总而言之，接触引发的语法化与语义地图模型相结合，一方面使存在接触影响的多功能语法形式研究的开展在方法上有所突破和创新，另一方面也扩大了这两种理论的解释力和影响力。

除本章外，本书在讨论贵港粤方言的"开"、北流粤方言的"着"（阳入）的多功能性及其来源时，都运用到了这一语言接触、语法化和语义地图模型"三结合"的模式，利用语义地图考察接触引发的语法化问题。期待这一"三结合"模式，能为研究区域语言学中多功能语法形式的语法化及功能扩展等问题，发挥力所能及的作用。

第 3 章

多功能性研究（一）：廉江方言的"头先"和"正"

汉语方言之间的接触也属语言接触，跟不同语言之间的接触存在相似之处。但方言之间的接触，跟不同语言之间的接触存在哪些差异，还有待学界进一步考察。这是一个十分宏观的问题，目前我们尚无法解答。但我们可以先从汉语方言出发，关心微观的具体问题——某汉语方言之间的接触问题，或某汉语方言与民族语等非汉语的接触问题。汉语方言与非汉语的接触问题，后面的重叠式疑问句（第 14 章）会有所涉及。

本章的主要内容：廉江方言中的"头先"和"正"，都存在多功能性，"头先"有作方位名词、时间名词、先行动态助词的用法，"正"有形容词、副词（分表时间、条件和语气）、先行事态助词、语气助词的用法。其中，"头先"的先行动态助词用法、"正"的先行事态助词用法分别与广州、香港粤方言后置的"先$_1$"和"先$_2$"的用法相当（如"食先$_1$先$_2$"）。廉江方言中"头先"和"正"多功能性的来源，与粤西当地客方言的接触有关，是语言接触引发的语法化现象。接触引发的语法化，是探讨汉语方言多功能语法形式来源问题的一个重要角度。

3.1 引　　言

语言的多功能语法形式，无论在语言学理论（如认知、语法化等理论）领域还是在应用（如第二语言习得）领域，都是受关注的对象。本章选取粤西高阳片粤方言的两个多功能词"头先"和"正"作为研究对象，主要出于以下考虑。

第一，广州、香港粤方言的"先"置于谓词后表先行，这一用法为读者所熟知。既然"先"的后置用法影响如此之大，为何在粤西的粤方言中却不使用"先"，而使用先行助词"头先"和"正"呢？反过来说，广州话也有"正"，为何没有发展出如同廉江方言中"正"表先行的用法呢？

第二，粤西的粤、闽、客三方言存在接触的事实，如果说廉江粤方言的"头先""正"的多功能用法是受方言接触的影响，那么"头先""正"的多功能性具体表现如何，是受谁的影响，其影响过程又是如何？

第三，郭必之、林华勇（2012）对廉江方言多功能的"到/倒"的来源做了探讨，认为"到/倒"的用法受到了客方言的影响，是接触引发的语法化现象。如果"头先""正"也是如此，则可以说明，廉江方言"到/倒"的多功能性受客方言影响并非孤证，从而进一步说明粤西是个研究方言接触与语法变化的理想场所。

本章先分别描写"头先""正"的多功能性现象，接着讨论两者的句法语义差异及语法化过程，并结合早期和现代方言语料，重点讨论"头先""正"多功能性的来源问题。通过本章描写的研究事实，说明接触引发的语法化是探讨语法形式来源问题的一个重要角度。

3.2 廉江方言"头先"的多功能性

3.2.1 "头先"的多功能性

"头先"在廉江方言中是多功能词，可作方位名词、时间名词和先行助词。

3.2.1.1 方位名词

（1）a. 橙子大只个放（走）头先。（橙子大的放在前面。）
　　b.*橙子大只个走头先放。
（2）a. 佢行（在）头先，我行（走）跟尾。（他在前面走，我在后面走。）
　　b.*佢在头先行，我走跟尾行。

例（1）、例（2）a 组的介词"走"或"在"可不出现。介宾短语位于动词后，不能位于动词前，b 组的说法不成立。但"头先"不是个典型的方位名词，因为不能单独作主语，如：

（3）前面（/后面/村边）有条河。
（4）*头先有条河。

例（4）的"头先"不能表示方位（"前面"），但可理解为表示时间（"刚才"），意为"刚才路过（/见到……）一条河"。

3.2.1.2 时间名词

（5）头先你走斯呢⁼[si⁵⁵nei⁵⁵]啊？（刚才你在哪儿啊？）
（6）（走）头先回去就得，如今落大水，点法回去哦？（刚才回家就行，现在下大雨，怎么回去啊？）
（7）头先还头先，如家还如家，我冇捞你讲咁多。（刚才是刚才，现在是现在，我不和你多说。）

例（5）～（7）的"头先"作主、宾语，为时间名词，意为"刚才"。例（6）"头先"前还可出现介词"走"（在），"方位名词>时间名词"①的密切联系在廉江方言中仍有所体现。

3.2.1.3 先行₁助词（先行动态助词）

"头先"出现在 VP 后，表示"先行"体貌意义的动态助词用法（记为"先行₁"），按传统观点，我们把它看作体助词，例如：

（8）你食头先，我等阵仔食。（你先吃，我等会儿吃。）
（9）佢哭头先。（他先哭。）
（10）老金回到（宿舍）头先。[老金先回到（宿舍）。]
（11）阿珍钟意班长头先。（阿珍先喜欢的班长。）
（12）钱包冇见头先个啊？（钱包先不见的吗？）
（13）苹果熟头先。（苹果先熟。）

例（8）是祈使句，例（9）～（11）、例（13）是陈述句，例（12）是疑问句，"头先"虽常见于祈使句，但并非祈使句标记。"头先"附着的主要动词可以表活动（"食""哭"）、状态（"钟意"）、完结（"回到"）、达成["冇见"（丢）]；可以是自主动词（"食""回"），也可以是非自主动词（"哭""跌"），但不能是判断动词（属非自主动词）"系"（是），例如：

（14）我*系（/当）老师头先。（我先当的老师。）

---

① 这里的">"表示先后演变关系，即方位名词用法向时间名词用法演变，下文如无特殊标注，同此。

第3章 多功能性研究（一）：廉江方言的"头先"和"正" 33

"头先"可附于动词后，如例（8）、例（9）、例（12）；也可附于述宾结构后，如例（11）；也可附于动补（+宾）结构之后，如例（10）。例（13）的主要谓词是性质形容词（"熟"），不能是状态形容词，如不说：

（15）*熟□[pɔk⁵] □[pɔk⁵]头先。

值得注意的是，介词"走"或"在"有时能出现在 VP 与"头先"之间，此时句子是已然句，例如：

（16）a.（系）我食（/跌）在（/走）头先个。（是我先吃/掉的。）
　　　b.*我哭（/回到/钟意/冇见）在（/走）头先。

"食""跌"（掉）是可见动作动词且含方向义特征，而"哭""回到""钟意"等或不是可见动作动词，或不含方向义特征，后一类动词不能后加介词"走"或"在"。

3.2.2 "V（P）头先"歧义结构分析

由于"头先"表方位、先行的用法都出现在 V（P）后，因而"V（P）头先"可能会产生歧义。然而，并非所有谓词都能进入该格式并产生歧义，具体说明如下。

第一，具有位移义或致移义的自主动词能进入该格式并产生歧义，如"走、行、跑、游、摆、放、排、移、挂、写、□[na⁵⁵]（贴）"等，例如：

（17）行头先。（歧义：在前头走；先走。）

第二，不具位移义的自主动词后接"头先"，一般不产生歧义，只表示动作行为的先行。这些动词如"食、睡、画、炒、煮、蒸、着（穿）、印、读、背、烧、做"等，例如：

（18）你睡头先个。（是你先睡的。）

第三，表变化的非自主动词（马庆株，1988）能进入该格式，只表先行，不产生歧义。这些动词如"病、发烧、感冒、屙肚（拉肚子）、崩、哭、落水（下雨）"等①。表属性的非自主动词如"顶（算）、等于、系（是）、算"等一般不能进入"V（P）头先"格式。

第四，性质形容词可加"头先"，表某种性质状态的先行出现，如"熟、热、冷、激（生气）、红、白、黑、老"等。状态形容词不能进入该格式，如不说"*红红头先"。

以上说明两点：①V（P）后的"头先"可能会出现歧义（表方位或表先行₁），说明方位与先行₁用法密切相关；②与方位用法相比，"头先"的先行用法语法化程度较高，语义发生了泛化，与其组合的动词较为自由。

3.3 廉江方言"正"的多功能性

3.3.1 形容词

"正"作形容词表空间上的"端正"时，读[tseŋ³³]或[tsɛŋ³³]，例如：

（19）——□[na⁵⁵]正未？（贴端正了吗？）
　　　——正嘚[tɛ²¹]。（端正了。）

表空间的"正"还有相对于"反面"说的"正面"的说法，表性质上的"端正"如"行得正"。"正"作性质形容词表"正宗，地道"时，读[tsɛŋ³³]，例如：

（20）牛肉丸好正啊！（牛肉丸很好吃！）

此外，"正[tseŋ³³]"还有"正班长""正职"等区别词用法。此处一并归为"正"的形容词用法。

3.3.2 副词

"正"有时间副词、语气副词和表条件的关联副词三种用法。先看时间副词的用法。

---

① "发烧（/感冒/屙肚）头先"在特殊情况下可在中间插入介词"在"（"发烧在头先"），但插入"在"后"头先"仅表时间次序上的先行，不表方位，因而不存在歧义。

3.3.2.1 时间副词（主语+[正+VP]）

"正"作时间副词时表"刚刚"或"恰好"，可读[tseŋ³³]或[tsɛŋ³³]，重叠形式"正正"（一般读[tseŋ³³ tseŋ³³]或[tsɛŋ³³ tsɛŋ³³]）也表"刚刚"，例如：

（21）我正考完试。（我刚考完试。）
（22）阿仔正睡落床。（儿子刚躺下。）
（23）佢如今正正回到。（他现在刚刚回来。）

3.3.2.2 语气副词（主语+[正+VP]）

"正"的时间副词用法与表语气、条件的副词用法关系密切。"正"充当语气副词时意为"才₁"，有加强语气的作用，带有较强的主观性，可读[tseŋ³³]、[tsɛŋ³³]或[tsɛ³³]。[tsɛ³³]是鼻音丢失的结果，语音上受到磨损，例如：

（24）佢正系广东人，我冇系。（他才是广东人，我不是。）
（25）如今正六点钟。（现在才六点。）
（26）阿爸晚黑好黑正睡。（爸爸晚上很晚才睡。）

例（24）的"正"有加强判断的语气作用；例（25）的"正"位于时间词"六点钟"前，有"嫌早、嫌少"的意思，例（26）的"晚黑好黑"在"正"前，则"正"有"嫌晚"之意。例（25）的"正"与"刚（刚）"有密切联系，例（26）则表明语气副词用法与表条件的关联副词之间存在联系。

3.3.2.3 关联副词（VP₁+[正+VP₂]）

该格式为连动结构，VP₁表某条件，VP₂表在该条件下产生的行为或结果，"正"修饰VP₂。先有VP₁才有VP₂，此时"正"为表条件的副词，读[tseŋ³³]、[tsɛŋ³³]或[tsɛ³³]，例如：

（27）啁场水一直落到天光正停啊？（这场雨一直下到天亮才停吗？）
（28）我出嘚[tɛ²¹]好多钱正有人肯做。（我出了很多钱才有人肯做。）
（29）等阿哥回来正一齐商量！（等哥哥回来再一起商量！）
（30）爱读到大学正买电脑！（要读到大学再买电脑！）

例（27）～（30）代表两种情况：非祈使句中，"正"相当于普通话中表条件的"才₂";祈使句中,"正"相当于普通话中的"再"。

3.3.3 先行₂助词(先行事态助词,VP₁+正!→VP 正,S₂)

"VP₁正!"为祈使句,"正"有"先/暂且……再说"的意思。"正"作句末事态助词的用法暂记为"先行₂",表示事理上的先行,是一种义务情态(见下文 3.4.1.2 节)。"正"读[tseŋ³³]、[tsɛŋ³³]或[tsɛ³³],例如:

(29′)等阿哥回来正!(等哥哥回来再说!)
(30′)爱读到大学正!(读到大学再说!)
(31′)你坐落来正!(你先坐下来再说!)
(32′)星期一正!(星期一再说!)

VP₁除了包括动词或动词短语外,还包括顺序义时间名词,如例(32)的"星期一"。从例(29)、(30)与例(29′)、(30′)可见,"VP₁正!"实际上是祈使句"VP₁+[正+VP₂]!"的语用省略:说话人预先知道听话人的意愿(省略了VP₂)。省去的 VP₂可补出。廉江话在会话中若不便说出 VP₂,还可用"□[nok⁵kɔ³³]个"或"乜嘢[mɛt⁵nɛ²³]"来代替,相当于普通话中的"那什么",例如:

(31′)你坐落来正□[nok⁵]个(/乜嘢)。(你坐下来再那什么。)
(32′)星期一正□[nok⁵]个(/乜嘢)。(星期一再那什么。)

句末的"正"不只出现于祈使句,其后还可以出现其他语气助词,构成陈述句和疑问句。例如:

(33)买菜要等阵仔正讲。(说是买菜要等一会儿再说。)
(34)爱等到读大学正啊?(要等到读大学再说吗?)

例(33)句末"讲"表示转述语气,(34)表示求证,"啊[a⁵⁵]"为疑问语气助词。

"正"还可以出现在复句"VP 正,S₂"中,由单句"VP 正"(S₁)后接单句 S₂组成,例如:

(35)你去正,我等一阵仔就去。(你先去,我一会儿就去。)

第 3 章　多功能性研究（一）：廉江方言的"头先"和"正"　　37

（36）衫裤放倒走几=[kei³⁵]正，明日朝早正洗。（衣服先放这儿，明天早晨再洗。）

（37）等我食完正，抑有你行头先。（等我先吃完再说，要不你先走。）

"VP 正"后出现了 S₂，进一步巩固了"正"的先行₂助词的用法。

3.3.4　语气助词

"正"用于疑问句句末，有迫切弄清事实并带有强烈的问责的语气。这种语气仍隐含"先/暂且……再说"的意思，因此是先行₂用法的进一步引申，一般用于疑问句式中表达非疑问的语气，例如：

（38）乜嘢意思正！（到底什么意思！）
（39）你贪佢乜嘢好正！（你到底图他什么！）
（40）去冇（去）正！（到底去不去！）
（41）你来过冇正！（你到底来过这儿吗！）

以上都是疑问句的形式，但并不表示一般的疑问语气。例（38）强烈要求对方立刻表明用意，例（39）迫切要求对方说明"图他什么"，例（40）带有强烈要求对方去的愿望，例（41）有强烈的弄清情况的意味。"V 冇正"比"V 冇 V 正"的形式短，语气也更为强烈。语气助词"正"后一般不出现其他语气助词，这一点正好说明充当语气助词的"正"与表先行₂的"正"之间存在差异。"正"后要是出现其他语气助词，宜看作先行₂用法。如例（38）、例（41）要是后加"嘛""啊₁[a²¹]"等语气助词，句子则变成了一般疑问句：

（38'）乜嘢意思正嘛？（到底什么意思？）
（41'）你来过冇正啊₁[a²¹]？（你来过吧？）

3.4　"头先""正"的句法语义差异及语法化过程

3.4.1　句法语义差异

3.4.1.1　句法位置

"正"作表先行的语气助词时，位置在先行助词"头先"之后，在表实现体貌意义的语气助词"嘚₂[tɛ²¹]"（相当于普通话的"了₂"）和典型语气助词（"啊"等）之前；"头先"在"嘚₁"（完成体标记）之后，例如：

（42）食完（/嘚₁）饭头先正嘚₂啊。（先吃完饭再说了呀。）
（43）你知[佢去头先]嘚₂啊？（你知道他先去了吗？）

"头先""正""嘚""啊"共现时的句法位置如下：

嘚₁>头先>正>嘚₂>啊（">"意为"先于"）

此外，由例（43）可知，"头先"是小句内的成分。而"正"不出现在主语小句之中。再如：

（44）a. [去头先]冇系几好。（先去不是很好。）
　　　b. *[去正]冇系几好。
　　　c. *[去头先正]冇系几好。

3.4.1.2　体貌和情态特征

"头先"和"正"都能表示"先行"的体貌意义，但还存在细微差异。具体地说，"头先"（先行₁）表达的是动作行为或状态在时间顺序上先行发生；"正"（先行₂）表示说话人要求动作行为或状态先行实施。前者是客观的，而后者则与情态、主观性有关。试比较：

（45）苹果熟头先。
（46）等苹果熟正！

例（45）是客观描述，例（46）则突显说话人的主观态度，表达"等苹果熟了以后再说"的情态意义。含先行₂助词"正"的句子是未然句。"正"的主观性表现在说话人的态度上（沈家煊，2001）。按 Palmer（2001）的分类，这种"要求动作行为或状态先行实施"的意义可归属于事件情态（event modality）中的义务（deontic）情态。

"头先"表示客观的先行体貌意义，而"正"表示先行的义务情态，两者之间存在相似之处，但分工明确[①]。

3.4.2 语法化过程

3.4.2.1 "头先"的语法化途径

根据"空间>时间"的演变规律，以及能否出现介词"在/走"、歧义结构的情况（见3.2.2节），可重构"头先"由方位向先行演变的两个路径，见图3-1。

$$方位 \rightarrow 时间 \rightarrow 先行_1$$

图 3-1 "头先"由方位向先行演变的途径

不管是"方位>时间>先行₁"还是"方位>先行₁"，时间名词和先行助词的用法都属[时间]范畴，因而都是[空间]范畴向[时间]范畴的演变。

3.4.2.2 "正"的语法化途径

根据"正"的多功能性表现及语法化的单向性原则，并参照结构间的演变关系，我们把廉江方言"正"的语法化途径进行重构，如图3-2所示。

形容词	副词	助词
"端正，地道"等 >	时间（刚刚/恰好）>语气（才₁）>关联（表条件：才₂；再） >	先行₂>语气

图 3-2 廉江方言"正"的语法化途径

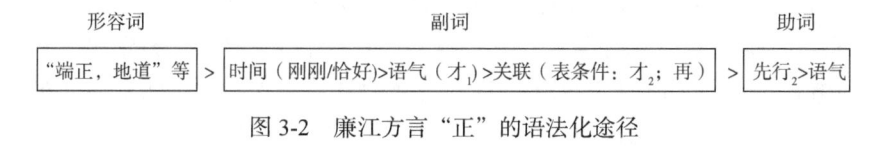

表时间的"刚刚/恰好"与表性质的"端正"在语义上有关联；而表语气和表条件的副词"正"读音一致，用法密切相关，如例（26）；关联用法与先行₂用法密切相联，而用于疑问句却不表疑问语气的语气用法由先行₂用法演化而来。

（26'）a. 阿爸晚黑好黑正睡。（爸爸晚上很晚才睡。）【语气/条件副词】
　　　b. 做乜嘢咁黑正睡！（为什么这么晚才睡！）【语气副词】
　　　c. 阿爸爱好黑正得睡。（爸爸要很晚才能睡。）【条件副词】

也就是说，廉江方言的先行₂用法是从副词用法演变而来的，这与许多客方

[①] 李如龙（1996）提出应区分体和貌，认为"体"主要针对动态的时间过程而言，较为客观；"貌"不主要表示时间过程，但与体相关，比较主观。其实，朱德熙（1982）把句末表体貌意义的成分处理成语气词，由此可知，朱德熙先生早已注意到句末的"了₂""呢"等兼表体貌和语气意义了。本书将表先行₂的"正"处理成语气助词，主要遵从朱先生的处理办法。

言中句末的"正"的演变途径（柯理思，2002）一致。一般认为广州话的"先"先有后置于动词的用法，再有在动词前作副词的用法。蔡建华（1995）曾提出广州话置于动词后的"先"源于"V_1O 先 V_2"格式省略了 V_2 的说法。此观点得到廉江方言及诸多客方言（柯理思，2002）语料的支持。

3.5　廉江方言"头先""正"多功能性的来源问题

3.5.1　广州话的"先"与廉江方言"头先""正"的用法比较

李新魁等（1995）、麦耘（1993）认为广州方言的先行助词"先"有三种用法。

（47）你行先喇。（你先走吧。）（李新魁等，1995：501）
（48）坐下先。（坐一会儿再说。）（李新魁等，1995：501）
（49）系唔系先？（先说是不是？）

例（47）表示某一行动的时间在相关的行动之前。例（48）表示暂且先让某一情况实现，别的事情以后再说。例（49）表示要先弄清楚某一种情况，别的情况以后再说[①]。第一种用法与廉江方言先行体助词"头先"的用法对应。第二、三种用法则对应于兼表先行的情态助词、语气助词"正"的用法。

也就是说，廉江方言后置或句末"头先""正"的用法总和，才等同于广州话后置词"先"的用法。为何会出现这种情况？廉江方言"头先""正"的多功能性是从哪里获得的，如何获得的？本节从接触引发的语法化的角度尝试回答此问题。

3.5.2　接触引发的语法化

一种语言（复制语 R）受到另一种语言（模式语 M）的影响而发生的语法化过程，就是接触引发的语法化（Heine and Kuteva，2003；吴福祥，2009d）。Heine 和 Kuteva（2003，2005）提出的接触引发的语法化有两种模式："复制语法化"和"通常接触引发的语法化"。据郭必之、林华勇（2012）介绍，Matthews 和 Yip（2009）后来对接触引发的语法化过程做了两项重要的修订并说明了原因。将修订及原因一并摘录如下：

[①] 此例句为笔者所更换。

第一，说R语的人必须具备说M语的能力，不然的话他们怎么样知道对方有Mx这样的结构？因此，两种模式的第一步（即a）"R语的使用者"应改为"掌握M语能力的R语使用者"；第二，"复制语法化"的第三步（即c）强调R语的使用者会"把自己认为曾经在M语中出现过的语法化过程复制到R语里去"。事实上，M语的语法化过程可能连历史语言学家也弄不清楚，更遑论R语的使用者了。呈现在R语使用者面前的，只是M语中某些语素同时拥有几个功能的局面。根据Matthews和Yip（2009）的理解，R语使用者复制多功能语素的方式，是[My～Mx]：[Ry～Rx]。"～"代表联系词汇功能（y）和语法功能（x）的连续统（continuum）。换言之，R语的使用者在建立好My和Ry的对应关系以后，就直接把My的其他功能（例如语法功能Mx）"复制"到自己的语言里去。从R语自身的角度看，这种多功能语素的"复制"仍然属于语法化，因为如果没有"复制"，Ry就不太可能发展出Rx。（郭必之和林华勇，2012：307-308）

Matthews和Yip（2009）修改后的"复制语法化"（replica grammaticalization）过程为：①掌握M语能力的R语（复制语）使用者留意到M语（模式语）有Mx这样一个语法范畴；②他们在R语中，根据自己语言中原有的资源去创制一个与之对应的范畴Rx；③于是，他们利用[My～Mx]：[Ry～Rx]这种模拟的方法，把自己认为曾经在M语中出现过的语法化过程复制到R语里去；④最后，他们把Ry语法化为Rx。

修改后的"通常接触引发的语法化"过程与修改后的"复制语法化"也仅在步骤③上有所不同，前者步骤③的内容为：

③'于是，他们利用普遍的语法化手段，使用结构式Ry去创制Rx。

可见，与"通常接触引发的语法化"相比，"复制语法化"在多功能性上的复制表现突出。Heine和Kuteva（2005：186）认为，非单一过程的语法化含"多向语法化"（poly-grammaticalization：A>B；A>C）和"重复语法化"（repeated grammaticalization：A>B>C），通过非单一过程的语法化更能确定语法化源自语言接触。按我们的理解，实际上如果历史上存在过接触事实的两种语言/方言，存在多功能用法的平行语法化现象，则应能判断这两种语言/方言之间存在"复制语法化"的事实。以下一起来看粤西廉江方言与当地客方言及其他方言之间多功能词"头先""正"的平行语法化现象。

3.5.3 早期粤、客方言和现代广州话、客方言"正"的用法

我们假设廉江方言与广州话（标准粤方言）有一个共同的"祖语"，而对照早期粤语（代表早期的标准粤方言）和现代广州话"头先""正"的使用情况，大致能说明廉江方言"头先""正"的多功能用法哪一些是自源性的，哪一些是他源性的。同理，早期客方言语料的使用是为了帮助判断现代客方言相关现象的来源。"正"的功能较为复杂，我们先看"正"的情况。

3.5.3.1 早期粤语和现代广州话

早期粤语中的"正"有形容词和关联副词的用法。但没有先行 $_2$ 的用法，例如：

（50）话得正。（Said correctly.）（说得对。①）（《土话字汇》，1828：WONG；引自早期粤语口语文献资料库②）【形容词："对，正确"】

（51）上梁唔正下梁歪。（If the upper beam be not straight; the lower beam will be deflected—If superiors be incorrect; inferiors will be depraved.）（上梁不正下梁歪。）（《土话字汇》，1828：SECTION I；引自早期粤语口语文献资料库）【形容词："端正"】

（52）红萝卜要烚得一点钟正食得。（Carrots require boiling a full hour before they become fit to be eaten.）（胡萝卜要煮够一个小时才能吃。）（《读本》，1841：151；引自早期粤语口语文献资料库）【关联副词：表条件】

（53）我喺唐山、学过、正嚟咯。（我在中国学过才来的。）（I learned it in China before I came here.）（《英语不求人》，1888：40；引自早期粤语口语文献资料库）【关联副词：表条件】

据麦耘、谭步云（1997）研究，现代广州话的"正"有形容词用法，例如③：

---

① 早期语料的普通话翻译是笔者加的，余同。
② 出处如《土话字汇》也按该数据库，不写全称。
③ 仅引用"正"单独成词的用法，"正一""正斗"等用法不在讨论之列。

第 3 章　多功能性研究（一）：廉江方言的"头先"和"正"　　43

(54) 呢度咁正,点解唔去嗰头避下热头啫?（这里这么燥热,为什么不到那边避一下太阳?）【形容词:"猛烈的太阳或阳光反射造成干燥的高温",读[tsɛŋ³³]】

(55) 正菜（好菜）|正野（好东西）【形容词:"好",读[tsɛŋ³³]①】

也就是说,早期粤语中的"正"有形容词和表条件的关联副词用法,但关联副词用法在现代广州话中已经消失。

3.5.3.2　早期客方言和现代客方言

早期客方言（一个多世纪前）的"正"已有形容词、副词和先行助词的用法,例如②：

(56) 人系唔学倒一行就唔系行正道个人。（人如果不学会一个行当就不是走正道的人。）（《启蒙浅学》③,1880:九十五,第 25 页 b 面上）【形容词:"端正"等】

(57) 禾正出倒就系青个,有三尺高。（稻子刚长出来就是青的,有三尺高。）（《启蒙浅学》,1880:四十四,第 11 页 a 面下）【时间副词:"刚刚"】

(58) 正割倒个喊做谷。（刚刚割下来的叫做谷。）（《启蒙浅学》,1880:四十四,第 11 页 a 面下）【时间副词:"刚刚"】

(59) 正系:"世上无难事,日久工夫深。"（正是:"世上无难事,日久功夫深。"）（《启蒙浅学》,1880:二百一十,第 82 页 a 面下。）【语气副词:加强语气】

(60) 故此上帝救倒你,爱多谢佢正着。（因此上帝救了你,要谢谢他才对。）（《启蒙浅学》,1880:一百八十三,第 66 页 b 面下）【语气副词:加强语气】

---

① 笔者按:此处"正"可理解为"地道,正宗"。

② 此处早期客方言材料来自《启蒙浅学》（*First Book of Reading in the Romanised Colloquial of the Hakka-Chinese in the Province of Canton*）和用客家话翻译的圣经,两者均由巴色会出版。据庄初升（2010）介绍,《启蒙浅学》（罗马字本）于 1879 年出版,是用香港新界的客方言所写。1880 年还出版了汉字本,本文引用的是 1880 年的汉字本,余同,后者据柯理思（2002）介绍,是用广东深圳宝安、惠州惠阳一带客方言翻译的。

③ 分析需要,引自《启蒙浅学》的例子直接标注作品名称和年份,余同。

（61）写字又认真，字画勤紧练写，咁正写得好字倒。（写字认真，字画勤加练写，这样才能写好字。）（《启蒙浅学》，1880：一百〇五，第28页b面上）【关联副词：表条件】

（62）又有只话，主，涯想从禺，竟系先爱准涯去辞别唯家人正。[官话]（又有一个人说，主，我要跟从你，但容我先辞别我家里的人。）（路加9-61；引自柯理思，2002：347）【先行₂助词】

（63）天一光犹太人共谋发誓，话，唔爱饮食，爱杀开保罗正。[官话]（到了天亮，犹太人同谋起誓说，若不先杀保罗，就不吃不喝。）（使徒行传23-12；引自柯理思，2002：348）【先行₂助词】

综上可见，除了语气助词用法，"正"的其余用法均在早期客方言中出现。现代客方言同样存在以上多种用法，可看作早期客方言"正"的遗留。以粤西廉江吉水、廉江塘蓬等地客方言为例进行分析。

（64）粤西客方言"正"的多功能用法：
【形容词】
廉江吉水：摆正[tsin³³]啲！（摆正一点儿！）
　　　　　行得正，企得正。（俗语：身正不怕影子斜，光明磊落。）
廉江塘蓬：摆正[tsin³³]啲。|坐正啲来！（坐端正！）
【时间副词："刚刚"】
廉江吉水：我啱（啱）讲倒。（我刚讲到。）|*我正讲倒。
廉江塘蓬：我正讲到。（我刚讲到。）|我正考完试。（我刚考完试。）
廉江青平：正到（刚到）（李如龙等，1999：203）①
廉江石角：正到（刚到）（李如龙等，1999：203）
【语气副词】
廉江塘蓬：你正傻！（你才傻！）
　　　　　正十点钟，盲⁼[maŋ]²⁴得食昼。（才十点钟，不能吃午饭。）
廉江吉水：正半斤，冇够食。（才半斤，不够吃。）
【关联副词：表条件】
廉江塘蓬：饭冇熟开，煮多一阵正得。（饭还没熟，多煮一阵才行。）
　　　　　食饭正去。（吃了饭再去。）

---

① 据李如龙等（1999）研究，粤西茂名高州新垌、电白沙琅等地客方言也能说"正到"（"刚到"）。

廉江吉水：米饭冇熟，还[en²⁴]煮一阵正得。（米饭还没熟，还得再煮会儿才行。）

食完饭正去。（吃完饭再去。）

【先行₂助词】

廉江吉水：你等一阵正。（你先等一下。）

廉江塘蓬：你等下正。（你先等等。）

【语气助词】

廉江吉水：你食冇正！（警告：你吃不吃！）

廉江塘蓬：*系冇正？

除粤西客方言外，据柯理思（2002）、甘甲才（2003）的报道，广东新丰、中山、惠州、紫金及湖南酃县①等地客方言都存在"正"表先行₂的用法，例如：

(65) 广东紫金：先放等正，明朝日正洗！（先放着，明天再洗吧！）（柯理思，2002：346）

(66) 广东中山：落来饮杯茶正。（先进来喝杯茶吧。）（甘甲才，2003：248）

(67) 湖南酃县：睡一觉正。（睡一觉再说。）（柯理思，2002：350）

(68) 江西上犹：你吭要走正。（你暂且不要走。）（柯理思，2002：350）

多地客方言句末"正"的语法化途径（柯理思，2002）与廉江方言十分相似，均是由表示"再"的副词用法语法化而来，此处仅引表先行₂的用例。粤西遂溪、雷州闽方言的"正"不存在先行₂用法。

3.5.4　早期粤、客方言和现代广州话、客方言"头先"的用法

3.5.4.1　早期粤语和现代广州话

我们一开始没有在早期粤语的语料库中检索到"头先"的用例。但后来在"早期汉语方言文献资料库"中，查到了"头先"用作时间名词的用法。现代广州话也有"头先"。都仅用于指"刚才"，例如：

---

① 酃县 1994 年更名为炎陵县。

(69) a. 早期粤语：佢头先熄咗灯咯。（他刚才熄了灯了。）（*Beginning Cantonese*，1906：第十六课第二部分；引自早期汉语方言文献资料库）【时间名词："刚才"】

b. 早期粤语：佢头先打亲我。（他刚才打着我了。）（*Beginning Cantonese*，1906：第十八课第二部分；引自早期汉语方言文献资料库）【时间名词："刚才"】

c. 现代广州话：头先入来嗰个人系边个？（刚才进来的那个人是谁？）【时间名词："刚才"】

3.5.4.2　早期客方言和现代客方言

记录早期客方言的《启蒙浅学》中没有"头先"一词，用"先头"表"刚才"。在《客英词典》（*A Chinese-English Dictionary, Hakka Dialect as Spoken in Kwang-tung Province*）（Mackenzie，1905：879）里收有"头先"的词条：

(70) 头先 Thêu sien, first of all.

从释义上看，first of all 意为"首先"，不是时间名词和方位名词的用法，很可能是先行₁用法。共时的语料反映：粤东的梅县、翁源，香港及福建长汀客方言也用"头先"表示"刚才"（李如龙，张双庆，1992），未发现表先行₁的用法。在粤西地区现代客方言中能普遍找到"头先"表方位、时间和先行的用法，比较如下：

(71) 粤西客方言中"头先"的多功能用法[①]：
【方位名词】
廉江吉水：你行头先。（歧义：你在前面走；你先走。）
　　　　　行开头先嗰只系我大哥。（走在前面那个是我大哥。）
廉江塘蓬：我[ŋai²⁴]行头先。（歧义：我在前面走；我先走。）
　　　　　行开头先□[kai³³]只系我哥。（走在前面那个是我哥。）
廉江青平：你行头先。（你前头走。）（李如龙等，1999：211）
（茂名）化州新安：你行头先。（李如龙等，1999：211）
（阳江）阳西塘口：你行头先。（李如龙等，1999：210）

[①] 廉江吉水、塘蓬为笔者调查所得，廉江青平、廉江石角、化州新安、阳西塘口的语料均来自李如龙等（1999）。

第 3 章 多功能性研究（一）：廉江方言的"头先"和"正"

【时间名词】
廉江吉水：头先食□[tɔ²¹]两碗欶[ɛ⁵⁵]。（刚才吃了两碗了。）
廉江塘蓬：头先食两碗欶[ɛ⁵⁵]。（刚才吃两碗了。）
廉江青平：头先[tʰeu²⁴ ɬien⁵⁵]（表"刚才"①）（李如龙等，1999：203）
廉江石角：头先[tʰɐi¹² siɛn⁴⁵]（李如龙等，1999：203）
阳西塘口：头先[tʰɐu²⁴ ɬiɛn³⁵]（李如龙等，1999：202）

【先行₁助词】
廉江吉水：系你食头先个[kai³³]。（是你先吃的。）
　　　　　其去头先，我后尾正去。（他先去，我后来才去。）
廉江塘蓬：你食头先。（你先吃。）
　　　　　佢去头先，我后尾正去。（他先去，我后来再去。）
廉江青平：等渠食头先。（让他先吃。）（李如龙等，1999：211）
化州新安：等渠食头先。（让他先吃。）（李如龙等，1999：211）
阳西塘口：畀渠食头先。（让他先吃。）（李如龙等，1999：210）

粤西的雷州闽方言有"头前"作时间名词、先行₁助词的用法，例如：

(72) 雷州闽方言：伊头前[tʰau¹¹ tsai¹¹]做教师，后尾做同志。（他原先
　　 当老师，后来做公务员。）（李荣，1998：178）
　　 雷州闽方言：我来过头前，伊来在后尾。（我先来，他后来。）
　　 （李荣，1998：178）
　　 雷州闽方言：是你食头前个。（是你先吃的。）

然而，闽方言中"头前"置于动词后表先行₁的情况并不普遍，粤东饶平、汕头等闽方言就没有先行₁助词的用法：

(73) 汕头、饶平闽方言：介你先食个。（是你先吃的。）

我们猜测，粤西的粤、闽、客三大方言都存在"头先"或"头前"表先行₁这一用法，是汉语方言相互接触、影响而形成的结果。

---

① 廉江青平的客方言还用"头早[tʰeu²⁴ tsɔ³¹]"表示"刚才"，见李如龙等（1999：203）。

3.5.5 廉江方言"正""头先"多功能性的来源

据上节所述,粤西客方言与粤西廉江方言的"正"及"头先"的多功能用法完全重合。因此,我们有理由认为,廉江方言"正""头先"的先行$_1$、先行$_2$等用法是接触引发的语法化所致。余下的问题是,到底是谁影响谁?

首先看"正"。"正"的形容词、副词(含时间副词、语气副词和关联副词)、先行$_2$助词的多功能用法,在早期客方言中都存在,粤西现代客方言与早期客方言相比,多了语气助词用法。除语气助词用法外,现代客方言"正"的其他用法完全可看作早期客方言的保留。而廉江方言"正"的形容词和关联副词用法则可视为早期粤语用法的保留,此外,廉江方言"正"的其他用法可视为"复制语法化"(模式语为当地客方言)所得。那现代粤西廉江吉水客方言"正"的语气助词用法怎么来的?可将其视为自身语法化所得,或受标准粤方言广州话"先"的类似用法的影响,从而引发客方言"正"语法化所致。

其次看"头先"。早期粤语有"头先"充当时间名词(表"刚才")的用法,而早期客方言的辞书中发现了"头先"存在 first of all 的释义。我们怀疑早期客方言中已存在先行$_1$用法,且方位或时间名词的用法也应存在,只是由于语料有限,目前难以发现。再根据粤西现代客方言与粤西廉江方言"头先"三种用法完全重合,及其他客方言普遍存在"头先"表示"刚才"的情况,我们也相信,廉江方言"头先"的多功能性也是"复制语法化"(模式语为当地客方言)所致。

对照 3.5.2"复制语法化"的步骤,可重构廉江方言"正"和"头先"多功能性的形成过程。廉江客方言是模式语(M),廉江方言是复制语(R),而【形容词("端正"等)~助词(先行$_2$及语气助词)】【方位~先行$_1$】的多功能用法的演变模式则是 "[My~Mx]:[Ry~Rx]" 中的[y~x],是廉江方言(R)从廉江客方言(M)中复制而来。

最后,还得回答一个问题,为什么早期粤语的"正"已具备向先行$_2$演变的基础(形容词、表条件的关联副词等),却不能再向前一步?原因是早期粤语中的"先"已抢先发展出先行$_2$的用法,阻碍了"正"的进一步发展。早期粤语"先"表先行$_2$的用法如:

(74)先生,唐人点样初学写字呢?请先生把手执笔写红朱字<u>先</u>咯。(How, sir, do the Chinese commence learning to write? The teacher is requested at first to guide the child's hand, holding the pencil, to write copies in red ink.)(先生,中国人怎么初学写字呢?先请老师手把

手执笔教写红字吧。)(《读本》,1841:19;引自早期粤语口语文献资料库)

廉江方言的"正"之所以能进一步发展出先行$_2$用法及语气助词用法,原因是其直接受到客方言的影响,是接触引发语法化的生动案例。

由于有的方言(如廉江吉水客方言)的"正"不存在时间副词"刚刚"的用法,因而把"正"语法化的途径进行修改,去掉代表语法化方向的箭头,其概念空间分布如图 3-3 所示。

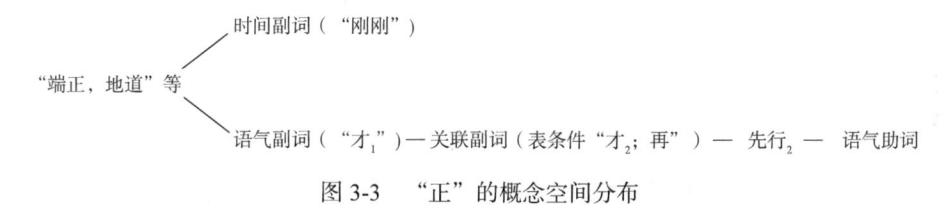

```
                  时间副词("刚刚")
                 ╱
"端正,地道"等
                 ╲
                  语气副词("才$_1$")—关联副词(表条件"才$_2$;再")— 先行$_2$ — 语气助词
```

图 3-3 "正"的概念空间分布

"头先"的概念空间分布及演变方向见图 3-4。

```
方位("前面") ——→ 时间("刚才")
              ╲        │
               ╲       ↓
                →   先行$_1$
```

图 3-4 "头先"的概念空间分布及演变方向

海涅、库特夫(2012:65)根据尼日尔-刚果语族的斯瓦希里语和基库尤语,提出"BEGIN(begin, start)>FIRST(TEMPORAL)"[开始>先行(时间)]的语法化途径。这与我国东南一带的客赣方言由"起"表先行的途径一致,例如:

(75)让渠(先)喫(吃)起。(让他先吃。)[①]

粤西粤、客等汉语方言"头先""正"的语法化途径,可对 FIRST(先行)语法化途径的类型进行更为详尽的补充。充分发挥汉语方言语法化途径类型丰富的作用,汉语学者可以为语法化研究做出具体而细致的贡献。

[①] 据李如龙、张双庆(1992:448)研究,江西三都客方言、湖南醴陵、江西吉水、新余、宜丰、修水、安义、都昌、余干、弋阳、南城、福建邵武、湖北阳新、安徽宿松等地赣语,都存在"起"表先行的用法。

3.6 小　　结

柯理思（2002）指出客方言的助词"正"表示的"暂且/先……再说"既是时间范畴，又属情态范畴。而廉江方言除了兼含体貌和情态意义的句末语气助词"正"外，还有位于 VP（包括形容词）后表客观的按时间顺序在前的先行体助词"头先"。广州、廉江的粤方言，以及廉江的吉水、塘蓬客方言也存在先行$_1$和先行$_2$共存的情况，只不过广州话中的先行$_1$和先行$_2$同形罢了。比较如表 3-1 所示。

表 3-1　广州、廉江客、粤方言先行义的分布及共现情况

句法语义	先行$_1$：时间顺序的"先"	先行$_2$：先/暂且……再说	先行$_1$、先行$_2$共现
广州（粤）	系你食先嘅。	你食完先！	你食先$_1$先$_2$！
廉江（粤）	系你食头先个。	你食完饭正！	你食头先正！
吉水（客）	系你食头先个。	你食完饭正！	你食头先正！
塘蓬（客）	你食头先。	你等下[先/正]！	你行头先正！

根据以上四种方言的情况，先行$_1$用法位于动词后，先行$_2$用法处在句末。先行$_1$仅表体貌意义，先行$_2$除此之外，还兼表义务情态。方言中先行$_1$和先行$_2$语法形式的关系，与"了$_1$"和"了$_2$"、动词后的"着"和句末的"呢"等有异曲同工之妙[①]。

本章再次证明，粤西廉江方言中存在一些语言接触引发的语法化现象。如果把方言接触从语言接触中排除出去，仅强调类型差别迥异的不同语言之间才存在语言接触的话，那么，汉语方言之间的接触问题就难以得到持续深入的关注，汉语方言资源丰富的优势就难以发挥，相关研究甚至会继续停滞不前。

国内不少语言学家，包括汉语方言学家，一直在呼吁方言研究应重视方言的相对独立性和系统性。这一呼吁已基本形成共识。就汉语方言语法研究来说，接下来的工作，应该把不同方言的语法视为相对独立的系统，进行对比性、非对比性（徐烈炯，1998）的全方位研究，包括语法描写、语言接触、语法化、类型学等方面的工作。

[①] 汉语中大量存在兼表体貌和情态意义的句末助词，除了本文的"正"、普通话句末的"呢""了$_2$"外，还有廉江方言句末的"在"（如"佢未结婚在"，意为"他没结婚呢"）、广州话句末的"喇/勒"（如"出太阳喇/勒"，意为"出太阳了"）等。这些助词属于[时间，情态]范畴，可归为语气助词，与[时间]和[情态]构成"[时间]＞[时间，情态]＞[情态]"的演变链条。

第 4 章

多功能性研究（二）：资中方言的"过"

趋向动词容易发生语法化。第 4~7 章分别讨论资中方言"过""来"、贵港粤方言"开"、廉江粤方言"起身"的语法化问题。

四川资中方言中，"过"除可作趋向动词外，还可作体助词（包括"完毕""经历""准重行"用法）、介词（含所从、所由、所在和方式介词化用法）。本章在对资中方言"过"的多功能性进行描写的基础上，联系早期四川西南官话的历史语料，探究"过"不同用法间的联系及其语法化过程。

4.1 引　　言

汉语方言中趋向动词"过"虚化后的用法较为丰富，可作经历体助词、重行体助词、比较标记、与格标记和介词等，例如：

（1）四川成都：昨天下午我去找你过。（张一舟等，2001：75）【经历体】

（2）四川西充：画没挂端，喊你爸爸挂过。（画没挂正，叫你爸爸重新挂。）（王春玲，2011：68）【重行体】

（3）广东广州：佢后生过我。（他比我年轻。）（李新魁等，1995：569）【比较标记】

（4）广东广州：寄封信过佢。（寄给他一封信。）（李新魁等，1995：540）【与格标记】

（5）江西石城：日子定过大年日。（日子定在大年三十。）（曾毅平，2000：213）【介词】

临近的四川成都方言（张一舟等，2001）、西充方言（王春玲，2011）的"过"

只见经历体和重行体两种虚化用法,未见介词用法的报道。与成都方言、西充方言相比,资中方言"过"的用法似更为丰富:除作趋向动词、体助词外,还有介词的用法。

4.2 作趋向动词的"过"

4.2.1 趋向动词

"过[ko^{24}]"作趋向动词时,有两种用法:其一,表"经过(处所)",可带体标记"了、倒_着",带体标记"倒_着"时多用重叠式"过倒过倒",表动作行为在进行中发生了某种变化,例如:

(6)明天我从你家过的时候来喊你。(明天我从你家过的时候来叫你。)
(7)过了桥再说。
(8)过倒过倒桥又突然掉头回去了。(过着过着桥又突然掉头回去了。)

其二,表"往/到"或"去",后接名词性成分,例如:

(9)整个上午都没看到你,你过哪里去了哦?(一上午都没有看见你,你到哪里去了呢?)

4.2.2 趋向补语

趋向动词"过"出现在动词后作趋向补语,表示"人或事物随动作从某处经过或从一处到另一处"(吕叔湘,1980:215),例如:

(10)我从桥上走过。

4.3 作体助词的"过"

4.3.1 表完毕的"过"和表实现的"嘎="

资中方言的"过₁[ko^{24}]""表示动作完毕"(吕叔湘,1980:216),例如:

（11）我吃过₁饭就去。（我吃过饭就去。）

此时"过₁"可和"嘎⁼[ka]"①替换，意义不变，例如：

（11'）我吃嘎⁼饭就去。（我吃过饭就去。）

"过₁"和"嘎⁼"的使用均受以下限制：第一，不能用于否定句。如例（12）的 b 句不能说。

（12）a. 我们买过₁（嘎⁼）衣服再去吃饭。（我们买了衣服再去吃饭。）
　　　b. *我们不是买过₁（嘎⁼）衣服再去吃饭。（*我们没有买了衣服再去吃饭。）

第二，只能用于"动词+过+数量/时量/动量宾语"和连谓结构。如"吃过/嘎⁼饭"不可说，"吃过/嘎⁼一碗饭""一天吃过/嘎⁼五次饭""吃过/嘎⁼就去睡觉"可说。

"过₁"和"嘎⁼"的用法并非完全等同。如果动作并未完成，仅是实现，则只能用"嘎⁼"，不能用"过₁"。

（13）这个会都开嘎⁼（*过₁）三天了，为啥子都还不结束来？（这个会都开了三天了，为什么还不结束呢？）

例（13）"开会"这个行为仍未完成，但已实现。故比起表"完毕"或"完成"，"嘎⁼"的语法意义概括为"实现"更为准确。

4.3.2 表经历

与普通话类似，资中方言的"过"也可表示过去曾经有这样的事情，"过"可用于动作动词、状态动词、能愿动词、心理动词、性质形容词后。记为"过₂[ko²⁴]"。

（14）一看这个箱子就被人打开过₂。（一看这个箱子就被人打开过。）
（15）从那次后，他就经常说都死过₂一次的人还怕啥子。（从那次以后，他就经常说都是死过一次的人了还怕什么。）

---

① 资中方言的"嘎⁼[ka]"表实现，相当于普通话的"了₁"，本字应为"过"。

（16）你不要乱说，我好久会过₂钢琴？（你不要乱说，我什么时候会钢琴？）

（17）说实话，以前我还是后悔过₂。（说实话，以前我还是后悔过。）

（18）我以前还不是瘦过₂，只是现在长胖了嘛。（我以前也瘦过，只是现在长胖了而已。）

"过₁"和"过₂"的不同之处为：第一，语法意义不同。"过₂"的语法意义是"过去曾经有这样的事情"，但现在这一事情已不存在。"过₁"表"完毕"，并不一定表示说话时某一动作行为或状态已不存在，例如：

（19）这件事他后悔过₁几十年了，现在都还在后悔。（这件事他后悔了几十年了，现在都还在后悔。）

（20）这件事他后悔过₂，不过现在已经想通了。（这件事他后悔过，不过现在已经想通了。）

例（19）"后悔"这一心理动作仍在持续，"过"为"过₁"，表"完毕"。例（20）表示现在已不后悔了，"过"为"过₂"。

第二，"过₂"可用于否定句，"过₁"则不可。

（21）a. 我从来就没有借过₂他钱。（我从来就没有借过他钱。）
　　　b. *我没有吃过₁饭就去。（*我没有吃过饭就去。）

第三，否定形式不同。"V过₁"的否定形式是"还没/没有 V"，"V过₂"的否定形式是"没/没有 V过₂"。

（22）这本书你看过₁没得？（这本书你看了没有？）
　　　——还没有（看）。/*还没有看过。（还没有。）

（23）这本书你看过₂没得？（这本书你看过没有？）
　　　——没看过₂。（没看过。）

第四，"过₁"有时可与"嘎⁼"互换，而"过₂"则不能与"嘎⁼"互换。

（24）这部电影我看过₁（嘎⁼）三遍了。

(25) 我去过₂(*嘎⁼)那家店。

4.3.3 准重行体助词

资中方言中的体助词还可表重行,即表示重新进行某一动作行为。不过,"过"前多加表示重复的副词"重新、再、又、格外另外"等,凸显重新进行某一动作的意思。"过"还未完全发展为重行体助词,可视为"准重行体"助词,记作"过₃[ko²⁴]",例如:

(26) 你这个作业错的地方太多了,重新写过₃。(你这个作业错的地方太多了,重新再写。)
(27) 这个菜格外热过₃了,现在可以吃了。(这个菜另外热过了,现在可以吃了。)

"过₃"常用于祈使句。但也可用于已然句,如"我把衣服又洗过₃后就还给他了"。

"过₂"与"过₃"的区别如下:第一,"过₃"常用于祈使句,"过₂"不能用于祈使句。

(28) 刚刚没讲清楚,再讲过₃。(刚刚没讲清楚,重新讲。)

例(28)的"过"不能理解为"过₂"(表示"过去曾经有过这样的事情")。第二,"过₃"后不可带宾语或补语,"过₂"可以。

(29) a. 我曾经画过₂一幅画给你。(我曾经画过一幅画给你。)
b. *这幅画没画好,我以后再画过₃一幅。

"过₃"后不带宾语,但如果将"过₃"后的宾语提到句首,成为话题,句子可成立,如例(30)。

(30) a. *我画过₃这幅画。
b. 这幅画我再画过₃。(这幅画我重新画过。)

第三,"V 过₃"的否定形式为"没必要、不用、不要"等,"过₂"的否定形式只能是"没 V 过₂"。

（31）你已经说得很清楚了，没必要（不用/不要）重新说过₃。（你已经说得很清楚了，没必要重新再说一次。）

（32）北京我没去过₂。（北京我没去过。）

第四，"过₂"可用于非自主动词、形容词之后，"过₃"不可。

（33）生病过₂（*过₃）　　会过₂（*过₃）　　高兴过₂（*过₃）

第五，表过去的时间词如"去年子、昨天、以前"等往往和"过₂"共现，而与"过₃"共现的则通常是表示将来的时间词，如"明年子、明天、以后"等。

（34）我昨天洗过₂衣服了。（我昨天洗过衣服了。）

（35）没洗干净我明天洗过₃就是了，闹啥子闹嘛。（没洗干净我明天再洗就是了，闹什么闹啊。）

第六，如果谓词前出现"再、又、重新"等表后时的副词，"V 过"的"过"是"过₃"，如例（36）。

（36）这篇论文还要重新写过₃。（这篇论文还要重新再写。）

4.4　作介词的"过"

4.4.1　表所从/所由

资中方言的"过"可表空间的源点或经由，表"所从"或"所由"，记作"过₄[ko²⁴]"，例如：

（37）过₄小路走快些。（从/由小路走快些。）

（38）你是过₄成都到北京还是过₄重庆到北京？（你是从/由成都到北京还是从/由重庆到北京？）

"过₄"还可表来源、表时间或范围的起点,如:

(39)我过₄我爸妈屋头拿了点香肠回来。(我从我爸妈家拿了点香肠回来。)
(40)过₄去年起我就不去那家店了。(从去年起我就不去那家店了。)
(41)过₄小娃娃儿到老年人都不喜欢他。(从小孩子到老年人都不喜欢他。)

例(37)~(41)的"过"后均不能带体标记"倒着、了、过"等。

4.4.2 表所在

"过"可表事件、活动发生或进行的场所,表"所在",记作"过₅[ko²⁴]",如:

(42)这件衣服是我过₅成都耍的时候买的。(这件衣服是我在成都玩的时候买的。)

"过₅"也可表示事件发生的时间,如:

(43)过₅十五做酒。(在十五做酒。)
(44)哪家都是过₅冬天才灌香肠嘛。(每家都是在冬天才灌香肠的啊。)

例(42)~(44)中的"过"带体标记"倒着、了、过"后,"过"则为动词用法,表"经过"。

4.4.3 方式介词化用法

资中方言的"过"有方式介词化的用法,表示"用、凭"(方法、手段、途径等),记作"过₆[ko²⁴]",如:

(45)说不赢他就过₆整嘛。(说不过他就用打的吧。)
(46)香肠要过₆煮才好吃。(香肠要煮着吃才好吃。)
(47)现在这年头啥子东西不过₆钱买嘛?(现在这年头什么东西不用钱买呢?)
(48)这件衣服是我过₆热水洗的。(这件衣服是我用热水洗的。)

此时的"过"已方式介词化,不再是典型的动词,例(45)～(48)的"过",其后均不能带体标记"倒著、了、过"。方式介词化是其语法化方向,并不一定就是介词。如例(45)的"过₆整"后不出现动词,例(46)的"过₆煮"后出现状中结构"才好吃","整""煮"是动词,"过"仍未发展出典型的介词用法。例(47)、例(48)的"过"后出现名词性宾语,构成介宾结构后再修饰动词,已发展出介词的用法。

4.5 早期语料中"过"的用法

此节我们考察早期西南官话语料中"过"的用法。这些语料包括：*DICTIONNAIRE CHINOIS-FRANÇAIS de la Langue Mandarine Parlée*（1893）、*Western Mandarin, or the Spoken Language of Western China*（《西蜀方言》）（1900）、*CHINESE LESSONS for First Year Students in West China*（1917）。这三本著作记录了19世纪末20世纪初四川方言的日常口语,较全面地反映了当时四川方言口语的语法特点。据初步考察,早期西南官话中"过"的用法已比较丰富。

4.5.1 趋向动词

(49) 同船过河。(和船一起过河。)(*DICTIONNAIRE CHINOIS-FRANÇAIS de la Langue Mandarine Parlée*,1893:594)[①]

(50) 王长兴,明天起身过仁寿。Wang Chang-Hsin, tomorrow we shall start for Jenshow.(王长兴,明天我们出发去仁寿。)(*CHINESE LESSONS for First Year Students in West China*,1917:129)

4.5.2 趋向补语

(51) 推船,推过河。(推船,把它推过河。)(*DICTIONNAIRE CHINOIS-FRANÇAIS de la Langue Mandarine Parlée*,1893:603)

(52) 对直穿过这条街,就是。(直直穿过这条街就是。)(*DICTIONNAIRE CHINOIS-FRANÇAIS de la Langue Mandarine Parlée*,1893:551)

[①] 分析需要,引自 *DICTIONNAIRE CHINOIS-FRANÇAIS de la Langue Mandarine Parlée*《西蜀方言》、*CHINESE LESSONS for First Year Students in West China* 的例子直接括注作品名称和年份,余同。

4.5.3　方式介词化用法

（53）他们分家都是过抢。（他们分家都是用抢的方式。）（DICTIONNAIRE CHINOIS-FRANÇAIS de la Langue Mandarine Parlée，1893：631）

（54）说不赢我们过整。（说不赢的话我们就用打的方式。）（《西蜀方言》，1900：246）

（55）啥子东西都要过钱买。（什么东西都要用钱买。）（DICTIONNAIRE CHINOIS-FRANÇAIS de la Langue Mandarine Parlée，1893：263）

（56）掉落的，偷的东西要过钱取。（掉落的、偷的东西要用钱取。）（DICTIONNAIRE CHINOIS-FRANÇAIS de la Langue Mandarine Parlée，1893：657）

例（53）、例（54）的"过抢""过整"中的"过"后不能加体助词"倒_着、了、过"[①]，"抢""整"都是动词，此处的"过"不是典型的动词，已有介词化的倾向。例（55）、例（56）的"过"后出现名词性宾语，构成介宾结构后再修饰动词，已发展出介词的用法。

4.5.4　体助词

（57）表"完毕"：新布洗过要缩。（新衣服洗完了会缩。）（DICTIONNAIRE CHINOIS-FRANÇAIS de la Langue Mandarine Parlée，1893：470）

（58）表"经历"：成都省到过没有。（去过成都没有？）（《西蜀方言》，1900：48）

（59）准重行体：要从新修过。（要重新修一遍。）（DICTIONNAIRE CHINOIS-FRANÇAIS de la Langue Mandarine Parlée，1893：651）

综上可知，早期西南官话中"过"的用法已相当丰富，除没有表示"所从、所由、所在"外，可作趋向动词、趋向补语、体助词（表"完毕""经历"或作准重行体助词）、介词。

[①] 从我们搜集到的西南官话早期语料来看，尚未发现"过数""过抢""过整"的"过"后能带体助词"倒_着、了、过"的用例。

4.6　资中方言"过"的语法化途径

4.6.1　趋向动词>趋向补语

"过"可作谓语，也可在连动式结构中充当后项动词，如"红军走过雪山"。在连动结构中，"过"重新分析为趋向补语用法。

4.6.2　趋向动词>完毕>经历

当"过"由强调从起点到终点的位移过程转为强调动作终止后的状态时，即由强调趋向转变为强调结果时，"过"表"完毕"的用法也就产生了。"过"语法化的句法环境为"动+过+名（处所）"。如"红军走过雪山用了三天"：强调位移过程时，"过"是趋向动词，而当强调"红军走过雪山"的结果时，"过"重新分析为动态助词，表"完毕"。

曹广顺（1995）认为，当表完结的"过"用在表述过去发生的事件句子中时，就有了"曾经"的意思，"曾经"用法固定下来，便形成了表经历的体助词用法。

4.6.3　趋向补语>准重行体助词

"过"本指客观外在的位移，随着位移义的泛化，可引申为面貌的更新（从旧情况到新情况的位移），也可进一步引申为某一事件在主观心理层面的位移，例如：

（60）a. 我把答案改过了。（我把答案改了。）
　　　b. 这些问题你要一一想过。（这些问题你要一个一个想一遍。）

无论是例（60）a 中面貌的更新还是例（60）b 中主观心理层面的位移，"过"都表示"把所涉及的对象从头到尾 V 一遍"，是趋向意义向体意义过渡的形式（杨永龙，2001）。这时的"过"常和副词"重新、再、又"等共现，发展出向重行义过渡的助词（准重行体助词）用法。西南官话早期语料可为这一猜测提供佐证，例如：

（61）誊的书要对过。（誊的书要从头到尾对一遍。）（*DICTIONNAIRE CHINOIS-FRANÇAIS de la Langue Mandarine Parlée*，1893：605）

（62）王长兴，可以把这一吊钱拿来数过。Wang Chang-Hsin, you may take this string of cash and count it.（王长兴，你把这吊钱从头到尾数一遍。）（CHINESE LESSONS for First Year Students in West China，1917：165）

（63）要从新修过。（要重新修一遍。）（DICTIONNAIRE CHINOIS-FRANÇAIS de la Langue Mandarine Parlée，1893：651）

例（61）～（63）的"过"都可理解为"把所涉及的对象从头到尾 V 一遍"的意思。

4.6.4 趋向动词>方式介词化

当"过"后直接加名词时，"过"为动词，表"经过，通过"，例如：

（64）这个衣服还要过一次水。

当"过"用于连谓结构"过+NP$_1$+V$_2$（+NP$_2$）"时，"过"重新分析为介词，表方式，例如：

（65）衣服要过水洗。（衣服要用水洗。）

4.6.5 趋向动词>表"所从/所由"的介词

资中方言表"所从/所由"的用法由表"经过"的动词语法化而来，"过+NP$_1$+V$_2$+NP$_2$"为语法化的句法环境，例如：

（66）过成都到重庆。

例（66）的"过"既可理解为表"经过"的动词，即"经过成都到重庆"，也可重新分析为表"所从"，即"从成都到重庆"，"过"由动词向介词演变。

4.6.6 趋向动词>表"所在"的介词

吴福祥（2010b）提出"过"作处所介词的用法有两种可能的演化模式：一是趋向动词"过"在连动式"过（V$_1$）+NP$_1$+V$_2$+NP$_2$"中直接演变为处所介词；二

是趋向动词"过"在连动式"V_1+NP_1+过（V_2）+NP_2"中演变为终点介词，并进一步由终点介词语法化为处所介词。资中方言中"过"不作终点介词，西南官话早期语料中亦未见终点介词用法。因此，资中方言"过"作处所介词的用法应由第一种语法化模式演变而来，其中 NP_1 为地点名词，是语法化的关键，例如：

（67）过坡上摘苹果。

例（67）也可做重新分析。当强调位移过程时，"过"为趋向动词，意思是"到坡上摘苹果"；当不再强调位移过程，而是强调位移的终点时，"过"为处所介词，意思是"在坡上摘苹果"。

综上，可以把资中方言的"过"的语法化过程进行重构，如图4-1所示。

```
                    ↗介词或介词化（方式；所从/所由；所在）
     趋向动词→趋向补语→完毕体→经历体
                    ↘准重行体
```

图4-1　资中方言"过"的语法化过程

4.7　小　　结

资中方言趋向动词"过"的语法化途径，大致上可归纳为"趋向动词>体助词"和"趋向动词>介词"两种。后一途径中，"过"表所从/所由、所在的用法较常见，如江西石城客方言（曾毅平，2000）、安徽绩溪方言（赵日新，2000）、广西南宁白话（覃凤余、吴福祥，2009）等；"过"的方式介词化用法则较为独特，目前还鲜有研究。

联系现代方言和早期方言文献语料，重构重要语法形式的语法化过程，是方言语法研究的一个重要方面。立足现代汉语方言，联系早期方言历史文献，对相关形式的语法化途径进行重新构拟，是将共时和历时两方面的演变研究相结合的做法。

第 5 章

多功能性研究（三）：资中方言的"来"

21 世纪以来，汉语方言中"来"的多功能性语法现象引起了学者们的关注，如麦耘（2008），郭辉（2008），林华勇、郭必之（2010a），邢向东（2011）等。他们关注"来"各功能之间的相互联系，并注意结合语法化理论对其进行考察，取得了一些新认识。

四川资中方言属西南官话成渝片。资中方言的"来"除了作趋向动词（含趋向补语）外，还可作动相补语、傀儡可能补语、结构助词（状态补语标记）、体助词（表"曾然"或"先行"）、语气助词和话题标记。与上述学者以及张一舟等（2001）、王春玲（2011）所报道的四川成都、西充西南官话中"来"的功能相比，资中方言"来"的用法更为丰富。因此，对资中方言"来"的多功能性进行描写，并重构其语法化的过程，有特殊的语料及理论价值。

5.1　作趋向动词和补语的"来"

5.1.1　"来"作趋向动词

"来"[nai^{21}]（阳平）作动词表位移时，资中方言与普通话的"来"用法大体相同，例如：

（1）今天张老师<u>来</u>过两次。
（2）我们今天可以<u>来</u>三个人。

不过，普通话的"S+来+处所"结构，在资中方言更常用"S+走+处所+来"来表达，例如：

（3）他明天走成都来。（他明天来成都。）
（4）从那回吵架起，他就没走这里来过了。（从那次吵架起，他就没来过这里。）

与普通话一样，资中方言的"来"作趋向动词表位移时，还可与其他趋向动词组合成复合趋向动词"X来"，其成员包括进来、出来、上来、下来、过来、起来、回来。

5.1.2 "来"作补语

5.1.2.1 趋向补语

趋向动词"来[nai^{21}]"出现在动词后作趋向补语，表示"动作朝着说话人所在地"（吕叔湘，1980：309）。此时"来"的空间位移义还很明显，"来"前的动词 V 必须具备[+方向]的语义特征。述语动词主要有两类：一类为趋向动词，如"上、下、出、入、进、到、过、起"；另一类是表示施事主体自身运动的动词（自移动词），如"走、跑、赶、吹、飞、跟"等，例如：

（5）小张刚从楼上下来，就看到一辆车停到他楼下。
（6）一只麻雀正向我们这边飞来。

5.1.2.2 动相补语

当"来"前的动词不再限于具备[+方向]的语义特征时，"来"的趋向义弱化，出现表动作动相的用法，此时"来[nai^{21}]"含[+获得]义，作动相补语，例如：

（7）这本书你走哪里买来的？（这本书你从哪里买到的？）
（8）这些钱是你走哪里去整来的？（这些钱是你从哪里弄到的？）
（9）这么奇怪的想法你是哪门子蒙来的哦？（这么奇怪的想法你是怎么猜到的？）

其中例（7）、例（8）的"来"除作动相补语解时，还可理解为趋向补语，但例（9）"蒙来"的"来"只能理解为动相补语。

5.1.2.3 傀儡可能补语

资中方言的"来[nai^{21}]"可出现在能性补语结构中，充当傀儡可能补语，后可带名词性宾语，例如：

（10）这么小的娃儿居然都做得来这么难的题了。（这么小的孩子居然都会做这么难的题了。）
（11）我唱不来这首歌。（我不会唱这首歌。）
（12）这个字我写不来。（这个字我不会写。）

5.2　"来"的助词用法

5.2.1　结构助词（状态补语标记）

资中方言的"来[nai^{21}]"可用于"V$_1$ 来 V$_2$ 倒"或"V$_1$ 来 A 起"结构，充当结构助词，为状态补语标记。"V$_2$ 倒"前还可出现状语，例如：

（13）你不要坐来跟我们挨倒，坐那边去。（你不要坐得跟我们挨着，坐那边去。）
（14）他被交警叫来站倒。（≈交警叫他一直站着。）
（15）小王没做作业，在课上被老师骂来傻起。（小王没做作业，在课上被老师骂得都傻了。）
（16）他拿个东西硬要拿来歪起。（他拿东西非要斜着拿。）
（17）我想啊想的就把自己想来楞起了。（我想着想着就把自己想晕了。）

"来"作结构助词时受到一些句法、语义上的限制：第一，V$_1$ 通常是单音节动作动词，如"打、骂、说、讲、坐"等，有时也可以是心理动词，如"想、气"；第二，A 必须是单音节性质形容词，如"傻、木、楞、呆、糊、斜、歪"等，多带贬义；第三，V$_2$ 必须是姿势动词，如"坐、站、卡（夹）、睡、卧"等；第四，句子的主语必须是有生命的。

此外，资中方言的"来"常与"得"连用组成"得来"，作程度补语标记，强调状态或结果所达到的程度，组成"V/A 得来 C"结构。其中，V/A 一般是单音节的，A 限于性质形容词，C 一般是较复杂的谓词性结构，多是主谓短语或比况结构，不能是单个的词，例如：

（18）连倒写了几个小时的字，写得来手都麻了。（连着写了几个小时的字，写得手麻了。）

（19）他吵得来我睡都睡不着。（他吵得我睡不着。）
（20）这个柜子高得来我搭起板凳都摸不到。（这个柜子高得我搭着板凳也摸不到。）
（21）这个妹妹乖得来我都找不到话来形容了。（这个妹妹漂亮得我都无法形容了。）

例（18）～（21）的"得来"可用资中方言的另一程度补语标记"到"替换。"V/A得来C"后的C可省去，形成"V/A得来"结构，"来""到"无此用法，例如：

（22）小张今天把老师气得来。（小张今天把老师气坏了。）
（23）一大群人把他打得来。（一大群人把他打得很惨。）

资中方言的结构助词"来"作状态补语标记，"得来"作程度补语标记。除"来""得来"作补语标记外，"得""到""起"也可以充当补语标记，用法有所不同，可另作讨论。

5.2.2 体助词

5.2.2.1 "来$_1$[nai^{21}]"："曾然"体

"来"黏附于句末，还可表示相对于某参照点不久前，曾经发生过某种行为或事情（"曾然体"或称"近过去"），记作"来$_1$"，例如：

（24）我家那哈儿都有来$_1$，现在没得了。（我家那个时候有，现在没有了。）
（25）我刚刚才吃了一堆东西来$_1$，现在不想吃了。（我刚才才吃了一堆东西，现在不想吃了。）
（26）我昨天还看了两场电影来$_1$。（我昨天还看了两场电影。）

句中常出现表"近过去"的时间词语，如"刚刚""昨天"等。不出现时间词语时，动作发生的时间一般离说话时间不远，例如：

（27）我们去买了水果来$_1$。（我们刚才去买了水果。）
（28）我们去吃了火锅来$_1$。（我们刚才去吃了火锅。）

第5章 多功能性研究（三）：资中方言的"来"

不过，已发生的动作或事件距说话时间点客观上不一定很近，但说话人主观上认为已发生的动作或事件距说话时不远。句中往往出现副词"还"，例如：

（29）前年寒假我回家还去看了王老师来$_1$。（前年寒假我回家还去看了王老师。）

（30）前几年我和小王还一起去了趟北京来$_1$。（前几年我和小王还一起去了次北京。）

"来$_1$"也可用于假设发生过某情况，既可以是说话者假设过去发生过，也可以是说话者假设在将来发生，例如：

（31）我要是昨天去了广州来$_1$，就看成蔡依林昨天的演唱会了。（我如果昨天去了广州，就可以看成蔡依林昨天的演唱会了。）

（32）要是我明天去了广州来$_1$，我就跟你说。（如果我明天去了广州，我就跟你说。）

例（31）、例（32）的"来$_1$"分别表示过去的"曾然"和将来的"曾然"。这两句方言的情况很好地说明，"曾然"一说比"近过去"概括力强，且"曾然"不属时（tense）范畴，其本质属体（aspect）范畴。

资中方言的"来$_1$"常出现在陈述句中，只有肯定式，没有否定式，例如：

（33）a. 我刚刚去超市买了东西来$_1$。（我刚刚去超市买了东西。）
b. *我刚刚没有去超市买了东西来$_1$。

值得注意的是，与北京话的"来着"相比，资中方言的"来$_1$"有以下特点：
第一，"来$_1$"通常与体标记"了"共现，而北京话中的"来着"不能与"了"共现，见例（34）。

（34）a. 资中：甲：你中午吃了啥子来$_1$？（你中午吃了什么？）
乙：我吃了火锅来$_1$。（我吃火锅来着。）
b. 北京：甲：你中午吃（*了）什么来着？
乙：我吃（*了）火锅来着。

第二，资中方言的"来$_1$"可用于 VC 或 FV（F 为表示某种状态的修饰语）之后，北京话则受限，见例（35）～（37）。

（35）资中：他刚刚才打死了一条蛇来$_1$。（他刚刚才打死了一条蛇。）
　　　北京：*他刚刚才打死一条蛇来着！
（36）资中：我将才搬出去了来$_1$。（我刚刚搬出去了。）
　　　北京：*我刚才搬出去来着。
（37）资中：我悄悄密密地跟她说了来$_1$。（我悄悄地告诉她了。）
　　　北京：*我悄悄地告诉她来着。

5.2.2.2 "来$_2$[nai^{21}]"：先行体

1）先行体助词的用法

资中方言的"来"黏附在句末，表示"暂且先进行某个动作或事情，然后再做别的动作或事情"或"其他的暂且不管"，记作"来$_2$"。"来$_2$"的意义列举如下。

第一，表示事情的先后次序（用法一），例如：

（38）等倒下嘛，我把床上的衣服收拾了来$_2$。（等一下吧，我先把床上的衣服收拾好了再说。）
（39）甲：快去开门。
　　　乙：等我换好衣服了来$_2$。（等我换好衣服了再说。）
（40）我今天不想去了，明天来$_2$。（我今天不想去了，等明天再说。）

第二，表示甲事以乙事为先决条件（用法二），例如：

（41）要想毕业，就先把论文写好了来$_2$。（要想毕业，就先把毕业论文写好了再说。）
（42）卖给你可以，（先）把以前欠的钱还清了来$_2$。（卖给你可以，先把以前欠的钱还清了再说。）
（43）甲：我好久才可以买新鞋子嘛？（我什么时候才可以买新鞋子？）
　　　乙：（等）你把现在穿的这双穿烂了来$_2$。（等你把现在穿的这双鞋穿烂了再说。）

"来₂"有"暂时 VP 吧""先 VP 再说"（柯理思，2002）的意思。如果去掉句中的"来"，句子就不能表达先行义，或句子不能成立，例如：

（44）a. 我把作业做完了来₂。（我把作业做完了再说。）
　　　b. 我把作业做完了。
（45）a. 等哥哥到家了来₂。（等哥哥到家了再说。）
　　　b.*等哥哥到家了。

去掉"来₂"后，例（44）b 不再表"先把作业做完了再说"的意思，例（45）b 则不成句。

表先行的"来₂"大多用于肯定式祈使句，要求听话人实现自己的意愿，例如：

（46）你把这碗饭吃完了来₂。（你先把这碗饭吃完再说。）
（47）莫忙吃饭，把汤喝了来₂。（不要急着吃饭，先把汤喝了再说。）

例（46）、例（47）都是未然句。

"来₂"也可用于疑问句，可在 VP 前加"是不是"或在句末加疑问语气助词"啊[a⁴⁴⁵]"等，例如：

（48）是不是要等他过来了来₂？（是不是先等他过来了再说啊？）
（49）你先把衣裳洗了来₂啊？（你先把衣服洗了再说好吗？）

用于疑问句时，VP 可用否定式，例如：

（50）不等他来了来₂啊？（不等他来了以后再说吗？）
（51）不先把作业做了来₂啊？（不先把作业做了再说吗？）

2）与成都方言相比较

张一舟等（2001）指出成都方言中的先行体标记有"哆[to⁵⁵]"和"来₂[nai²¹]"两个，但"VP 来₂"不如"VP 哆"常用。资中方言也存在"哆[to⁴⁴⁵]"和"来₂[nai²¹]"两个先行体助词。不同的是，资中方言中，"哆"和"来₂"都很常用。据张一舟等（2001）描述的成都方言的情况，资中方言与成都方言"来₂"的先行用法有如下差异。

首先，资中方言的"来₂"有先行体的用法一和用法二（见 5.2.2.2 节第一部分），成都方言的"来₂"只有用法一（张一舟等，2001：63），如例（52）、例（53）。

(52) 资中：你要想考驾照，就要先把理论考过了来₂。（你要想考驾照，就要先把理论考过了。）

成都：*你要想考驾照，就要先把理论考过了来₂。

莫忙开钱，吃了来！（不忙付钱，吃了再说。）（引自张一舟等，2001：62）

(53) 资中：

甲：二娃，好好做作业。

乙：你先给我讲个故事来₂。（你先给我讲个故事再说。）

成都：

甲：二娃，好好做作业。

乙：*你先给我讲个故事来₂。

成都方言的"来₂"只有用法一，没有用法二，这恰好说明用法二是用法一进一步发展的结果。

其次，资中方言的"来₂"可出现在充当谓语的 NP 后；成都方言则不能，只能用"哆"，如例（54）。

(54) 资中：

甲：你好久去看病？（你什么时候去看病？）

乙：下个星期来₂。（下星期再说。）

成都：

甲：你好久去看病？

乙：下个星期哆。

可见，与成都话相比，资中方言的"来₂"使用得更为广泛。

5.2.3 语气助词

5.2.3.1 "来₃[nai³¹[1]]/[·nə]"：表确认

"来₃"用于感叹句末，表"确认"的语气，显然与"曾然"用法的"确认"

---

[1] "来"的本调为21，表惊讶语气时下降幅度增大，这里暂记作31，应是受句末语调的影响。

因子有关。此时"来"常弱读为"嘞[·nə]",例如:

(55) a. 他一口气就吃了五个馒头来₃嘞!(他一口气就吃了五个馒头啊!)
     b. 他一口气就吃了五个馒头。
(56) a. 明明亲自逮到他了,他还硬要说不是他做的来₃嘞!(明明亲自逮到他了,他还非说不是他做的啊!)
     b. 明明亲自逮到他了,他还硬要说不是他做的!

以上两句省略"来₃/嘞"也可成立,加上"来₃/嘞"有"确认"语气的作用,带有夸张的语气。

5.2.3.2 "来₄[nai³¹]":表惊讶

"来₄"用于感叹句末,除表确认语气外,还进一步引申出表惊讶即"出乎意料"的语气,是一种反预期(counter-expectation)(Heine et al., 1991)的用法。"来"读作[nai³¹],不能轻读,也不能弱读为"嘞[·nə]"。"来₄"不能用于否定句,例如:

(57) 这么小的娃儿都要得来电脑了来₄!(这么小的孩子都会玩电脑了啊!)
(58) 这个桌子是木头的来₄!(这个桌子是木头的啊!)
(59) 太阳从西边出来了来₄!(太阳竟然从西边出来了!)
(60) 你今天都舍得做作业了来₄!(你今天居然都舍得做作业了!)

以上例句删除"来₄"也可成句,不过删掉"来₄"后,只是较为客观的陈述;加上"来₄"后,表惊讶的语气。如例(58),说话人一直认为桌子不是木头的,发现"这个桌子是木头的"事实后,非常惊讶;若删除"来₄",则仅表示客观陈述。如果把例(59)换成"太阳从东边出来了来₄"则不成立,因为太阳从东边出来符合自然规律,不表惊讶。

表惊讶与表确认的用法相比,存在以下差异:第一,语音形式有所不同。表惊讶时不能弱读为"嘞[·nə]",而表确认时常弱读。第二,表惊讶时不能用于否定句,表确认时则可以。

(61) a. 他还没有去过北京来₃/嘞。(他还没有去过北京。)
     b. *他还没有去过北京来₄。

例（61）a 是否定句，"来"表示对他没有去过北京这一事实的进一步确认，不表"惊讶"。

第三，表惊讶是因为说话者存在某种预期，但事实却出乎原先的预期，属反预期现象；表确认的语气助词"来"则不是反预期的用法。

5.2.3.3 "来$_5$[·nai]"：表提醒

以上两种语气助词（表确认、表惊讶）用法常见于感叹句。除此外，语气助词"来"还具有表示提醒的功能，包括充当话题标记和表示委婉语气等。

1）话题标记

"来"用于话题成分之后，充当话题标记，见例（62）、例（63）。

（62）煮饭来$_5$，我也不会。（煮饭，我也不会。）

（63）话来$_5$，我已经带到了，他信不信我就不晓得了。（话，我已经带到了，他信不信我就不知道了。）

话题标记还常用于对比、对举或举例。

（64）其实来$_5$，他不来也好。（其实，他不来也好。）

（65）你早饭来$_5$，没吃好；我早饭来$_5$，吃好了。（早饭，你没吃好，我吃好了。）

（66）这次去北京都没有好好耍一下，一来$_5$，没得时间；二来$_5$，天气又不好。（这次去北京都没有好好玩玩，一是没时间，二是天气又不好。）

（67）你们都到了，老师来$_5$？（你们都到了，老师呢？）

（68）这件事你是同意来$_5$，还是不同意（来$_5$）？（这件事你是同意呢，还是不同意呢？）

（69）你穿这么少的衣服冷不冷来$_5$？（你穿这么少的衣服冷不冷呢？）

例（67）、例（68）疑问句中的"来"也是用于对比，同样可视为话题标记，回答都是针对"来"前的内容展开。

此外，话题标记还用在假设小句的末尾，见例（70）、例（71）。

（70）你要是非要走来$_5$，我也不留你了。（你如果非要走呢，我也不留你了。）

（71）你要是昨天去了来~5/1~，这个事情就好办了。（你如果昨天去了的话，这个事情就好办了。）

用在假设小句末尾的话题标记"来~5~"与同样用于假设小句中表"曾然"的"来~1~"容易混淆。但二者有区别：第一，语音形式不同。假设句中表"曾然"的"来~1~"读作[nai²¹]，而做话题标记的"来~5~"读轻声[·nai]。第二，当假设将来发生某一动作时，"来~1~"必须与"了~1~"共现，"来~5~"则不与"了~1~"共现。如"我要是明天去北京来，就去故宫逛下。"句中的"来"是作话题标记，不表"曾然"。

2）表委婉语气

"来"表委婉的语气时主要用于疑问句、祈使句。先看疑问句。

（72）a. 这些话你是听到哪个说的来~5~？（这些话你是听谁说的呢？）
b. 这些话你是听到哪个说的？（这些话你是听谁说的？）

例（72）b 发问者的语气生硬，含有逼迫对方回答的意味，例（72）a 则是委婉地咨询对方。表委婉的语气助词"来~5~"不能用于是非问句，如：

（73）a. *这个饮料好喝来~5~？
b. 这个饮料好喝？

用于祈使句时，"来~5~"使语气变得委婉，甚至有商量的意味。"来~5~"读[·nai]时，语气比读"嘞[·nə]"要委婉。再比较：

（74）a. 你快点吃来~5~/嘞。（你快点吃吧。）
b. 你快点吃！
（75）a. 你不要看电视了来~5~/嘞。（你不要看电视了吧。）
b. 你不要看电视了！

例（74）、例（75）中 b 句与 a 句相比，b 句的语气更生硬，a 句加了"来~5~/嘞"后则有了与对方商量的语气。

5.3 资中方言"来"的语法化途径

5.3.1 趋向动词>趋向补语>动相补语>傀儡可能补语

"来"由连动式的后项动词逐渐演化为趋向补语，此时"来"前的动词[+方向]的语义特征明显。当"来"前的动词[+方向]的语义特征减弱，开始具有[+获得]的语义特征，"来"在趋向补语的基础上发展为动相补语。"来"充当动相补语，可在"能性述补结构""V 得 C"中作补语，于是产生"来"作傀儡可能补语的用法。就语法化程度而言，傀儡可能补语较动相补语更虚。总的来说，作傀儡可能补语的"来"应是在动相补语的基础上发展而来。

5.3.2 动相补语>状态补语标记

吴福祥（2001）曾提出状态/程度补语标记"来"是由完整体助词"来"语法化而来的观点。后来吴福祥（2010b）将观点修正为状态/程度补语标记"来"的直接语源可能是动相补语而非完整体助词。资中方言的"来"存在状态补语标记的用法，并无完整体助词的用法。这一点可为吴福祥后来修正的观点提供佐证。

5.3.1 与 5.3.2 这两条"来"的语法化途径与汉语"得""到"等相关功能的语法化途径并无二致，不再赘述。"到""得"等语法化途径详见吴福祥（2002，2009d）。

5.3.3 趋向动词>"来₁"（曾然）

"来"用于"V（O）+来"句法结构且出现在句末（宾语 O 之后），是趋向动词"来"语法化为表"曾然"体助词的句法环境。此时"V（O）+来"可重新分析，例如：

（76）我吃了苹果来的。

例（76）在资中方言中有两解：一是"吃了苹果才来的"，"来"是趋向动词；二是"我刚吃了苹果"，"来"是表曾然的助词。"来"作趋向动词解时，句子谓语是连动结构，强调施事者"我"的位移；"来"表曾然时，强调施事者"我刚吃了苹果"这一事实。这与廉江方言"来"的语法化途径一致（林华勇和郭必之，2010a），符合从空间到时间范畴的演变规律。

5.3.4 "来₁"(曾然)＞"来₂"(先行)

5.2.2 节中提到,"来₁"一般理解为过去的"曾然",但也可以是将来的"曾然"。当句子是祈使句,而"来"又表示将来的曾然时,"来"可理解为表"先行",即先要完成某个动作行为,再考虑下一步,例如:

(77)吃了饭<u>来</u>。

当例(77)为陈述句表示已然时,"来"一般理解为表曾然的助词,意为"我刚吃了饭";当例(77)为祈使句表未然时,"来"表将来的曾然,即理解为"先行",句意为"我吃了饭再说"。曾然与先行,均与完成或实现有关,只是有客观陈述和说话人要求的区别,"曾然＞先行"符合语法化的语义相关度原则。

5.3.5 "来₁"(曾然)＞"来₃"(确认)＞"来₄"(惊讶)

"来"在句末表曾然和表确认,只是一步之遥,例如:

(78)甲:胃又不好,这么晚了还不吃饭。
　　乙:我将将去食堂吃了饭<u>来</u>₁。(我刚刚去食堂吃了饭。)
(79)他将将吃了五个馒头<u>来</u>₁。(他刚刚吃了五个馒头。)

例(78)、例(79)中,如果说话者仅仅是客观陈述"我刚刚去食堂吃了饭""他刚刚吃了五个馒头"这一已然事实,"来"读作[nai²¹],表曾然。如果说话者想对"我刚刚去食堂吃了饭""他刚刚吃了五个馒头"的现时状态加以确认,"来"由 21 调变为 31 调,表"确认"语气。

如果确认的情况恰好超出说话人所料,则"来"进一步引申出表惊讶的反预期用法,具体见 5.2.3 节的分析和例句。"曾然＞确认或判断"的语法化与广州粤方言基本一致(做乜嘢来?＞系你来嘅)。只是广州粤方言"来"与"嘅"固化,且没有进一步引申出反预期的语气。

5.3.6 "来₁"(曾然)＞"来₅"(提醒:话题标记、委婉等)

资中方言表提醒(话题标记、委婉等)的"来₅"同样来源于表"曾然"的"来₁"。当把"VP+来"移到句子的前部作为谈论的话题,"来"的"时制意义由于移位至句首而消减;语气意义也减弱为提顿,略带强调"(邢向东,2011:521)。"提顿""强调"即"提醒"语气。如例(78)通过移位可转变为:

（80）吃饭来₅，我将将去了食堂。（吃饭呢，我刚刚去了食堂。）

例（80）表提顿的"来"实际上是话题标记。进一步泛化后，"来"出现在名词性成分、代词、数词等之后，如例（63）～（67）。当"来"用于带疑问形式的疑问句或祈使句时，表委婉语气，例如：

（81）我要是非要走来₅？（我如果非要走呢？）
（82）这些话你是听到哪个说的来₅？（这些话你是听谁说的？）
（83）你不要看电视了来₅/嘞。（你不要看电视了吧。）

例（81）是非疑问形式的疑问句，"来"既可以看成话题标记，又兼表委婉。例（82）是带疑问代词的疑问句，例（83）是祈使句，"来"表委婉的提醒语气。

综上，可以把资中方言"来"的语法化过程进行重构，如图5-1所示。

$$趋向动词 \to 趋向补语 \to 动相补语 \to 傀儡可能补语$$
$$\downarrow \qquad\qquad\qquad\qquad\qquad \searrow 状态补语标记$$
$$曾然 \to 先行助词$$
$$\searrow 确认（[nai^{31}]/[·nə]）\to 惊讶（[nai^{31}]）$$
$$\searrow 提醒（[·nai]）（话题标记；委婉，或读[·nə]）$$

图 5-1 资中方言"来"的语法化过程

图 5-1 中，若未标明读音，"来"均读[nai²¹]。值得注意的是，除轻读（[·nai]）或弱读（[·nə]）外，还有读如[nai³¹]的情况。该情况并非弱化，而是强化。因此，对于汉语来说，语法化可能会导致语音上的变化，变化大多情况下是弱化或磨损，但不一定仅是弱化，也可能是强化。

5.4 小　　结

除"趋向动词>体标记"这一常见的语法化模式外，吴福祥（2010a）归纳并提出了汉语方言中趋向动词的另外四种语法化模式：趋向动词>比较标记；趋向动词>傀儡补语>能性助词；趋向动词>补语标记；趋向动词>空/时间介词>与格介词。①资中方言趋向动词"来"的语法化途径，符合这四种模式中的两种：趋向动词>傀儡可能补语>能性助词；趋向动词>补语标记。

---

① 鉴于以往汉语语法学界在"趋向动词>体标记"演化模式方面已有较充分的研究，吴福祥（2010a）未专门提及"趋向动词>体标记"这种语法化模式。

此外，资中方言"来"的语法化情况还新补充了"趋向动词>体标记>语气助词(含话题标记)"这一语法化模式。该语法化模式实际上是属"[空间]>[时间]>[语气]"三种范畴之间的演化。尤其是其后半部分"体标记>语气助词(含话题标记)"这一语法化链条，因涉及语气，较为复杂，其内部联系要说清楚实属不易。本章在此方面也算是一次尝试。

"趋向动词>体标记>语气助词（含话题标记）"模式并非资中方言所独有。如广东廉江方言的"来"作语气助词有"判断""加强语气"的功能（林华勇和郭必之，2010a）；梅县客方言的"来"可表感叹和祈使语气（林立芳，1997）；陕北神木晋方言的"来"可作话题标记（邢向东，2011）。但"来"表"提醒"（话题标记、委婉）、"惊讶"（反预期）的语气助词用法在其他方言中的报道还不多见。资中方言"来"的虚化用法异常丰富，能为趋向动词的语法化等研究提供宝贵的语料和线索。

第 6 章

多功能性研究（四）：贵港粤方言的"开"

贵港粤方言的"开"存在多功能性。表示"开启、开动""离开""分离"义时，"开"分别作主要动词、趋向补语和结果补语；"开"还有动相补语用法，进而演化为完成体助词和始续体助词；位于句末的事态助词"开"有实现体意义和兼表出乎意料的语气。"开"的完成体、始续体和意外实现体三种体貌用法，分别是复制当地客方言、粤方言固有用法及自身发展的结果。

6.1 引　言

贵港市位于广西东南部。贵港粤方言（有时称"贵港话"）指通行于城区的粤方言，属粤方言勾漏片（中国社会科学院和澳大利亚人文科学院，1987：B14）。除粤方言外，贵港市还主要存在客方言和壮语，粤、客方言及壮语的使用人口约各占全市总人口的三分之一。除本族母语外，壮族人和客家人一般都会说贵港粤方言，而贵港粤方言母语者一般也能听懂客方言，少部分人还能说壮语，总而言之贵港是一个语言接触频密的地区（贵港市地方志编撰委员会，1993：1133、1137）。贵港粤方言有八个声调，调类和调值分别为：阴平（55）、阳平（33）、阴上（35）、阳上（335）、阴去（51）、阳去（31）、阴入（<u>55</u>）[①]、阳入（<u>24</u>）。

贵港粤方言的语素"开[hui⁵⁵]"具有多功能性。除主要动词、趋向补语、结果补语等实义用法外，其虚义用法包括充当动相补语、始续体助词、完成体助词和事态助词。与虚化了的广州话的"开"（充当始续体助词、惯常体助词）和诸多地方客方言的"开"（充当介词、完成体助词、表情况持续的事态助词等）有所不同，贵港粤方言的"开"兼有完成体及始续体助词的用法，用于句末还衍生出"惊讶于新情况的实现或出现"的用法，均读[hui⁵⁵]。

---

① 下划线表示声调为促声调，无下划线为舒声调，下文皆同。

6.2 贵港粤方言"开"的动词用法

6.2.1 主要动词

作主要动词时,"开"表"开启、开动",例如:

(1)准备落雨了,无要<u>开</u>窗了!(快下雨了,不要开窗了!)
(2)阿公仲<u>开</u>过小车在。(爷爷还开过小车呢。)
(3)花<u>开</u>开了。(花开了。)

6.2.2 趋向/方向补语

作趋向或方向补语时,"开"表"离开",用于"V+开(+O/C)"结构。该类动词有"走、行、攞_拿、拧_拿、拉、□[oŋ]³⁵_推"等,例如:

(4)拉<u>开</u>柜筒正揾见个本书。(拉开抽屉才找到这本书。)
(5)放只炮都要走<u>开</u>,太小胆了。(放个鞭炮都要跑开,太胆小了。)

6.2.3 结果补语

作结果补语时,"开"表示对象随动作分开的"分离",出现在"V+开(+O)"结构中,例如:

(6)破<u>开</u>阿只沙田柚畀大家吃。(切开那只沙田柚给大家吃。)
(7)我啱劈<u>开</u>条柴。(我刚劈开这/一条柴。)

6.2.4 动相补语

作动相补语时,"开"出现于去除义动词后,表示动作已实现或完成,兼有结果的附加意义(吴福祥,1998),意思相当于普通话的"掉"。去除义动词有"吃、饮_喝、卖、拆、抹、脱、卸、揭"等。

(8)吃<u>开</u>剩阿半碟儿菜。(吃掉剩下的那小半碟菜。)
(9)侬队卖<u>开</u>最后件衫就收摊。(我们卖掉最后一件衣服就关门。)

以上三类补语（趋向/方向、结果和动相补语）都有可能式，各举一例，依次为：

（10）a. 佢啱讲行得开。（他刚说走得开。）
　　　b. 佢啱讲无行得开。（他刚说走不开。）
（11）a. 阿中抬得开个盘花。（阿中搬得开这盘花。）
　　　b. 阿中无抬得开个盘花。（阿中搬不开这盘花。）
（12）a. 台面上高□[tɛ⁵¹]油迹抹得开。（桌上那些油渍擦得掉。）
　　　b. 台面上高□[tɛ⁵¹]油迹无抹得开。（桌上那些油渍擦不掉。）

6.3　从动相补语到体助词

6.3.1　完成体助词（"开₁[hui⁵⁵]"）

"开₁"黏附于动词、性质形容词和动结式等谓词性成分之后，表示动作行为、性状变化的完成，相当于普通话的"了₁"和广州话的"咗[tʃɔ³⁵]"，广州话如"去咗北京"（去了北京）。例如：

（13）阿明去开₁北京了！（阿明去了北京了！）
（14）佢卖开₁物厘？（他卖了什么？）
（15）佢在门口等开₁半个钟头了。（他在门口等了半个小时了。）
（16）讲开₁课正去，无使急。（讲了课再去，不用着急。）
（17）只只人都厌开₁日日做重复工。（每个人都厌烦了天天干同样的活儿。）
（18）几年无见，谂无到你肥开₁咁多。（几年不见，没想到你胖了那么多。）
（19）我打烂开₁一只碗。（我打破了一只碗。）

例（13）～（17）的"开₁"用于动词后，例（18）的"开₁"出现在性质形容词之后，例（19）的"开₁"出现在动结式后。"开₁"还可用于连动式和兼语式中，例如：

（20）一到冬天，佢总是穿开₁厚棉衫正出去。（一到冬天，他总是穿了厚棉衣才出去。）

（21）老师前日请开₁我吃饭。（前天老师请了我吃饭。）

例（13）～（21）的"V开₁"都不能变换为可能式（"V得C"），如例（14）"卖开₁"无法换成"*（冇）卖得开₁"，与例（9）"卖开"（卖掉）不同，这说明此时"开₁"已不宜再看作动相补语，已然是个纯粹的体助词。

需要注意的是，动作行为、性状变化的完成并不一定意味着动作行为、性状变化的结束，例如：

(15′) a. 佢在门口等开₁半个钟头了，仲未曾走。（他在门口等了半个小时了，还没走。）
b. 佢在门口等开₁半个钟头了，总算走了。（他在门口等了半个小时了，总算走了。）

例（15′）a、b 两句都表示"等半个钟头"的完成。由于"等"是持续动词，"等"这一行为或状态是否结束要结合语境判断：a 句"仲未曾走"（还没走）表明"等"这一行为或状态尚未结束；b 句"总算走了"则说明其已结束。

6.3.2 始续体助词（"开₂[hui⁵⁵]"）

"开₂"后附于姿势动词，表示动作之前已经发生并持续了一段时间，至参照时间（如说话时间）时，该动作并不一定仍在持续，但说话人主观希望将动作继续下去。姿势动词有"坐、停、徛（站）、跍（蹲）"等，蕴含着对特定空间的临时占有，例如：

（22）只位我坐开₂了。（≈这个位置之前是我坐的，我想继续在这个位置上坐着。）
（23）个里我徛开₂了。（≈我之前站这里，我想继续在这里站着。）
（24）五号车位我部车停开₂了。（≈五号车位之前是我停的，我想继续把车停这儿。）

如例（22）说话人说话时可能已经站起来了，但想继续坐。

贵港粤方言的"开₂"和广州话的"开"都能作始续体助词，但在句法组合上，贵港粤方言的"开₂"只能与姿势动词搭配①，而广州话的始续体助词"开"

---

① 对于广州话的始续体助词"开"的描写，详见彭小川（2002）。

则不受此限制。这说明贵港粤方言"开"表始续这一用法的虚化程度没有广州话高。再如：

(25) 广州：佢讲开嘢，而家唔出得嚟。（他在说话，现在不能出来。）
（彭小川，2002：129）
贵港粤：*佢讲开₂嘢，□[ki³¹]时无出得来。

(26) 广州：食开饭就唔好睇报纸喇。（吃饭就不要看报纸了。）（彭小川，2002：127）
贵港粤：*吃开₂饭就无要睇报纸了。

例（25）、例（26）的广州话不能硬译成贵港粤方言，"讲""食"都不是姿势动词，贵港粤方言不能后接表始续的"开"，而广州话却可以。

6.3.3 带意外语气的实现体助词（"开₃[hui⁵⁵]"）

"开₃"位于句末时，表示说话人惊讶于新情况的实现或出现，是带"出乎意料"语气的实现体，一般用于"V（+O/C）/A+开+{感叹}"中，例如：

(27) 出热头开₃！（≈居然出太阳了！）
(28) 门开开开₃！（≈门居然打开了！）
(29) 着你猜出来开₃！（≈居然被你猜出来了！）
(30) 一夜天光地板就湿开₃！（≈一个晚上过去地板居然就湿了！）

例（27）～（30）的"开₃"使句子带上感叹的语气功能。例（28）第一个"开"为动词，表示"打开"；第二个"开"为结果补语，表示门"打开"这一结果；第三个"开"为"开₃"，表示说话人惊讶于"门打开了"这一新情况的实现，是个具有反预期功能的实现体助词（Heine et al.，1991）。

贵港粤方言的另一个实现体标记"了[lɛᵃu³³⁵]"和"开₃"一样，都表示新情况的出现，有成句的作用，但"了"不带惊讶语气，例如：

(31) 门开开了。（门打开了。）

比较例（28）和例（31）可知，例（28）的惊讶语气是"开"本身所带，而非语境或句子语气所致。

第6章 多功能性研究（四）：贵港粤方言的"开"　　83

贵港粤方言句末的"开₃"和实现体助词"了"不仅语法意义有区别，句法分布也有所不同。说明如下。

第一，"开₃"和"了"不能共现，例如：

（32）*打雷<u>开₃</u><u>了</u>！
（33）*打雷<u>了</u><u>开₃</u>！

第二，"开₃"只附着于根句；"了"既能附着于根句，也可附着于小句，例如：

（34）[佢知道啱打雷]<u>开₃</u>！（≈他居然知道刚打雷了！）
（35）[佢知道啱打雷]<u>了</u>！（他知道刚打雷了！）
（36）[啱停电<u>了</u>]是假消息！（刚停电了是假消息！）
（37）佢知道[啱打雷<u>了</u>]！（他知道刚打雷了！）
（38）*[啱停电<u>开₃</u>]是假消息！（*刚居然停电了是假消息！）
（39）*佢知道[啱打雷<u>开₃</u>]！（*他知道刚居然打雷了！）

例（34）、例（35）说明"开₃"和"了"的辖域可涵盖整个句子。例（36）～（39）说明"了"能附着于小句，而"开₃"不可。例（38）、例（39）不成立，是因为带惊讶语气的"开₃"分别处于主语和宾语的位置，而小句是不能带语气的。

与普通话的"了₂"相比，"开₃"的句法分布较窄。说明如下。

第一，贵港粤方言的"开₃"只用于感叹句，普通话的"了₂"则能出现于其他句类。试比较：

（40）贵港粤：*热头出来<u>开₃</u>，地仲未曾干。
（40'）普通话：太阳出来<u>了₂</u>，地还没干。

第二，"开₃"较少出现在含小句的句子中，"了₂"则无此限制。试比较：

（41）贵港粤：*佢想老陈退休<u>开₃</u>！
（41'）普通话：他希望老陈退休<u>了₂</u>！
（42）贵港粤：*佢讲佢啱去过<u>开₃</u>！
（42'）普通话：他说他刚去过<u>了₂</u>！

第三，"开₃"只用于当下或最近的新情况，"了₂"对新情况发生的时间没有限制。试比较：

（43）贵港粤：*佢队祖宗阔多开₃！
（43'）普通话：我们祖上阔多了₂。（刘勋宁，2002：72）

总的来说，贵港粤方言的"开"有完成体、始续体和意外实现体的助词用法，均后置于谓词或居于句末。据我们调查，贵港周边地区粤方言"开"的用法也各不同，举例说明如下。

（44）广西北流：（完成体）我吃开饭咧。（我吃了饭了。）
（45）广西北流：（始续体）只位我坐开咧。（≈这个位置之前是我坐的，
　　　　我想继续在这个位置上坐着。）
（46）广西南宁：（完成体）我食开饭了。（我吃了饭了。）

广西南宁动词后的"开"只有完成体用法。贵港粤方言的虚词"开"与广州话的虚词"开"作始续体助词，如例（22）～例（26），广州话的"开"还可作惯常体助词，如"佢跑开步，一日唔跑唔舒服"（他每天都跑步，一天不跑不舒服；彭小川，2002：131），用法均有差别。那么，贵港粤方言"开"这三种体貌用法的来源如何？值得探讨。

6.4　贵港粤方言"开"体貌用法的来源

如果贵港粤方言"开"的用法是早期粤语用法的保留，则应可从早期粤语语料中找到佐证。如果发现贵港粤方言"开"的某些功能不为早期语料所记载，那么，我们就有理由怀疑贵港粤方言"开"的多功能性受到了其他语言或汉语方言的影响。

我们尚未发现关于贵港粤方言的早期语料。虽然现存早期粤语语料主要以广州话或香港粤方言为基础，与贵港粤方言没有直接的承继关系，但早期粤语语料毕竟保存了粤方言更多的古老成分。因而根据早期语料确认粤方言"开"原有用法的办法，仍具有较强的可行性（郭必之和林华勇，2012）。同理，下文所用早期客方言语料，虽不属贵港地区的早期客方言，但也有较强的参照性。以下将讨论贵港粤方言"开"的体貌用法的来源。先看"开₂"。

第 6 章　多功能性研究（四）：贵港粤方言的"开"　　85

6.4.1　早期粤语的"开"与贵港粤方言"开₂"的来源

在我们所搜集的早期粤语语料[①]中，"开"有主要动词、趋向补语、结果补语和始续体助词等四种用法。举例说明如下。

6.4.1.1　主要动词

（47）开口不如缄口稳。（To open the mouth is not so safe, as to keep it shut.）（张嘴说话不如闭口不谈安全。）（《土话字汇》，1828：SECTION I；引自早期粤语口语文献资料库）

6.4.1.2　趋向补语

（48）移开呢个书架。（Move away this book-stand.）（把这个书架移开。）（《读本》，1841：136；引自早期粤语口语文献资料库）

6.4.1.3　结果补语

（49）唔好挣开眼。（You must not open your eyes.）（不要睁开眼睛。）（《读本》，1841：49；引自早期粤语口语文献资料库）

（50）你都唔分得开贵贱嘅咯。（You don't know that these are good things. You even not divide-able-out valuable vile.）（你都区分不了贵贱。）（CME，1907：20-21；引自早期粤语口语文献资料库）

6.4.1.4　始续体助词

（51）我食开饭。（I am eating rice; I am dining.）（我在吃饭了。）（《土话字汇》，1828：SECTION Ⅶ；引自早期粤语口语文献资料库）

[①] 此处使用的早期粤语语料主要有：香港科技大学制作的"早期粤语口语文献资料库"（Early Cantonese Colloquial Texts: A Database）（张洪年教授主持）和"早期粤语标注语料库"（Early Cantonese Tagged Database）（姚玉敏博士主持）。此外，我们还查阅了《教话指南》（Beginning Cantonese）（Wisner，1906）。该书为美国美北长老会海外差会（American Presbyterian Board of Foreign Mission）牧师尹士嘉（O. F .Wisner）在担任格致书院监督时所编写的教材，反映了 19 世纪末到 20 世纪初广州话口语概貌，共 135 课，176 页。

(52) 多谢咯我食开只火鸡翼处。（I thank you, I am reserving my appetite for a wing of that turkey.）（谢了，我在吃火鸡的鸡翅了。）（《读本》，1841：177；引自早期粤语口语文献资料库）

(53) 写开字唔好讲说话呀。（写着字不要说话。）（《教话指南》①，1906：第四课）

早期粤语的"开"存在始续体的用法，不存在完成体和兼表意外的实现体的用法。这说明，"开"作始续体助词应是粤方言的固有用法，贵港粤方言的完成体助词"开₁"和意外实现体助词"开₃"可基本排除源自早期粤语。但应注意，贵港粤方言的始续体用法，与早期粤语及广州话相比，其语法化程度较低，如例（51）~（53）在贵港粤方言中并不成立，详细解释见 6.3.2 节。因此，很难认为，贵港的"开₂"直接继承了早期粤语的用法。但由于该用法是粤方言的固有用法，该固有用法对贵港粤方言始续体的产生和发展，可起到催生或促进的作用。

6.4.2 现代客方言、早期客方言及贵港粤方言"开₁"的来源

6.4.2.1 现代贵港客方言

贵港（三里）壮语不用"开[hui^{45}]"而用自源词"[pai^{45}]（去）"表完毕。"[pai^{45}]（去）"可作结果补语，没有体助词功能，可排除壮语对贵港客方言的影响。

贵港客家人多从粤东迁入②。贵港客方言的"开"可作主要动词、趋向补语、结果补语、动相补语、完成体助词和始续体助词。我们调查了贵港桥圩、大圩、东龙三地客方言，以下用"贵港客"统称之。举例如下。

1）主要动词

(54) 贵港客：开窗透透气。（开窗透透气。）

2）趋向补语

(55) 贵港客：佢啱行开矣。（他刚刚走开了。）

---

① 分析需要，引自《教话指南》的例了直接括注作品名称和年份，余同。

② "贵县……于粤东惠潮嘉迁来者均谓之来人（即客人）以其离故土而不变乡音也"（欧仰义，1934：280）。另据了解，贵港北山石姓客家人于清康熙年间（1662—1722 年）于河源和平县迁入。

3）结果补语

（56）贵港客：搬开床底介啲纸箱。（搬开床底那些纸箱。）
（57）贵港客：切开□[ki³¹]只矮瓜来煮。（切开这只茄子来煮。）

4）动相补语

（58）贵港客：吃开□[ki³¹]碗饭。（吃掉这碗饭。）
（59）贵港客：件衫昂好看，肯定卖得开。（这件衣服那么好看，肯定卖得掉。）

5）完成体助词

（60）贵港客：吃开饭矣。（吃了饭了。）
（61）贵港客：件衫卖开几日咯。（这件衣服已经卖了几天了。）
（62）贵港客：今日佢淋开几□[pai³¹]花。（今天他浇了几次花。）

6）始续体助词

（63）贵港客：只位置我坐开矣。（≈这个位置之前是我坐的，我想继续在这个位置上坐着。）
（64）贵港客：我车停开只车位矣。（≈这个车位之前是我的车停着的，我想继续停在这儿。）

需说明的是，贵港客方言"开"作始续体助词是新派贵港客方言中的用法[①]，其动词搭配范围与贵港粤方言"开₂"一致。要分析贵港粤方言"开"和贵港客方言"开"之间的关系，有必要了解现代客方言及早期客方言"开"的用法。以下看早期客方言的情况。

[①] 例（63）、例（64）（即"开"的始续体用法）的接受度高低因年龄而异。关于"开"的始续体用法的接受度，笔者调查了五位以贵港客方言为母语方言的发音人，其中两位年长的发音人（80岁、51岁）认为不能接受，而另外三位发音人（50岁、26岁、24岁）认为可接受，也比较自然。

6.4.2.2　一百多年前的香港新界客方言

一百多年前的香港新界客方言①的"开"除了作趋向补语、结果补语外，还有动相补语、完成体助词等用法。举例如下。

1）趋向补语

（65）后来仇敌走<u>开</u>大子就祈祷话……（后来仇敌走开，大儿子就祈祷说……）（《启蒙浅学》，1880：一百卅七，第41页b面下）

2）结果补语

（66）医生打<u>开</u>门来。（医生打开门来。）（《启蒙浅学》，1880：一百廿七，第36页a面下）

（67）鹞婆一时放<u>开</u>猫仔来挷猫姆打交。（老鹰暂时放开小猫来和母猫打架。）（《启蒙浅学》，1880：一百廿九，第36页b面下，第37页a面上）

3）动相补语

（68）食<u>开</u>唔知几多草木菜蔬五谷。（吃掉不知道多少草木、蔬菜和粮食。）（《启蒙浅学》，1880：一百五六，第52页a面下）

（69）佢都唹食得<u>开</u>。（他都会吃得掉。）（《启蒙浅学》，1880：一百四四，第45页b面下）

4）完成体助词

（70）耶稣分人杀<u>开</u>。（Jesus was killed by people.）（耶稣被人杀了。）（《简明客家语法》②，2005：61）

（71）过<u>开</u>三年。（过了三年。）（《启蒙浅学》，1880：一百八六，第68页a面下）

---

① 我们使用的早期（香港新界）客方言语料主要有：《启蒙浅学》（1880）和《简明客家语法》（*A Concise Grammar of Hakka*）（2005）。

② 分析需要，引自《简明客家语法》的例子直接括注作品名称和年份，余同。

早期香港新界客方言"开"作完成体助词的用例相当常见,其完成体助词"开"也是从趋向补语开始,经过动相补语的阶段演化而来(庄初升,2007)。

6.4.2.3 《客话读本》(1936)中的完成体助词"开"

1936年出版的《客话读本》(Hakka-Lesebuch)记载了20世纪初期粤东客方言[①]的面貌。从其语料可见,完成体助词"开"与谓词性成分搭配的范围广泛,可附着于持续动词、非持续动词(瞬间动词)、形容词、动结式之后,已经是一个发展成熟的体助词。举例如下。

(72)等开好久,佢还毛来,就不得不先食。(等了好久,他还没来,就不得不先吃。)(《客话读本》[②],1936:第一册第103课)

(73)吾死开以后,愿你等兄弟时时都爱互相帮助,正唔怕被外人欺负啊!(我死了以后,愿你们兄弟时时都要互相帮助,这样才不怕被外人欺负啊!)(《客话读本》,1936:第二册第123课)

(74)我鞋烂开,被人看倒唔好意思。(我的鞋破了,被人看到不好意思。)(《客话读本》,1936:第二册第124课)

(75)同行介朋友,有只因为过渡跌落水,浸死开。(同行的朋友,有一个因为过河跌下水,淹死了。)(《客话读本》,1936:第三册第342课)

"开"作趋向补语、结果补语、动相补语、完成体助词的多功能用法,无论在早期客方言还是现代贵港客方言中都是常见的。

如果两种或多种有过接触的语言或方言中同时存在"簇聚"式(clustered)语法化模式,则通常认为其背后的动因是语言接触引发的语法化(吴福祥,2009a)。所谓簇聚式的语法化包括"A>B>C"或"A>B;A>C;A>D"的两种语法化模式。进一步理解,簇聚式语法化模式实际上与多功能性息息相关。贵港粤方言和贵港客方言的"开"都存在"趋向补语、结果/动相补语、始续体和完成体"的多功能用法。这些多功能性之间的语法化就涉及簇聚式语法化。据此,贵港粤方言的完成体标记"开₁"应是与贵港客方言接触引发的。

另外,早期客方言的"开"没有始续体功能,此功能大概非客方言原生。再加上贵港客方言"开"作始续体助词的用法为中青年一代所接受,因此我们推测,

---

[①] 我们使用的早期粤东客方言语料是《客话读本》。该书记录了时间大约为20世纪初期(20年代前后)的粤东地区客方言。

[②] 分析需要,引自《客话读本》的例子直接注作品名称和年份,余同。

贵港客方言"开"的始续体功能是新产生的，应是复制贵港粤方言的用法所致。

要说明贵港粤方言"开₁"源自客方言，除历时语料外，我们还可从其他地区的现代客方言中找到证据。完成体助词"开"在粤方言中并不常见①，而在客方言中分布较广。如广东增城②（蒋玉婷，2011）、广东紫金、惠东、惠阳③以及香港新界（曹志耘等，2008）、广东茂名信宜钱排镇（李如龙等，1999）以及广西蒙山县西河镇（李如龙和张双庆，1992）、广西博白县岭坪村（陈日芳，2012）等地客方言都用"开"作完成体助词，也就是说，粤东、粤西和桂东南的客方言都普遍存在"开"表完成的用法。举例如下。

（76）香港新界，广东紫金、惠东、惠阳：我吃<u>开</u>一碗饭。（我吃了一碗饭。）（曹志耘等，2008：63）

（77）广西蒙山西河：食<u>开</u>饭了。（我吃了饭了。）（李如龙和张双庆，1992：442）

（78）广东增城：阿伯打死<u>开</u>一条蛇。（阿伯打死了一条蛇。）（蒋玉婷，2011：100）

除河源紫金为纯客方言区外，上述各地都是粤客双语区。这些地方并不一定毗邻，但当地的客方言都用"开"表完成，而粤方言的完成体助词形式却各有不同，如香港新界粤方言和广东增城粤方言用"咗"、惠州话用"抛"和"□[ei⁵⁵]"、信宜粤方言用"开"（罗康宁，1987）、广西蒙山陈塘粤方言用"开"（韦玉丽，2008）。也就是说，完成体助词"开"在粤、客双方言区的分布大致有两种可能：要么客方言和粤方言都用"开"，如信宜、蒙山等地；要么客方言用"开"而粤方言用别的标记，如增城、惠州、新界等地。从目前掌握的情况看，不存在粤方言用"开"而客方言不用"开"的双语双方言区。因此有理由认为，在粤客充分接触的前提下，若该地粤方言和客方言都用"开"作完成体助词，作为模式语（M语）的只可能是客方言，粤方言为复制语（R语）。

6.4.3 贵港粤方言"开₃"的来源

贵港粤方言的兼表意外的实现体助词"开₃"既没有在早期粤、客方言语料

---

① 据甘于恩（2011）的报道，粤语中使用"开"作完成体标记的情况并不多见，散见于龙门（龙城、路溪）、信宜（东镇）、徐闻（南华）及增城（朱村）。
② 2014年，撤销增城市，设立广州市增城区。
③ 2003年，撤销惠阳市，设立惠州市惠阳区。

中找到相同用例，也没有在贵港客方言中发现同样用法。那么"开₃"是如何产生的呢？我们推测是贵港粤方言自身演变的结果，即属方言的自我拓展。

根据太田辰夫（2003）、曹广顺（1987）等研究，普通话实现体助词"了₂"源自完成体助词"了₁"。早期客方言不存在"开₃"的用法，我们推断，"开₃"也可能由表完成的"开₁"演变而来，是贵港粤方言自身演变的结果。"开₁"具备向"开₃"演变的句法、语义条件：第一，在句法位置上，"开₁"可用于分句末，如例（70）、例（74）、例（75），句法位置上"开₁"和"开₃"有重合之处；第二，在语义功能上，"开₃"表新情况的实现，与"开₁"表动作行为、状态变化完成的语义相近；第三，"开₃"仅出现于感叹句，其句法分布受到较大局限，可以视为"开₁"在感叹句中进一步语法化的结果，"开₃"兼表惊讶语气的用法，则可以认为是语法化进一步伴随主观化的结果。

结果补语与动相补语有相似之处，合并为结果/动相补语。贵港粤方言的"开"是从结果/动相补语演变成完成体，并由完成体进一步语法化为兼表意外的实现体。考虑到广州话和早期粤语并不存在"开"表完成及实现的用法，始续体不与完成体、实现体相连，只能与结果/动相补语相连。由此得到贵港粤语、广州话和早期粤语、贵港客方言和早期客方言"开"的语义地图①，如图 6-1 所示。

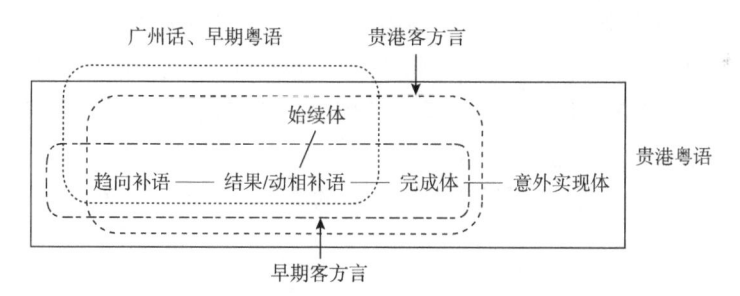

图 6-1　贵港粤语、广州话和早期粤语、贵港客方言和早期客方言"开"的语义地图

6.5　小　　结

贵港粤方言"开"的三种体貌用法来源如下。

第一，贵港粤方言完成体助词"开₁"为复制贵港客方言完成体助词"开"的用法而得。根据 Heine 和 Kuteva（2003，2005）提出的接触引发的语法化的机制和步骤（具体可见吴福祥，2007b；郭必之和林华勇，2012），贵港客方言属于

---

① 语义地图模型的相关原则和使用方法请参看 Haspelmath（2003）、张敏（2010）、吴福祥（2011）等的介绍。

模式语（M语），贵港粤方言则是复制语（R语），这一涉及多功能性的语法化过程属"复制语法化"。由趋向动词虚化为表完成的用法，这种现象在汉语中较为常见，如普通话中表示动作完成、结束的"过₁"；近代汉语中"来"表示动作的达成，如"村酒沽来浊，溪鱼钓得肥"；近代汉语或现代闽语中都存在趋向动词"去"演变为表示某种新的情况、变化已经出现、完全的用法。

（79）"大德且道那个如来？"对曰："到这里却迷去。"（《祖堂集卷》14；引自蒋绍愚和曹广顺，2005：240）

（80）福州闽语：天晴去（天晴了）|书翻破去（书翻破了）[①]（蒋绍愚和曹广顺，2005：244）

"离开"义动词演变成完结体"LEAVE 离开（to leave 离开，to abandon 抛弃，to let 让）>COMPLETIVE 完结体"的例子，再如科伊语（Kxoe）的"xǔ（动词）>-xu（后缀）"、泰米尔语（Tamil）的"vitu"和古代汉语的"却"（海涅和库特夫，2012：256、257）。

第二，贵港粤方言始续体助词"开₂"虚化程度较低，很难认为贵港粤方言的"开₂"直接或完全继承早期粤语的用法。但由于该用法是粤方言的固有用法，可认为该固有用法对贵港粤方言始续体的产生和发展，起到了催生或促进的作用。

第三，贵港粤方言兼表意外（反预期用法）的实现体助词"开₃"是完成体助词"开₁"进一步语法化和主观化而来。这一点与通常所认为的普通话从"了₁"向"了₂"的演变相似，只不过带上了一定的语气（惊讶）。该用法可认为是一种自身的语法功能的拓展。

[①] 例（80）普通话翻译为笔者所加。

第 7 章

共时、历时的一致与不一致：
廉江方言的"起身"

廉江方言（粤方言高阳片）的"起身"有三种意义和功能：一是述宾词组，"使身起"的意思；二是趋向动词，相当于普通话的"起来"；三是表示开始并继续的意思，作起始体助词，相当于"唱起来"的"起来"。本章考察"起身"的语法化过程，分析语义、结构及重新分析在语法化过程中所起的作用。

另外，通过对廉江方言与近、现代汉语"起身"等形式语法化过程的比较，说明方言之间、方言与标准语之间、共时语法化与历时语法化之间，存在语法化"不一致"现象，并初步探讨该现象的成因。廉江方言"起身"的演变过程，涉及跨层结构的词汇化，而普通话"起来"却不涉及跨层的问题，然而，它们在共时与历时演化的过程中存在共同之处：它们与动词的语义组配，反映出不同形式的语法化过程存在一致性。这可以看作一项共时语法化与历时语法化相结合（"泛时"）的分析。

7.1　"起身"的语法化

廉江方言"起身"的语法化经历了两个阶段：一是由词组到动词（词汇化）[①]的阶段；二是由动词向虚词语法化的阶段。

7.1.1　词汇化

7.1.1.1　"起身"作为词组

动词"起"和宾语"身"常结合使用，意为"使身起"。"起身"可以扩展

---

① 董秀芳（2004）提出词汇化有宽、窄两种理解：宽的是指由非词单位变为词，窄的指由语法成分变为词汇成分（词到词内成分）。本章的"词汇化"理解从宽。

为"起冇倒身"（起不了身），也可说"身冇起得倒"（起不了身）。这和述宾词组"食饭"（吃饭）的表现一致。"食饭"可说"食冇倒饭"（吃不了饭）、"饭冇食得倒"（饭吃不了）。因而"起身"还被看作使动关系的述宾词组，意为"使身起"，相当于普通话的"起来"。词组"起身"在句中可作谓语，例如：

（1）起身！凳仔是我坐个。（起来！凳子是我坐的。）
（2）快啲起身！（快点起来！）
（3）波仔起身去冲凉嘞。（小波起来去洗澡了。）

"起身"在例（1）中单独作谓语，在例（2）中受状语"快啲"（快点）修饰，在例（3）中后接其他动词性成分组成连谓词组。

"起身"还可以作谓宾动词（见朱德熙，1982）"想""得能""钟意"等的宾语或宾语成分，例如：

（4）我冇想坐嘞，想起身。（我不想坐了，想起来。）
（5）想起身食一杯滚水。（想起来喝一杯开水。）

"起身"在例（4）中作"想"①的宾语，在例（5）中作"想"的宾语或宾语成分。例（5）的层次划分有两种方式：

想起身// 食一杯滚水　　想// 起身食一杯滚水
（甲）　　　　　　　　　　（乙）

"起身"在甲划分方式中作"想"的宾语，在乙划分方式中作"想"的宾语成分。综上，词组"起身"为动宾结构，"起"为动词，"身"作宾语。

7.1.1.2　"起身"作为动词

1）词组和词的过渡

词组"起+身"中，趋向动词"起"容易与"V"结合，组成"[V+起]+身"结构。此类动词包括"坐、徛站、□[maŋ⁵⁵]扶、跍[meu⁵⁵]蹲"等，例如：

---

①　廉江话的"想"只表意愿，不表示思考。表示思考的意思时用另一动词"谂"。廉江话不存在类似普通话的"想起来"的歧义。

第7章 共时、历时的一致与不一致：廉江方言的"起身" 95

（6）坐起身食凉水。（坐起来喝凉茶。）
（7）等阵仔大家一齐徛起身，好吗？（待会儿大家一起站起来，好吗？）
（8）佢□[maŋ⁵⁵]起身，坐落凳仔呢。（他扶起身子，坐在凳子上。）

"坐""徛"都是身体自发的动作，通过动作，使得身体的水平高度比原先的高。一方面，"坐"类动词与"起身"构成"[V起]身"，能说"[坐得起]身"，结构与"[食得落]饭"（吃得下饭）相同。另一方面，可重新分析为"V[起身]"，"起身"作补语。"坐起身"的层次划分如下：

（甲）坐起// 身　　　　　（乙）坐// 起身
　　　述　宾　　　　　　　　述　补

和甲划分方式结构相同的有"跍起身"（蹲起身子）、"跍起屎忽头"（蹲起屁股）。在乙划分方式中，"起身"和"起"一样，为趋向动词，作补语。"坐"类动词后加"起身"虽然经历了重新分析，但重新分析后所表达的意思并不引起歧义。

一些谓宾动词如"钟意﹙喜欢﹚"后接"起身"会产生歧义，例如：

（9）a. 我钟意起身，冇想睡嘞。（我想起床，不想睡了。）
　　　b. 我跟尾钟意起身漫画。（我后来喜欢起漫画来。）

例（9）a的"起身"表示动作，作"钟意"的宾语；例（9）b的"钟意起身"是"开始并继续喜欢"的意思，"起身"表示行为的过程。所以，我们把例（9）b"钟意起身"的"起身"看作体助词。

重新分析和歧义的情况分别表明：廉江方言的"起身"存在词组和词的过渡状态，语义功能上至少应该三分——述宾词组的"起身"、趋向动词"起身"和体助词"起身"。而且，"V起身"是"起身"语法化的句法结构环境。

另外，在一定语境下，"起身"由"使身起"义专化①为"起床"义，作动词，例如：

---

① 邢公畹（1987：5）所讲的"专化作用"是指语言向言语的专化作用，即"我们管这种从一个一般性的、公设的句子转化为实际生活中确有所指、传达一定信息的句子的功能叫语言的'专化作用'"。这里的"专化"更具体一些，指的是某个动作行为在一定语境下的专门意义。说明语用在语法化过程中起到催化、促进的作用。

（10）我朝朝早六点钟起身。（我每天早上六点起床。）
（11）够钟上课紧嘚[ken$^{25\text{-}55}$tɛ^{21}]，快脆起身洗面。（到点上课了，赶紧起床洗脸。）

2）作趋向动词
当"起身"作趋向动词，搭配的典型动词是"挂"类动词和"捉"类动词。
第一，"挂"类动词。
当"V起身"的V不是"坐""钟意"等动词时，结构中的"起身"只能作趋向补语、成为趋向动词。"起身"的语义由"使身起"进一步引申、虚化，例如：

（12）衫裤我有都挂起身嘚。（衣服我全都挂起来了。）
（13）嗰幅画捞[lou^{55}]我钉起身！（那幅画给我钉起来。）

"挂""钉"都是动作动词，"挂/钉起身"表示"挂、钉"的结果，是使事物的高度升高。"起身"意为"起来"，是"使身起"隐喻的结果。"身"泛指为物体，不再专指人体。"挂"类动词有：

挂、钉、捧、吊、托、扛、踢、担、拉、起建、盖、涨、拧[nəŋ^{55}]拿、□[tɐu^{55}]抬：～凳起身、□[niɛu^{33}]捉、□[kɛt^{21}]摵

这些动词的结果与方向有关，它们所表示的方向可以是自下而上，语义特征可记为[+可提升]。
"挂"类动词和"起身"组合受否定词"冇""未"的限制，中间能出现"得"，如能说"冇挂（得）起身"（不能挂起来）、"未托（得）起身（在）"[（还）不能托起来]。
第二，"捉"类动词。
还有一类动作动词不具备[+可提升]义，但后接"起身"也能表示动作行为产生某种结果，例如：

（14）阿峰仔成日赌钱，前几日畀公安局捉起身嘚。（阿峰成天赌钱，前些天被公安局抓起来了。）
（15）阿五伯个牛畀人家缚起身嘚。（五伯的牛被别人拴起来了。）

（16）存折锁<u>起身</u>未？（存折锁起来了没？）

"捉_抓""缚""锁"等与"起身"组合，不表示动作行为造成事物高度的提升，而表示一定空间的限制或范围的"聚拢"（吕叔湘，1980）。"捉"类动词有：

A. a₁. 捉、缚、锁、关、装、收_藏、合、扣、系、套、入_{进；~墨水}、圈、封、存、串、连、叠、结、拉（~窗帘）、□[lep⁵⁵]_{自上而下套}、□[kʰep⁵⁵]/□[kʰem²⁵]_{盖：~被}

a₂. 集中、统一、汇总、结合、搭配、放、卷

B. b₁. 洗、抹、□[na⁵⁵]_粘

b₂. 培养、培育、记、谂[nem²⁵]_想、建_{建立}

a₁类为具体的可见动作动词，会导致空间上的限制或空间范围趋小；a₂类的动作行为较为抽象。A类动词的语义特征可以概括为[+聚拢]。b₁类动词也是具体可见动作动词，如"（衣服）洗起身未？""（碗）抹起身未？"，"洗/抹起身"的结果是把衣服、碗从容器中挂起来或放起来，其结果是可呈现的；b₂类动词很抽象，后加"起身"表示目的或结果的呈现。因此，B类动词语义特征暂记为[+呈现]^①。

同样，"a₁类动词+起身"能和否定词和"得"组合，如能说"冇捉得起身"（抓不起来）、"未捉起身（在）"[没抓起来（呢）]。a₂类动词如"集中"一般不说"*集中得起身"，但可以说"冇集中得起身"（集中不起来）、"未集中起身（在）"[没集中起来（呢）]。B类可以说"冇谂得起身"（想不起来）、"未谂起身（在）"[没想起来（呢）]。

第三，兼类的情况。

有的动词兼有"挂"类和"捉"类的特征，后加"起身"既可表示高度的提升，又可表示范围的聚拢或结果的呈现。如"放起身"，既可以表示把物体放在高处，又可以表示把东西寄附在某处。再如"建起身"既可以表示高度的提升（如"建起身屋"），又可表示集体或机构的成立（如"建起身团支部"）。

可以说，"V起身"表示聚拢或结果的呈现，是高度提升进一步虚化的结果。表示提升、聚拢或呈现的"V起身"，其结构层次是"V[起身]"，不是"[V起]身"。"起身"是趋向动词，语义重心在"起"上。

---

① 吕叔湘（1980：391）把"连起来""集中起来""培养起来"等"起来"的意义归纳为"表示动作完成，兼有聚拢或达到一定的目的、结果的意思"。

7.1.2 进一步虚化

7.1.2.1 体助词

先看例句:

(17) 佢两家打<u>起身</u>嘑,你去劝一劝嘛。(他们两个人打起来了,你去劝一劝吧。)
(18) 人客未到佢就饮<u>起身</u>酒嘑。(客人没到他就喝起酒来了。)
(19) 你做乜嘢做<u>起身</u>生意嘑呵?(你怎么做起生意来了呢?)
(20) 冷<u>起身</u>嘑,要着多一件衫。(冷起来了,要多穿一件衣服。)

例(17)~(20)中的"V起身"都表示"起始"。"打""饮""做"都是开始后还可以继续下去的动作。"冷"是性质形容词,"冷起身"表示冷的性质的开始并继续。

"起始"即动作行为或性质的开始并继续(时间过程/事件进程),是一种体意义,表起始的"起身"附在谓词之后,是起始体助词[①]。可把起始义看作一种"趋向的过程"。《现代汉语八百词》已认识到"唱起来"的"起来"表示起始,但仍把它看作趋向动词的一个义项,大概是出于此缘故(吕叔湘,1980)。

上述"打"类动词一般是动作动词,例如:

A. 打$_{1\sim架}$、讲、饮、做、笑、哭、读、看、听、开$_{\sim车}$、涂、睇$_看$、抹、擦、唱、摸、倾$_聊$、烫$_{\sim衣服}$、嘲$_玩$、食、吸、写、画、嘈$_吵$、卖
B. 踢、扫、跳$_{\sim舞}$、打$_{2\sim球}$

A类动词所表示的动作和高度提升、范围聚拢等无关;B类动词表示的动作具有方向义,可与高度的提升有关。B类动词后加"起身"有歧义。如"踢起身"既可表示将事物向上踢("球踢起身"),又可表示活动(如踢球)的开始并继续,例如:

[①] 吕叔湘(1980)把此用法的"起来",归为趋向动词,如"欢呼起来""说起话来""一句话把屋子里的人都引得笑了起来""讨论不起来"。这时候"起来"的趋向义已进一步虚化,不再表示"提升""聚拢"等意义,更主要地表示开始并继续的过程,即一种体意义。

(21) 我到球场个时候，佢大家就踢起身嘚。（我到球场的时候，他们就踢起来了）。

"冷"类形容词是性质形容词，例如：

冷、热、激动、大、快、光、□[nɔ²¹]水浊、焗空气浊、白、肥

部分反义组能后加"起身"，如"冷"和"热"，"清"和"□[nɔ²¹]/焗"。也存在一些反义组，其中表消极意义的性质形容词不能后加"起身"，如不说"*细小起身""*慢起身""*瘦起身"等。

"V/A 起身"表示起始体意义时，其否定形式中，谓词和"起身"之间不能出现"得"。如一般不说"*冇/未讲得起身"，但可以说"冇讲起身""未讲起身（在）"。

性质形容词后加"起身"不会产生歧义。这是性质形容词与动词不同的地方。状态形容词不表变化，不能与"起身"组合，如不说"*肥腾腾（胖乎乎）起身""*白□[net⁵⁵]□[net⁵⁵]（形容皮肤很白）起身"等。

7.1.2.2 趋向动词向体助词的过渡

上文说过，"挂"和"捉"类动词和"起身"组合时，能受否定词"冇""未"限制。动词和"起身"之间还能出现结构助词"得"，如"挂得起身""捉得起身"。但当"起身"由趋向动词进一步虚化时，"动词+起身"不再受否定词限制，动词和"起身"之间不能出现"得"。如不说"*未/冇读（得）起身""*未/冇听（得）起身""*未/冇论（得）起身"。"读起身""听起身""论起身"可以表示"着眼于某一方面"[①]的意思，例如：

(22) 嗰首诗读起身冇知几好听。（这首诗读起来不知道有多好听。）
(23) 听起身佢好似系上海人。（听起来他好像是上海人。）
(24) 论起身，我系你表叔在。（论起来我是你表叔呢。）

此外，"读起身"和"听起身"还能表示起始体意义，例如：

---

① 吕叔湘（1980）认为，普通话的"读起来"等"做插入语或句子前一部分，有估计或着眼于某一方面的意思"。我们认为"读起身"（廉江话）、"读起来"（普通话）等有"着眼于某一方面"的意思，不具有"估计"的意思。"估计"的意思是整个句子（"读起来"等及后面的成分）所表示的。

（25）下一课书老师都未教，大家就读<u>起身</u>嘚。（下一课老师都还没教，大家就读起来了。）

（26）你几时听<u>起身</u>音乐嘚啊？（你什么时候听起音乐来了？）

例（25）、例（26）表明，"读起身""听起身"等除了表示"估计或着眼于某一方面"的意思，还可以表示"开始读""开始听"等起始体意义。另外，普通话的宾语一般放在"V起"和"来"中间，如"听起音乐来"，而廉江方言则可把宾语放在"V起身"后，如例（26）；普通话能说"读了起来"，廉江方言不能说"*读嘚起身"，能说"读起身嘚"。

以上说明，"读起身"等的"起身"兼作趋向动词和体助词。

7.1.3 语义演变

综上，廉江方言的"起身"经过了"词组>动词>助词"的语法化过程。该过程可分两个阶段：一个是"词汇化"阶段，由述宾词组演变为趋向动词；另一个是语义虚化的阶段，由趋向动词向体助词发展。

通过以上分析，我们把"起身"的演变过程图示如图7-1。

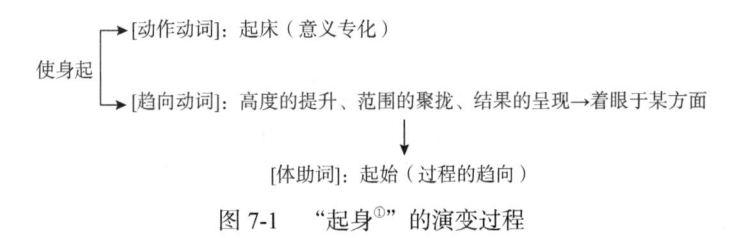

使身起 → [动作动词]：起床（意义专化）
　　　　→ [趋向动词]：高度的提升、范围的聚拢、结果的呈现→着眼于某方面
　　　　　　　　↓
　　　　　　[体助词]：起始（过程的趋向）

图7-1　"起身①"的演变过程

可见，起始体助词的意义是由空间意义隐喻而来的："起身"刚开始指身体由低到高，直至"起身"作趋向动词，都表示空间上的趋向；"起身"虚化为体助词时，空间上的趋向转而表示时间或过程的趋向。因此，起始体意义的产生是空间认知域向时间认知域投射的结果。

7.2　近代汉语、普通话的"起身"

下面考察"起身"在近代汉语、普通话中的用法。

---

① "起身"表示"着眼于某方面"时也是趋向动词。

7.2.1 近代汉语

"起身"在唐代以后用得比较频繁。用法、用例如下。
其一,"出身",例如:

(27) 不见公与相,起身自挈锄。(罗竹风,1997:5765)
(28) 臣起身田野,势孤援单。(罗竹风,1997:5765)
(29) 帝曰:"吾高祖皇帝起身何地?如何创业?"(《三国演义》;引自CCL语料库[①])

其二,"使身起"。此用法沿用至今,常用于连谓词组,例如:

(30) 良久起身云。(《古尊宿语录》;引自CCL语料库)
(31) 师起身进前曰:"却请和尚道一转语。"(《五灯会元》;引自CCL语料库)
(32) 道罢起身,双手揪住崔宁,叫得一声,匹然倒地。(《警世通言》;引自CCL语料库)
(33) 刘官人侧身躲过,便起身与这人相持。(《醒世恒言》;引自CCL语料库)
(34) 翠莲说罢,员外便起身去打。(《话本选集1》;引自CCL语料库)

用于动词后,组成"V+起身"结构,例如:

(35) 师欲起身,田乃把住曰:"开口即失,闭口即丧。去此二途,请师速道。"(《五灯会元》;引自CCL语料库)

作中心名词的修饰语,组成"V+[起身+N]"结构,例如:

(36) 师作起身势。(《五灯会元》;引自CCL语料库)
(37) (旦做写科)(起身科,云)红娘,你将去说……(《全元曲》;引自CCL语料库)

[①] CCL语料库网址为:http://ccl.pku.edu.cn:8080/ccl_corpus/index.jsp,全文同。

其三，"动身"，例如：

（38）却因人舟未便，一面收拾起身，一面寻觅便人，先寄封平安家书到京中去。（《醒世恒言》；引自CCL语料库）
（39）两个又起身上路，径取潭州。（《警世通言》；引自CCL语料库）
（40）我从七月初头起身离家的。（《老乞大新释》；引自CCL语料库）
（41）不敢稽留，收拾轿马和家眷起身。（《警世通言》；引自CCL语料库）
（42）当时备下车仗，抬了三个灵柩，别了贾石起身。（《喻世明言》；引自CCL语料库）

其四，"起床"，例如：

（43）未至五更起身，手执弹弓，拿了玉带，跨上槛窗，一声响亮，依然去了。（《元代话本选集》；引自CCL语料库）
（44）明早起身，到西园来，韩夫人接见。（《醒世恒言》；引自CCL语料库）
（45）过了一宿，次早沈链起身，向贾石说道……（《元代话本选集》；引自CCL语料库）

7.2.2 普通话

以《现代汉语词典（第7版）》（简称《现汉》）为参考。《现汉》（中国社会科学院语言研究所词典编辑室，2016：1030）对"起身"的解释如下：

【起身】qǐ//shēn ❶动身：我明天～去上海。❷起床：他每天～后就打扫院子。❸身子由坐、卧状态站立起来：～回礼。

《现汉》把"起身"看作离合词。不难看出，"起身"的三个义项与近代汉语是一脉相传的。只是"出身"义没得到继承。

与近代汉语、普通话相比，廉江话的"起身"除无"出身"义外，还无"动身"义，却多了作趋向动词和起始体助词的用法。

7.2.3 近代汉语向现代汉语的过渡

下面探讨近代汉语向现代汉语过渡、发展时，"起身"的意义是如何发展的。

第7章 共时、历时的一致与不一致：廉江方言的"起身"

我们选取了《红楼梦》、《儿女英雄传》、老舍作品[①]和王朔作品作为统计对象。这些作品在一定程度上代表了近代汉语向现代汉语过渡、发展的情况。统计结果如表 7-1 所示。

表 7-1 过渡阶段"起身"的用法

出处		[V 起]身（来）	"使身起"	"动身"	"起床"	总计
《红楼梦》	1~80 回	12	129	21	0	162
	81~120 回	6	31	15	0	52
《儿女英雄传》		5	10	18	0	33
老舍作品		9	1	4	0	14
王朔作品		15	67	0	2	84

统计结果显示，"起身"从《红楼梦》到王朔作品，大致经历了两个发展阶段：

第一阶段，从《红楼梦》到老舍作品，"起身"作为词组或词（同一个层次单位）的用法（"使身动"和"动身"）减少，不见"起床"义用法。

第二阶段，从老舍作品到王朔作品，"使身起"的用法占据绝对上风，"动身"的用法减少，"起床"的用法增多。

须说明，表中"[V 起]身（来）"是"直起身"一类结构，此类结构不能分析为"直[起身]"。结构中的动词如"撑、屈、欠、挺、抬、支"等，都是身体能自主的动作。以下两组例子，可说明"V 起身"的结构层次：

（46）a. 叶民主实在耐不住，不由得站起身子，伸了个很长很长的懒腰……（方方《埋伏》；引自 CCL 语料库）
　　　b. 何顺站起身，还想让解净坐到中间去。（蒋子龙《赤橙黄绿青蓝紫；引自 CCL 语料库》）

---

① 本章使用了北京大学的"现代汉语语料库"（CCL 语料库），所考察的老舍、王朔作品包括：老舍的《二马》《且说屋里》《兔》《杀狗》《生灭》《沈二哥加了薪水》《四世同堂·偷生》《四世同堂·饥荒》《龙须沟》《牛天赐传》《鼓书艺人》《猫城记》；王朔的《一点正经没有》《你不是一个俗人》《修改后发表》《无人喝彩》《刘慧芳》《我是你爸爸》《懵然无知》《橡皮人》《玩的就是心跳》《给我顶住》《空中小姐》《永失我爱》《一半是火焰一半是海水》《浮出海面》《过把瘾就死》《动物凶猛》《看上去很美》。

（47）a. 大伙儿<u>直起身子</u>，屏息静气，探头朝前看。（张佐良《周恩来的最后十年》；引自 CCL 语料库）

b. 可是母亲注意了我，她<u>直起身体</u>看了我一会。（余华《祖先》；引自 CCL 语料库）

c. 首长<u>直起身</u>，摸了一下少女的头……（梁晓声《钳工王》；引自 CCL 语料库）

只要把例（46）a、b"站起身子"和"站起身"相对照，例（47）a、b、c"直起身子"、"直起身体"和"直起身"相对照，就可清楚看出"V 起身"的结构层次应为"[V 起]身"。

我们说过，廉江方言"起身"由词组到趋向动词的发展过程，其中的关键环节是"V 起身"经历了重新分析，产生了"V[起身]"层次的结构。我们认为，近代汉语、现代汉语的"起身"不发展为趋向动词，与"V 起身"结构不能分析为"V[起身]"结构直接相关，与 V 局限于"直、站"等身体自主类动词有关。

为了说明表 7-1 中"起身"的用法（包括"[V 起]身（来）"），举例如下。

第一，"[V 起]身（来）"结构，例如：

（48）吓得宝玉<u>站起身来</u>往外忙走，……（《红楼梦》；引自 CCL 语料库）

（49）当下两人商定，便<u>站起身来</u>，摇头晃尾的走了。（《侠女奇缘》；引自 CCL 语料库）

（50）他<u>欠起身来</u>看了看，看不见烟袋在那块儿。（老舍《二马》；引自 CCL 语料库）

（51）肖科平拚着全身力气<u>支起身</u>喊了一嗓子。（王朔《无人喝彩》；引自 CCL 语料库）

第二，"使身起"，例如：

（52）于是，二人<u>起身</u>，算还酒账。（《红楼梦》；引自 CCL 语料库）

（53）见了安公子进来，<u>起身</u>道："客人要什么？"（《侠女奇缘》；引自 CCL 语料库）

（54）她一<u>起身</u>，他马上发觉，说："明儿见，还是老时候。"（老舍《鼓书艺人》；引自 CCL 语料库）

第 7 章 共时、历时的一致与不一致：廉江方言的"起身"   105

（55）我<u>起身</u>向她走去，愈走近愈觉其神采飘逸，在这鱼腥肉臭的场合令人精神为之一爽。（王朔《玩的就是心跳》；引自 CCL 语料库）

第三，"动身"，例如：

（56）次日，探春将要<u>起身</u>，又来辞宝玉。（《红楼梦》；引自 CCL 语料库）

（57）次日起来，正待<u>起身</u>，只见家里的一个打杂的更夫叫鲍老的，闯了进来……（《侠女奇缘》；引自 CCL 语料库）

（58）再说，他也有点嫉妒，大赤包是坐了汽车来的，所以迟<u>起身</u>而反赶到他前面。（老舍《四世同堂·偷生》；引自 CCL 语料库）

第四，"起床"，例如：

（59）她在沙发上睡着了，醒来<u>起身</u>去煮面条。（王朔《过把瘾就死》；引自 CCL 语料库）

7.3 语法化的不一致现象

7.3.1 一致原则

    一致原则（uniformitarian principle）主要应用于历史语言学和社会语言学。该原则认为，当代的变化原则和历时的变化原则是一致的，可以用共时解释历时。根据这一原则，我们能够根据共时平面上的变化观察语言历时的发展，可以通过观察当代语言的情况来推理并构拟语言的各个早期状态。（Hopper and Traugott，2001；Labov，2001；克里斯特尔，2000）

    一方面，一致原则是重要的语言学研究方法，具有宏观指导意义。它开阔了研究视野，大大促进了历史语言学的发展。就汉语方言研究来说，一致原则的运用大大促进了方言研究的深入，如原始闽方言语音构拟的讨论（王福堂，2004）。所以，应对一致原则持肯定的态度。

    另一方面，我们认识到，语言/方言的共时变化与历时演变的一致，是相对的。在进行共时方言与历史汉语的比较时，一致原则并非毫无限制，有时甚至派不上用场（见 7.3.3 节）。在一致原则的使用上，切忌将 A 方言的演变路径直接套用在 B 方言上，也不能将共时的演变现象硬套在历时的演变现象上；同样，不能把历时演变路径，直接套在其他语言/方言共时的演变上。

7.3.2 "起身"语法化的不一致现象

用汉语方言和古、近代汉语以及普通话进行比较是可行的。汉语的古音构拟利用了大量汉语方言事实，甚至还要参考汉语亲属语言的情况（郑张尚芳，2003）。汉语存在许多方言，在汉语方言中推行语法化研究，存在着广阔的空间，这是优势。很多方言缺少关于自身的历史语料记录，共时与历时的直接比较研究难以进行。但这不妨碍我们拿汉语方言与古、近代汉语、普通话进行比较。

共时、历时平面的语法化存在着不一致现象。"起身"的语法化说明了这一点。近代汉语、普通话的"起身"，未发展为趋向动词、体助词，但"起身"在廉江方言已发展成了趋向动词和体助词。正是这一语法化的不一致现象，导致近代汉语、普通话的有关系统做出相应调整。近代汉语、普通话相应的趋向动词、体助词的用法，由"起来"代替。而广州话用三种标记表示起始体："起嚟$_{起来}$""起身""起上嚟$_{起上来}$"[①]。

须声明，我们提出的不一致现象，不是反对"一致原则"，而是对一致原则的运用进行补充和说明。

7.3.3 成因探讨

语法化不一致现象的产生，受到语言/方言的内、外部因素的影响。内部因素包括结构条件、语义组配、方言系统等，外部因素包括移民、社会变迁等。

7.3.3.1 结构条件

廉江方言"起身"在语法化过程中，经历了重新分析，产生了"V[起身]"结构。近代汉语、普通话的"[V起]身"未重新分析为"V[起身]"，没能为"起身"向趋向动词语法化提供句法结构条件。廉江方言"起身"的起始体助词用法直接由趋向动词虚化而来。"起身"在近代汉语、普通话的语法化受到结构的制约，未能进一步语法化。与"起身"近义的"起来"在近代汉语、普通话中能够与 V 组合，构成"V[起来]"，"起来"作趋向补语，为"起来"向起始体助词发展提供了结构条件（见下文）。

[①] 李新魁等（1995）称为"开始体貌"。

7.3.3.2 语义组配

廉江方言的"起身"向趋向动词、体助词的语法化，离不开"V起身"结构中动词的语义。V不仅可以是"徛ᵢₜ、坐"等表身体自主动作的动词，还可以是"挂"类、"捉"类等动词，使得"起身"语义上不只与身体有关，从而进一步发展为趋向动词。

近代汉语及普通话的"V起身"，不能出现"挂"类、"捉"类等动词，失去向趋向动词、体助词语法化的语义基础；相应地，"V起来"的V可以是"挂""抓"等，动词的语义与廉江话的情况一致，"起来"向趋向动词、体助词发展。太田辰夫（2003：199）曾总结了"起来"的用法，摘录如下。

A. 趋向动词"起来"出现于五代，例如：
见一星火，夹起来。（《祖堂集》14）
扶起此心来斗。（《朱子语类》12）

B. "起来"表示"开始"，例如：
自傅说方说起来。（《朱子语类》9）
待得再新整顿起来，费多少力？（《朱子语类》8）

C. 表示"单纯的设想、假定、条件等"用法始于宋代，例如：
国相试子细思量起来，此岂是忠言？（范仲熊《北记》三61）
看起来这个妇人是个不良的。（《神奴儿》3）

以上列举中，A中"起来"作趋向动词，与"夹""扶"等[+可提升]义动词组合；B中的"开始"义即起始体意义；C的用法大致相当于"着眼于某方面"的意思。

我们的考察结果和太田辰夫的基本一致。仅补充几个例子。

（60）眼开起来天地迥。（《古尊宿语录》；引自CCL语料库）
（61）扶起来与伊系绦。（《古尊宿语录》；引自CCL语料库）
（62）大伯焦躁起来道："打杀这厮！你是甚意思？"（《警世通言》；引自CCL语料库）

"开起来"表示结果的呈现，与"扶起来"同时。"焦躁起来"是形容词与"起来"组合的用例，稍晚于动词。另外，在《古尊宿语录》中，"起身""起来"曾同义，表示"使身起"，例如：

（63）乃<u>起身</u>作舞云。（《古尊宿语录》；引自 CCL 语料库）
（64）<u>起来</u>作舞曰。（《古尊宿语录》；引自 CCL 语料库）

近代汉语的"起来"由"使身起"发展为趋向动词，如例（60）、例（61），"起身"则不能。由此说明，"起身""起来"发展为趋向动词的关键，在于前面是否出现"挂""扶"等[+可提升]义动词。这与组合结构有关，同时又与语义相关。

廉江话的"起身"与近代汉语"起来"的语法化存在共同之处——存在相应的结构条件和语义基础。从此角度出发，则正好说明，廉江话的"起身"与近代汉语"起来"的语法化过程均符合一致原则。因此，语法化的"不一致现象"与"一致原则"并不背道而驰。

7.3.3.3 方言系统

方言系统本身的差异也会导致不一致现象的产生。上文提到广州话的起始体标记有三个，普通话、廉江话则只有一个。表示"身子由坐、卧状态站立起来"意思的词语，廉江话口语中用"起身"，不用"起来"。由于方言词汇系统的限制，廉江话表示相关趋向义、起始义只能由"起身"一身承担，别无他选。当然，方言系统的差异与方言的接触、影响有关。在此不赘述。

7.3.3.4 外部因素

外部因素包括地域、人口迁移以及方言之间、方言和标准语之间相互接触和渗透等因素。这些外部的因素对方言的形成、发展起着不可估量的作用，甚至直接导致产生一种新的方言。据施其生（1988b）研究，广东汕头市的居民基本上是近百年间，尤其是近 60 年来从潮汕各地迁入的移民及其后代，汕头音系大约在 1946 年前后形成并作为规范存在。既然不存在古汕头方言，就谈不上依据一致原则对汕头方言古音或古语法系统进行构拟。

总之，方言不见得就是由某个方言直接派生而来的，也可以是混合产生的[①]。在这些混合型方言中，一致原则受到更多的限制。

---

① 这一点是施其生老师与笔者谈话时提醒的。除了汕头话外，混合型方言还有上海方言，见游汝杰（2004）。

7.4 小　　结

　　我们考察了廉江方言"起身"的共时变异的过程，考察了谓词语义、组合结构及重新分析在其语法化过程中所起的作用。

　　当"起身"进一步虚化时，谓词的语义特征也随之发生变化，它们相互呼应。[①]因此研究语法形式的演变，应继续重视谓词语义小类的研究。通过与近代汉语、普通话的比较，我们提出了语法化的"不一致现象"，并探讨了造成"不一致现象"的语言内部和语言外部的原因。其中语言内部的谓词与"起身""起来"的语义组配，决定了不同系统中能语法化成为起始体标记的形式。这一点是语法化过程中一致原则的反映。语法化的一致原则与语法化的条件、机制有关。

　　语法化的"不一致现象"不是对一致原则的反对，而是对一致原则的补充和说明，提醒我们在运用该原则的时候，切忌生搬硬套，应灵活处理。语法化的不一致现象，为不同语言或方言系统的结构表达的表面差异，这种表面差异可以是语法化结果的体现。"一致原则"和"不一致现象"，可以视为语法化的"里"和"表"的关系。通过对表面现象的比较分析，可以求得语法化的结构条件和语义基础，即更具普遍性的"里"（也可理解为规律）。

---

① 我们对虚词与主要谓词语义关系的讨论，见林华勇（2005）。

第 8 章

语法化程度的差异：新会（会城）粤方言的两个完成体标记

语言中存在这样一种现象：表达同一种功能，却存在两个或两个以上的形式，造成一种功能对应于多个语法形式的现象。这种现象在语言中颇为常见。造成这一现象的原因，有可能是两个语法形式的语法化程度不同。

广东新会（会城）粤方言主要有两个完成体助词"减"和"□[ə]"，二者之间的语法化程度有所不同。"减"的语法化程度低于"□[ə]"，其后须出现数量宾语。"□[ə]"是一个相对成熟的完成体标记。这一方言事实说明，语法化视角在方言语法描写中是必不可少的，否则无法解释新会（会城）粤方言的体助词"减"和"□[ə]"的区别与联系。

8.1 引　　言

甘于恩、吴芳（2005）报道了四邑片粤方言的台山话中，存在虚化的"减"和"□[ə³³]"的用法。该文章认为，台山话中"我企多减头牛"（我家多了一头牛）中的"减"是一个"置于补语的位置"的成分[①]，而"吃□[ə³³]碗饭"（吃了碗饭）中的"□[ə³³]"为完成体标记。

笔者于 2013 年 7 月对广东省江门市新会区会城街道通行的粤方言（以下简称"新会话"）进行了相关问题的考察。新会话也属四邑片粤方言，恰好也存在"减""□[ə³³]"都可用于"了₁"位置的用法。语流中"□[ə³³]"通常弱读，也有人读作"□[a³³]"，我们一概记作"□[ə]"。我们认为，新会话的"减"和"□[ə]"，都可处理成完成体助词，后者的语法化程度较高；语法化程度上的差异，导致两

[①] 甘于恩（2002）曾认为动词后的"减"为"消减体"。

者句法分工上的不同。

8.2　新会话的完成体（了₁）和实现体（了₂）

按一般做法，把对应于普通话"了₁"位置的形式称为完成体助词，把对应于"了₂"位置的形式称作实现体助词。新会话的完成体助词有两个："减[kem³⁵]"和"□[ə]"，都表示动作或性状的完成。相对于"□[ə]"而言，"减"强调动作或性状在一定量（或程度）上的完成。而"□[ə]"则是个相对成熟的完成体标记，等同于普通话的"了₁"，例如：

（1）关□[ə]门再瞓觉。（关了门再睡觉。）
（2）他去□[ə]（减）三次北京了□[lə³¹]。（他去了三次北京了。）
（3）□[kʰui³¹]袋米少□[ə]（减）几斤。（这袋米少了几斤。）

例（1）只能用"□[ə]"，表示"关"这一动作的完成。例（2）、例（3）可以用"□[ə]"或"减"，用"减"时强调"去""少"在一定数量上的完成。通过以上例句可以看出，"减"和"□[ə]"都表完成，但"减"强调一定量或程度上的完成。

句末的实现体助词形式为"□[lə³¹]"，语气稍强时读[la³³]，以下一律记作"□[lə³¹]"，例如：

（4）吃饱饭□[lə³¹]。（吃饱饭了。）
（5）银纸使嗮□[lə³¹]。（钱花光了。）
（6）都四点□[lə³¹]，张老师可能唔返来□[lə³¹]。（都四点了，张老师可能不回来了。）

实现体助词"□[lə³¹]"在形式上是否与完成体助词"□[ə]"有联系，不得而知，但新会话的完成体形式"□[ə]"和"减"都不能用作实现体助词。这一点与广州话的"咗"一致（如"食咗饭喇/嘞"）。

8.3　"减"与"□[ə]"的句法差异

完成体助词"减"来源明确，是由动词"减"演变而来的。人类自然语言普遍存在"完成/结束/终结>完成体"（perfective[①]）的演变规律。"减除"的结果必然是"结束"或"终结"，因而"减除>完成体"大致符合上述演变规律。新会话中"减"还保留动词用法，意为"分减，减除"，例如：

（7）我减□[nit⁵]饭畀你。（我分点饭给你。）
（8）三减二得几多？（三减二得多少？）

新会话的另一完成体助词"□[ə]"的来源不明，还有待探讨。虽同为完成体助词，"减"和"□[ə]"在句法上的表现还存在差异。

8.3.1 与"减/□[ə]"组合的谓词性成分

由于完成体助词"减"和"□[ə]"都可以出现在"V/A+～+数量宾语"结构中。以下就用该结构来考察谓词性成分（暂用 V/A 表示）的语义组配情况。

8.3.1.1 去除义动词

去除义动词最常出现在"V+～+数量宾语"结构中。此类动词有"抹""撕""吃""□[ʃau³¹]扔""卖""死"等，例如：

（9）抹□[ə]（/减）三日黑板。（擦了三天黑板。）
（10）吃□[ə]（/减）两碗饭。（吃了两碗饭。）
（11）□[ʃau³¹]□[ə]（/减）恁[neŋ³¹]袋垃圾。（扔掉那袋垃圾。）
（12）我卖□[ə]（/减）两部旧电视机。（我卖了两部旧电视机。）

以上动词都是自主持续动词。有的去除义动词还可以是非自主的，例如：

（13）死□[ə]（/减）几年了。（死了几年了。）
（14）病□[ə]（/减）三个人。（病了三个人。）

静态动词"无"（少，缺）也能进入"V/A+～+数量宾语"结构：

（15）□[kʰui³¹]本书无□[ə]（/减）一页。（这本书少了一页。）

[①] 海涅、库特夫（2012）把 perfective 译作"完整体"。这里依传统做法，把 perfective 看作完成体，暂不与完整体相区别。

8.3.1.2 增加义动词

增加义动词与去除义动词的语义相反。此类动词只能导致结果的增加而不是减少，如"写"的结果只能导致字越来越多，不会越来越少。此类动词如"加""买""借借入""装""存"等，例如：

（16）□[kʰui³¹]个学期加□[ə]（/减）几门课。（这学期加了几门课。）
（17）老陈买□[ə]（/减）□[nit⁵]餸返来。（老陈买了些菜回来。）
（18）我问小王借□[ə]（/减）两百蚊。（我向小王借了两百块。）
（19）写□[ə]（/减）几个字。（写了几个字。）

此类动词后能出现"减"，说明"减"的语义已虚化，不再含"分减，减少"义。

还有些动词如"结婚""离婚"的语义属增加或去除，不好决定，也能进入"V+~+数量宾语"结构。例如：

（20）他结（离）□[ə]（/减）三年婚。（他结婚/离婚三年了。）

8.3.1.3 心理动词

心理动词如"钟意喜欢""烦""识认识""知知道"等都是静态动词，其中"钟意""烦"很难说具有增加义还是去除义，例如：

（21）钟意□[ə]（/减）恁个女仔。（喜欢了那个女孩子。）
（22）烦□[ə]（/减）三日。（烦了三天。）
（23）佢识□[ə]（/减）那三个人。（他认识了那三个人。）
（24）知□[ə]（/减）少少嘢。（知道了一点儿事情。）

8.3.1.4 性质形容词

性质形容词后也能出现"减"，例如：

（25）几年□[men³¹]见，你高□[ə]（/减）好多。（几年不见，你高了很多。）
（26）佢瘦□[ə]（/减）十斤。（他瘦了十斤。）

（27）佢认真/辛苦□[ə]（/减）成世。（他认真/辛苦了一辈子。）

"高"具有增加义，"瘦"具有去除义，"认真""辛苦"很难说具有增加义还是去除义。它们进入"A+减+数量宾语"结构，表示一定量或程度上某种性状的完成。状态形容词后则不能出现"□[ə]"和"减"。

8.3.1.5 动结式

动结式后可以出现"减"，这说明"减"不再位于补语位置，已然是一个助词，而非补语成分，例如：

（28）台风吹冧□[ə]（/减）一间屋。（台风吹倒了一间房子。）
（29）佢杀死□[ə]（/减）一个地主。（他杀死了一个地主。）
（30）王医生救生□[ə]（/减）两个病人。（王医生救活了两个病人。）
（31）我睇见□[ə]（/减）三个同学。（我看到了三个同学。）

"吹冧""杀死"本身表完结义，"救生""睇见"有呈现义，它们后面都可出现完成体助词"减"。

综上，完成体助词"减"既可出现在去除义动词、形容词之后，也能出现在增加义动词、形容词之后，还能出现在非去除、非增加义谓词及动结式之后。这说明"减"已发生语义泛化了。

8.3.2 完成体助词"减"的语法化程度

虽然"减"的语义已泛化，但"减"相对于"□[ə]"而言，其语法化程度还比较低，主要表现在以下几个方面。

8.3.2.1 带数量宾语

"V/A/VC+减"要求其后出现数量宾语，即要求宾语具有有界性。例（9）～（31）各例中，都出现了"□[ə]（/减）"和数量宾语。如果不出现数量宾语，则只能用完成体助词"□[ə]"，不能用"减"，例如：

（32）佢去□[ə]（/*减）北京就未返过来。（他去了北京就没回来过。）
（33）佢来□[ə]（/*减）北京就未走过。（他来了北京就没离开过。）
（34）佢肥/瘦□[ə]（/*减）了。（他胖/瘦了。）

再如，例（28）～（31）不出现数量成分时，完成体助词只能用"□[ə]"，例如：

（28'）台风吹冧□[ə]（/*减）屋。
（29'）佢杀死□[ə]（/*减）地主。
（30'）王医生救生□[ə]（/*减）病人。
（31'）我睇见□[ə]（/*减）同学。

另外，"减"能否出现与宾语是否定指无关，只要求宾语带有数量，例如：

（35）佢饮□[ə]（/减）三碗汤。（他喝了三碗汤。）
（36）佢饮□[ə]（/减）恁三碗汤。（他喝了那三碗汤。）

完成体助词"减"要求带数量宾语，这一点说明"减"与典型的完成体标记"□[ə]"相比，体标记用法尚未发展成熟。这一点与部分汉语方言中不成熟的"了$_1$"形式（加下划线的成分）有相似之处，例如：

（37）廉江粤方言：食嘚[tɛ^{21}]两碗饭。（吃了两碗饭。）
　　　*食嘚饭。
（38）泰和赣方言：水根小时间读刮十年书。（水根小时候读了十年书。）（张双庆，1996：102）
　　　*渠禾吃刮饭。（张双庆，1996：101）

正是因为"减"和"□[ə]"处于虚化的不同阶段，新会话得以存在两个功能略异的完成体助词。

8.3.2.2 "减"的语义滞留

带数量宾语是完成体助词"减"出现的必要条件，但新会话中并非所有"VC+减+数量宾语"都能成立，例如：

（39）佢跑到□[ə]（/*减）一间宿舍。（他跑到了一间宿舍。）
（40）佢跳到□[ə]（/*减）一部公共汽车。（他跳到了一辆公共汽车上。）

例（39）、例（40）只能用"□[ə]"，不能用"减"。原因是，"跑到"和"跳到"的完成，并不导致"宿舍"或"公共汽车"在数量上发生变化。也就是说，此二句中的"减"还保留了部分"分减，减少"义，是"减"虚化过程中语义滞留（semantic retention）的表现。再如：

（41）我修好□[ə]（/?[①]减）一部单车。

此句用"减"的接受度不高。如果"我"只有一辆自行车，则更常用"□[ə]"，不常用"减"；如果"我"不止一辆自行车，则用"减"或"□[ə]"皆可。这也是"减"在语法化过程中语义滞留的表现。

8.4　"A 得+微些/□[nit⁵]"结构

表示偏离标准时，除了可用"减"和"□[ə]"之外，还可用另一完成体标记"得[tak⁵]"，组成"A 得（/□[ə]/减）+微些/□[nit⁵]"结构，例如：

（42）高得（/□[ə]/减）□[nit⁵]（，要买票）。（孩子高了一点儿。）
（43）鞋大得（/□[ə]/减）微些（，不合适）。（鞋子大了点儿。）

"得"等后要出现表微量的约量宾语"微些"或"□[nit⁵]"。表偏离标准时，如果宾语为定量的数量宾语，则只能用"减"或"□[ə]"，不能用"得"，例如：

（44）（比起献血标准，）你瘦□[ə]（/减）两斤。（你瘦了两斤。）

8.5　"减"是补语还是体助词？

不少方言学者如张洪年（2007）、施其生（1995）把普通话的"了₁"看成"词尾"，因为它只附着在动词或动结式之后。本章采用较为通行的办法，把"了₁"处理成表完成的动态助词。

甘于恩、吴芳（2005）把同属广东四邑方言的台山粤方言中"减"的功能表述为"置于补语的位置"，并将其语法意义归纳为"数量或状态发生变化"。该

[①]　"？"表示句子的接受度不高，余同。

文章所举例子不多，见以下两例（甘于恩和吴芳，2005：158，159）。

（45）恁碗汤佢饮减啖。（那碗汤他喝了一口。）
　　　吃减碗饭。（吃了一碗饭。）
　　　我瞓减阵间。（我睡了一会儿。）
　　　只鸡生减只蛋。（那只鸡生下一只蛋。）
　　　我企唔见减只牛。（我家里不见了一头牛。）
（46）个表快/慢减□[nai^{55}]。（表快/慢了些。）
　　　佢肥减□[nai^{55}]。（他胖了些。）
　　　你瘦减□[nai^{55}]。（你瘦了些。）

以上台山话的例子在新会话中也能说。可将上述台山话的"减"与本章新会话的"减"做比较。

首先，新会话的"减"并非补语。新会话的补语（C）能出现在"V得/唔C"中，如补语"甩"能出现在"抹得/唔甩"（擦得/不掉）中。但新会话不能说"抹得/唔减"。况且，如例（28）～（31）所示，"减"可出现在动结式之后，难以分析为补语。

其次，新会话的体助词"减"不能与体助词"□[ə]"共现，不能说"*生减□[ə]只蛋"。因此，新会话谓词性成分后的"减"已虚化为助词。虽然甘于恩、吴芳（2005）未能列举更多的例子，我们暂未能展开更多的比较，但例（45）中的"我企唔见减只牛"的"减"，实际上附于"唔见"（不见）而非"见"后，称"减"置于补语位置也不妥当。由于新会话与上述例（45）、例（46）所列台山话的高度一致性，我们相信台山话的"减"也可做与本章相同的处理，即看作完成体助词之一。李思旭（2013）将新会话、台山话"减"类似的功能，称为完成体助词的"量化功能"，并列举了多种汉语方言及其他语言的用例。

最后，依照新会话"减"的语法意义，台山话的"减"所表示的"数量或状态发生变化"，由未变到变，也可视为完成体意义。台山话的"吃□[ə^{33}]碗饭"的"□[ə^{33}]"与本章新会话的"□[ə]"一样，是一个成熟的完成体标记。只是台山话的"减"与新会话的"减"相似，其完成体用法不如"□[ə^{33}]"或"□[ə]"成熟。

8.6　小　　结

当同时存在两个或更多形式，表示相同或相近功能的时候，我们就要去甄别它们的功能有何不同。比如，要考虑除此功能，还能不能表示其他功能？如果具有相同或相近功能，它们的语法化程度是否一致？与之组合的直接成分的范围是否有别，是否存在主观化性或主观程度的不同？此外，它们的层次或来源是否相同？

　　要解决这些问题，语法化角度的观察和描写必不可少。本章事实有力地说明了这一点。

第 9 章

语言区域与语法化：北流粤方言"着"（阳入）的多功能性及其探源

与广州、廉江等粤方言相比，广西北流粤方言"着[tʃɛk²¹]"（阳入）的功能要丰富得多，可作"遇，受""花费"义动词、义务情态动词以及被动标记、动相补语和实现体标记。广西是一个壮语和汉语多方言密切接触的地区，对于多功能词"着"的研究可以尝试使用语言接触、语法化及语义地图模型三结合的办法（见第 2 章）。通过与当今广州、廉江方言及早期粤语、早期客方言，以及北流周边粤方言、客方言、平话、桂柳官话、壮语的比较，我们认为，"着"（阳入）语素表示"遇，受""花费"动词义、义务情态、被动标记、动相补语、实现/经历体标记等多种功能，是广西语言/方言接触形成的一项区域性语法特征。

9.1 引　　言

广州方言的"着[tʃɛk²]"（阳入）、廉江方言的"着[tsiɛk²]"（阳入）可作实词，可充当补语，例如：

（1）广州：烧（得）着。[（能）烧着。]【"燃烧"】
　　　廉江：着唥[tɛ²¹]。（点燃了。）【"燃烧"】
（2）广州：遇着你真系好彩！[遇到你真幸运！（反话）]【"到，见"】
（3）广州：好心着雷劈。（好心遭雷劈。）【"遇到，遭受"】
　　　廉江：着风（受风）|着年着节，着春（应时节，应季）【"遇到，遭受"】
（4）廉江：错抑试＝[ɐt⁵si³³]着？（错还是对？）【"正确"】
（5）廉江：嗰只嘢着几多钱？（这个东西值多少钱？）【"值"】

然而，与广州、廉江方言相比，广西北流粤方言"着[tʃek²¹]"（阳入）的功能要丰富得多。除了可以充当"遇，受""花费"义动词及义务情态动词外，还可以充当被动标记、动相补语和实现体标记，是一个典型的多功能词。

为什么广西北流粤方言的"着"（阳入）具有如此多的功能？其来源如何？本章在对其多功能性进行描写的基础上，尝试重构其语法化途径，并结合周边的客方言、平话、桂柳官话、壮语等语言/方言，探讨广西北流粤方言"着"（阳入）多功能性的形成问题。本章的研究事实再次说明，广西是个研究语言/方言接触的理想场所。

北流（县级市，受玉林市管辖）地处广西东南部，东面与容县毗邻，南面和粤西茂名高州接壤，西北面和广西兴业县、桂平市相接。北流粤方言属粤方言勾漏片（中国社会科学院和澳大利亚人文科学院，1987），与当地客方言有密切的接触关系，且较为强势。本章的北流粤方言指的是北流市区及周边乡镇的土白话。

9.2 "着"（阳入）的动词用法：语义演变

9.2.1 着₁："遇，受"义

"着₁"表"遇，受"（遭遇，遭受）义，是非自主的行为，带有不愉快的色彩，可以分为"着₁ₐ"和"着₁ᵦ"。"着₁ₐ"后可接体词性宾语，也可接谓词性宾语，例如：

（6）样米着₁ₐ虫咧，冇吃得咧。（这些米遭受虫害了，不能吃了。）

（7）着₁ₐ咧咁多次都冇醒在。（遭了这么多次罪都还不醒悟。）

（8）阿姐从来冇着₁ₐ过批评，你就着₁ₐ过无数次。（姐姐从来没被批评过，你就被批评过无数次。）

"着₁ᵦ"后一般接谓词性宾语，通常表示由于外界因素促使事件主体被迫施行某动作行为，而事件主体在主观上带有一定的不情愿，例如：

（9）冇位置坐咧，着₁ᵦ徛紧。（≈没位置坐了，得①站着。）

（10）去早过头，阿明着₁ᵦ等咧好耐。（≈去太早了，阿明等了好久。）

（11）车坏开咧，我着₁ᵦ行做去学校。（≈车坏了，我得走路去学校。）

---

① 这里"得"的意思接近"挨"（遭受），表示遭受、遭遇了某种行为。

第9章　语言区域与语法化：北流粤方言"着"（阳入）的多功能性及其探源　　121

"着$_{1b}$"前可以加否定词"冇"，例如：

（12）我冇着$_{1b}$等有几耐就轮到我咧。（≈我没等多久就轮到我了。）

"着$_{1a}$"和"着$_{1b}$"二者存在区别：第一，"着$_{1a}$"句的主语是受事，"着$_{1b}$"句的主语是施事，如例（8）的主语"阿姐"是"批评"的受事，例（10）的主语"阿明"是"等"的施事；第二，"着$_{1a}$"可以带"咧""过"等体标记，是句子的主要动词，而"着$_{1b}$"不带体标记。两者具有"遭遇，遭受"的语义，暂归到一种语义中。

"着$_1$"的语义特征记作[+非自主, +遭受]，句法特征为[~+NP/VP$_{非情愿}$]。

9.2.2　着$_2$："花费"义

"着$_2$"表"花费"，是指客观情况下或情理之中需要花费/用钱，带有较强的情态意味，用于表花费金钱，不表花费时间，例如：

（13）买同样个嘢，为乜你着$_2$个银纸比我哋个多？（买相同的东西，
　　　 为什么你花的钱比我们的多？）
（14）你买门票着$_2$咧几多银纸？（你买门票花了多少钱？）
（15）今日超市打折，买咧咁多嘢都冇着$_2$有乜银纸。（今天超市打
　　　 折，买了这么多东西都没花多少钱。）
（16）入去参观着$_2$银纸个。（进去参观花钱的。）

例（13）"你着$_2$个银纸（你花的钱）"是关系小句；例（14）"着$_2$"后跟"咧$_1$"（"了$_1$"）；例（15）的"着$_2$"受否定词"冇"限制，并且后跟"有"，"着$_2$有NP"结构是北流粤方言常见的"V（C）有NP"结构，用来肯定事件的现实性；例（16）"着$_2$"后的名词做宾语。以上说明，"着"作"花费"解时仍是个典型的动词。

"着$_2$"是非自主地花钱，不能用于表自主/自愿花钱的句子，例如：

（17）*细佬着$_2$咧老豆好多银纸。
（18）*我有大把银纸，随便着$_2$，冇使忧。
（19）*要着$_2$几多银纸至买得到苹果手机？

"着₂"排斥同义的"要"等动词，例如：

（20）入去参观（*要）着₂银纸。

"着₂"的语义特征记作[+情势需要/非自主，+花费]，句法特征为[～+NP]。

9.2.3 着₃：义务情态动词

"着₃"放在 VP 前，表示情理上或事理上的必要或应该，大致相当于普通话的"得（děi）"，例如：

（21）学校领导要来检查，下午着₃搞大扫除。（学校领导要来检查，下午必须搞大扫除。）
（22）名单明日就着₃交上去咧。（名单明天就必须交上去了。）
（23）你着₃讲畀佢听至得。（你必须告诉他才行。）
（24）佢比你大一辈，你着₃吆佢阿叔。（他比你大一辈，你应该叫他叔叔。）
（25）我着₃谂多阵至决定得到。（我得多想一会儿才能做决定。）
（26）你着₃快粒咧，咪就迟到咧。（你必须快点了，不然就迟到了。）

"着₃"前不能加否定词"冇"（与"着₁ᵦ"不同），如若上述例子要换成否定式，要用"冇使"（不用，不必）表示，例如：

（27）名单冇使（*冇着₃）交上去咧。（名单不需要交上去了。）
（28）冇使（*冇着₃）咁快个，大把时间。（不必那么急，还有大把时间。）

"着₃"的语义特征记作[+非自主/情势需要，+义务]，句法特征为[～+VP]。
"着₁ᵦ"和"着₃"有相似之处，如都出现在 VP 之前。但两者还是有区别的。第一，"着₁ᵦ"不可用助动词"要"替换，"着₃"可以，例如：

（29）a. 着老师罚，佢着₁ᵦ徛紧上课。（≈被老师罚，他得站着上课。）
　　　b. #着老师罚，佢要徛紧上课。（被老师罚，他要站着上课。）
（30）着₃（/要）讲畀佢听。（得/应该讲给他听。）

例（29）a 的例句与括注普通话译句的意思不完全对等，译成"得"并没有将"不情愿"的意思表达出来。广西有些方言的遭受义动词是"挨"，当地人将"挨"迁移到普通话中，出现"挨等了很久""挨站着"这样的普通话句子。"挨"和"着$_{1b}$"一样，表达的是"遭受""不情愿"的意思。如果将"着$_{1b}$"替换成"要"，句子就没有了不情愿的意味（#表示句子能说，但意思变了）。

第二，"着$_{1b}$"前可加否定词"冇"，"冇着$_{1b}$"表示不用"遭受"做不情愿的事了，例如：

（31）明日冇着$_{1b}$去学校咯！（明天不用去上学咯！）
（32）自己搬张凳去，就冇着$_{1b}$徛紧咯□[wɛ^{21}]。（自己搬凳子去，就不用站着了。）

"着$_3$"前不能加否定词"冇"，如例（27）、例（28）。

9.3 被动标记：动词前发生的语法化

"着"在动词前语法化为被动标记（记为"着$_4$"），构成"NP$_1$+着$_4$+（NP$_2$）+VP"结构，例如：

（33）佢着$_4$老师批评咧一朝。（他被老师批评了一早上。）
（34）件衫着$_4$风吹趄开咧。（那件衣服被风吹跑了。）
（35）句话着$_4$佢讲中咧。（这句话被他说中了。）
（36）佢作弊着$_4$老师当场捉到。（他作弊被老师当场抓住。）

施事 NP$_2$ 有时可不出现，这与广州话的"畀"不同，例如：

（37）样衫裤着$_4$淋湿齐开咧。（衣服都被淋湿了。）
（38）我着$_4$偷过好多次。（我被偷过好多次。）

例（38）广州话要说成"我畀人偷过好多次"，介词"畀"的宾语"人"不能省。

VP 通常不能是光杆动词，多有补语或别的成分。只有少部分单音节动词可以不受这个限制，例如：

（39）讲出去怕着₄人笑。（说出去怕被人笑话。）

（40）冇争气至会着₄人□[hep⁵⁵]。（不争气才会被人欺负。）

"着₄"字被动句表达的通常是不情愿发生的事情，表积极意义的句子一般不用"着₄"，要用"得"，例如：

（41）阿红得（*着₄）评为"三好学生"。（阿红被评为"三好学生"。）

其他被动标记"畀[pi³³]""分[fen⁵⁵]""被[pi²¹]"不如"着₄"常用。北流粤方言最常用的被动标记为"着₄"。"被"仅限于高语体使用，而使用"畀/分"做标记时，施事必须出现且一般指人，例如：

（42）你要识得自爱，冇使畀（分）人□[nok⁵⁵]睇得咁衰。（你要懂得自爱，不要让别人看不起。）

（43）a. 答案畀/分佢猜中咧。（答案被他猜中了。）

　　　b. *部车畀/分偷开咧。

（44）阿明被评为"三好学生"。

"着₄"的语义特征记作[+非自主，+被动]，句法特征为[NP₁+～+（NP₂）+VP_非情愿]。

9.4 动词后发生的语法化

9.4.1 着₅：动相补语

"着₅"作动相补语，多出现在复句或连谓句中，一般不用于简单句。描写如下。

第一，表示产生了某种结果或影响，通常是消极的，例如：

（45）佢切着₅只手儿，出咧好多血。（他切着手指，流了好多血。）

（46）今日搭着₅你个车系我够衰。（今天搭到你的车是我倒霉。）

（47）吓着₅我，只猫突然间溜出来。（猫突然跑出来吓着我了。）

（48）衰着₅咧，饮水都着□[kʰoŋ³³]。（真倒霉，喝水都被呛。）

偶尔可以是积极的结果，例如：

第9章　语言区域与语法化：北流粤方言"着"（阳入）的多功能性及其探源　　125

（49）好彩你碰着₅我呦，咩你就麻烦咧。（幸亏你碰到我了，不然你就麻烦了。）

（50）你娶着₅佢系你个福气。（你娶到她是你的福气。）

"V着₅"不受否定词"冇"的限制。"冇V着"中的"着"并非动相补语，而是体助词，例如：

（51）你冇吓着我。（你没吓我。）

例（51）的"着"是完整体助词，"冇吓着"指动作"吓"并未发生，而不是没有达到。如要表达"没吓着（zháo）我"，要说"冇吓着到我"。"V着₅"只能用于已然句，不用于未然句，例如：

（52）*望路，冇要撞着₅扇门。

第二，表示受影响义，某一动作一经发生就会引起相应结果的出现，例如：

（53）只脚受伤咧，郁着₅都痛。（脚受伤了，一动就疼。）

（54）佢人好讲，有乜事喊着₅佢都会来。（他好说话，有什么事喊到他都会来。）

动相补语"着₅"和动词结合紧密，没有可能式，例如：

（50'）*你娶得着₅佢系你个福气。

"着₅"的语义特征记作[+消极，（+积极），+结果]，句法特征为[V+～，复句/连谓句，已然句]。

9.4.2　着₆：实现体助词

"着₆"黏附在动词、形容词之后，表示动作行为或性状变化的过程处于事实状态之下（刘勋宁，1988），只用于已然句，属完整体，例如：

（55）阿红个面冇红着₆。（阿红的脸没有红。）

（56）荔枝子啱熟着₆三分一，冇得摘在。（荔枝才熟了三分之一，还不能摘。）

（57）a. 今日出着₆两分钟热头就落水咧。（今天就出了两分钟太阳就下雨了。）

　　　b. *今日出着₆热头。

（58）a. 我淋着₆菜呦，冇淋着花。（我只浇了菜，没浇花。）

　　　b. *我淋着₆菜。

（59）偷偷望睇佢睡着₆觉未曾。（偷偷看一下他睡觉了没有。）

（60）你写着₆齐作业冇？（你有没有写完作业？）

（61）佢明日仲冇来着₆个话，就取消佢个资格。（他要是明天还没有来，就取消他的资格。）

例（57）~（61）的"着₆"用在动词之后；例（55）~（56）的"着₆"用在性质形容词后。例（56）~（58）的"着₆"表示主观限量，分别表示"才""就""只"，不用于简单句。"着₆"紧跟在谓词之后，没有"VO着₆"和"VC着₆O"，例（59）、例（60）不能说"睡觉着₆""写齐着₆作业"。"着₆"只关心动作是否发生或性状是否发生变化，并不关心过程是否完成。

"着₆"的语义特征记作[+实现，−结果]，句法特征为[V/A+~，已然句]。

9.5　"着"（阳入）的语义演变及语法化途径

9.5.1　多功能词"着"（阳入）的语义句法特征

为更方便地观察"着$_{1-6}$"的联系与差异，将上述"着"的语义特征及句法特征列举如下。

	语义特征	句法特征
"着₁"	[+非自主，+遭受]	[~+NP/VP 非情愿]
"着₂"	[+情势需要/非自主，+花费]	[~+NP]
"着₃"	[+非自主/情势需要，+义务]	[~+VP]
"着₄"	[+非自主，+被动]	[NP₁+~+（NP₂）+VP 非情愿]
"着₅"	[+消极，（+积极），+结果]	[V+~，复句/连谓句，已然句]
"着₆"	[+实现，−结果]	[V/A+~，已然句]

第9章　语言区域与语法化：北流粤方言"着"（阳入）的多功能性及其探源　　127

从语义特征上看，"着$_{1-5}$"的语义都较为主观，都反映出非自主或消极的情态，语义上具有连续性。"着$_6$"的语义相对较为客观，但仍可表"主观限量"。从这个方面说，语法化的结果不一定就是主观化。从句法特征上看，"着$_{1-4}$"都在其他成分之前，与"着"的动词性有关；而"着$_{5、6}$"紧跟在动词或形容词之后，和"着$_5$"相比，"着$_6$"的语义更虚，语法化程度也更高。下面具体谈演变过程。

9.5.2　"遇，受"义动词（着$_1$）>被动标记（着$_4$）

和普通话"被"类似，"着"由"遭，受"义动词语法化为被动标记，例如：

（62）样地豆着虫咬咧。（花生遭/被虫咬了。）
（63）你着人□[ŋek^{55}]咧怕？（你遭/被人骗了吧？）

例（62）、例（63）的构成是"着+NP+VP"，"着"既可以分析为"遇，受"义动词，也可重新分析为被动标记。"着虫"（遭受虫害）、"着□[ŋek^{55}]"（受骗）已有词化的倾向：

（64）样地豆着虫咧。（这些花生遭受虫害了。）
（65）我冇敢去，我忧着□[ŋek^{55}]。（我不敢去，我怕受骗。）

9.5.3　"遇，受"义动词（着$_1$）>义务情态动词（着$_3$）

义务情态动词表示情理上或事理上的"必须/应该"，动作的执行常常带有强制性，句子主语可以理解为广义的受事（朱德熙，1982）。以下例句可以看出北流粤方言"着"由"遭，受"向"义务"演变的过程：

（66）冇位置坐咧，着$_{1b}$徛紧。（≈没位置了，得①站着。）（遇，受）
（67）偷嘢着$_{1b}$去劳改个喔。（≈偷东西得去劳改的哦。）（遇，受）
（68）感冒就着$_{1b/3}$去打针。（感冒就得打针。/感冒就要去打针。）
　　　（遭，受/义务）
（69）佢比你大一辈，你着$_3$吤佢阿叔。（他比你大一辈，你应该叫他叔叔。）（义务）

---

① 这里"得"的意思接近"挨"（遭受），例（67）同。

（70）佢始终都系你大佬，你着₃回去睇睇个。（他始终都是你大哥，你应该回去看看。）（义务）

例（66）~（70）"着"由"遇，受"向义务情态演变，事件主体都是迫于外部因素的作用而去承受某事，只是义务情态的外部因素通常是有权威的个人或组织，可能是道德、法律规则等，或者是某种内在动力（Lyons，1977）。例（68）是演变的中间状态，可作两解。

由"需要"语法化为必要性情态标记是常见的语法化途径，Heine 和 Kuteva（2002）列举了英语、巴斯克语、豪萨语、阿乔利语等语言的相关语法形式由 NEED 到 OBLIGATION 演变的例子。考虑到北流粤方言的"花费"义后面是 NP，语义上"花费"跟"需要"还存在一定差距，因而暂排除"花费"与义务情态之间的直接关联。

9.5.4 "遇，受"义动词（着₁）>"花费"义动词（着₂）

"遇，受"义作"遇到"（某节气、节日）义（即"正值"）解时，可进一步引申出"值""花费"的用法，例如：

（71）廉江：又冇着₁年着₁节，点得新衫裤着咧？（又不正值节日，怎么能有新衣服穿呢？）

（72）北流：着₂两蚊纸。（花两块钱。）
廉江：着₂两蚊纸。（值两块钱。）

（73）北流：买咧咁多嘢都冇着₂有乜银纸。（买了这么多东西都没花什么钱。）
廉江：买嘚咁多嘢都冇着₂乜银纸。（买了这么多东西都不值多少钱。）

北流方言的"遇，受"义少了例（71）廉江方言的说法，例（72）、例（73）廉江、北流方言的"着₂"用法、意义都接近，因而可以认为"着"在北流方言的"花费"义、廉江方言的"值（多少钱）"义，皆由"遇，受"义进一步引申所至。

至此，我们对"着"位于动词前的语义演变或语法化途径进行构拟，如图9-1所示。

第 9 章　语言区域与语法化：北流粤方言"着"（阳入）的多功能性及其探源　　129

```
              ┌─→ 被动标记
    "遇，受"义 ─┤
         │     └─→ 义务情态
         ↓
       "花费"义
```

图 9-1　"着"位于动词前的语法化途径

9.5.5　"遇，受"义动词（着$_1$）>动相补语（着$_5$）>实现体助词（着$_6$）

先看以下例子。

（74）佢切着$_5$只手儿，出咧好多血。（他切着手指，流了好多血。）
（75）你娶着$_5$佢系你个福气。（你娶到她是你的福气。）
（76）外低出着$_6$热头未曾？（外面出太阳了吗？）

作补语时"着"前的"V"的语义类型大多包含[+接触]的语义特征，诸如"切""搭""碰""娶""抢"。这些动词与表"遇，受"义的"着$_1$"搭配，"V着"表示这些动作"接触"进而"遇到"NP，"着"就由"遇，受"义演变成动相补语，表示动作的终点。当动词的类型扩大到没有[+接触]语义特征的动词，如"吃""起""洗""开""出"等，动相补语就进一步虚化为实现体助词。

此外，北流粤方言还有以下有歧义的句子，例如：

（77）我犯着$_{5/6}$你啊？（我招惹到你了吗？/我招惹你了吗？）

"犯"的动作性较弱，带有抽象的"接触"义。如果强调动作造成的影响，"着"为补语；如果强调动作的实现/发生，"着"为实现体助词。

综上，我们对北流粤方言"着"的语法化途径进行构拟，如图 9-2 所示。

```
              ┌─→ 动相补语 ──→ 实现体标记
    "遇，受"义 ─┼─→ 被动标记
         │     └─→ 义务情态
         ↓
       "花费"义
```

图 9-2　北流粤方言"着"的语法化途径

近代汉语的研究中，"着"由"附着"义演变出结果补语或动相补语的用法已有一定的共识（蒋绍愚和曹广顺，2005；吴福祥，2015b）。"附着"与"遇，受"义非常接近。广西平南的国安粤方言中，"着[tʃɛk²¹]"仍可作为"附着"义动词使用，"着"的用法与北流粤方言几乎平行，例如①：

(78) "附着"义动词：你手割伤开，唔要着水先。（你的手割伤了，先不要碰水。）
(79) "遇，受"义动词：佢着过几嘢。（他中过几次招。）
(80) "花费"义动词：买门票着开一百文。（买门票花了一百块。）
(81) 义务情态动词：明日我着去开会。（明天我得去开会。）
(82) 被动标记：花生着虫咬开了。（花生被虫子咬了。）
(83) 动相补语：佢渌着手了。（他烫着手了。）
(84) 实现体助词：晏昼我冇吃着饭。（中午我没吃饭。）

比较例(78)和例(79)，"着水"意为"碰水"，"碰水"与"遇/受水"实际上是一个意思。因此，可考虑将"附着"义与"遇，受"义合二为一。北流、国安粤方言"着"的概念空间及其分布如图 9-3 所示。

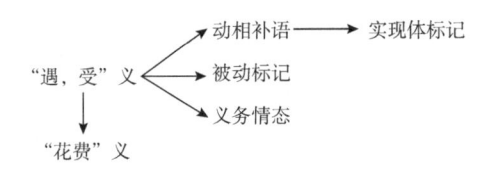

```
                    ┌→ 动相补语 ──→ 实现体标记
"遇，受"义 ─────────┼→ 被动标记
         │          └→ 义务情态
         ↓
       "花费"义
```

图 9-3　北流、国安粤方言"着"的概念空间及分布

9.6　"着"（阳入）的多功能性探源

北流粤方言"着"（阳入）的多功能性和广州、香港等地粤方言的"着"（阳入）迥异，但和当地客方言（见下文）及周边粤方言（如国安粤方言）的"着"（阳入）有较高平行性。如果这些多功能是粤方言本身具备的，那么应该可以从早期语料中找到佐证。目前发现的早期粤语语料主要以广州或香港粤方言为主，虽然与北流粤方言没有直接关系，但这些早期语料保存了较多粤方言的古老成分，仍可以作为参照对象。同理，下文所用的早期客方言材料也是如此。

---

① 广西平南国安粤方言的例句由黄明阳（男，平南国安人，27 岁，研究生学历）提供。

第 9 章　语言区域与语法化：北流粤方言"着"（阳入）的多功能性及其探源　　131

9.6.1　早期粤语的"着"（阳入）和北流粤方言"着₁""着₅"的来源

通过对早期语料的归纳整理，我们发现早期粤语的"着"（阳入）作动词时，可以有"燃烧""遭受"的意思，作形容词时是"恰当，正确"的意思，还可以用作动相补语[①]。举例如下。

9.6.1.1　"燃烧"义动词

（85）我点着灯咯。（我点着灯了。）（《散语四十章》，1877：第八章第二部分；引自早期粤语标注语料库）

9.6.1.2　"恰当，正确"义形容词

（86）呢件事论起嚟系佢唔着。（这件事说起来是他不对。）(*Progressive and Idiomatic Sentences in Cantonese Colloquial*，1931：第四十九课；引自早期粤语标注语料库)

9.6.1.3　"遭受"义动词

（87）张天师着鬼迷。（Cheong teen sze infatuated by demons, notwithstanding his astrology. The language of self regret for having done some foolish thing.）（张天师被鬼迷住了。）（《土话字汇》，1828：SECTION Ⅹ Ⅴ；引自早期粤语口语文献资料库）

（88）有银着银累无银得较睡。（He who has silver has silver anxiety; he who has no silver may soundly sleep.）（有钱的时候为钱财所累，没钱的时候只能睡觉。）（《土话字汇》，1828：SECTION ⅩⅦ；引自早期粤语口语文献资料库）

9.6.1.4　动相补语

（89）我在街上偶然逢着佢。（I met him by accident, or accidentally in the street.）（我在街上偶然遇到他。）（《土话字汇》，1828：2；

---

① 早期粤语语料，来自香港科技大学"早期粤语口语文献资料库""早期粤语标注语料库"。

引自早期粤语口语文献资料库）

（90）我父亲切着手指。（我爸爸切到手指了。）（*Easy Phrases in the Canton Dialect*[①]，1877：第二十课；引自早期粤语标注语料库）

早期粤语的"着"（阳入）可以表示"燃烧""遭受""恰当，正确"及作动相补语，但没有作"花费"义动词、义务情态动词、被动标记和实现体助词的用法。这说明，"着₁""着₅"是粤方言的固有用法，而作"花费"义动词、义务情态动词、被动标记和实现体助词的用法则可基本排除源自早期粤语。

9.6.2 北流客方言和早期客方言的"着"（阳入）

北流客方言的"着"有两个读音，分别是[tsɔk³³]（阴入）和[tsɔk⁵⁵]（阳入）。读音为[tsɔk³³]时，是"穿着"义动词，非阳入调，暂排除。读音为[tsɔk⁵⁵]时，可以充当"燃烧""恰当，正确""遭受""花费"义动词及义务情态动词，还可充当被动标记和实现体助词。

9.6.2.1 北流客方言的"着"（阳入）

北流客方言是指北流西埌镇客方言[②]。分别举例如下。

1）"燃烧"义动词

（91）一点就着诶嘅。（一点就着了的。）

2）"恰当、正确"义动词/结果补语

（92）件衫冇着得着诶，买过件新嘅。（这件衣服穿着不合适了，买件新的。）

3）"遭受"义动词

（93）着过一摆就知错诶。（遭受过一次就知道错了。）
（94）去得太早，着等开好久。（去得太早，等了很久。）

[①] 出处如 *Easy Phrases in the Canton Dialect* 按该数据库，不写全称。
[②] 北流客方言的例句由陈孚经（男，北流西埌镇人，57岁，高中学历）提供。

4)"花费"义动词

（95）着银纸买嘅，保管好来！（花钱买的，保管好！）
（96）买车票着开几多银纸？（买车票花了多少钱？）

5）义务情态动词

（97）明朝日你着去讲分佢听正得。（明天你得去告诉他才行。）
（98）你着勤粒正考得上大学在。（你得勤快点才考得上大学。）

6）被动标记

（99）佢在学校着人家打。（他在学校被别人打。）
（100）阿弟又着喊去帮做工。（阿弟又被叫去帮干活。）

7）实现体助词

（101）等着个两分钟你就讲厌诶！（才等两分钟你就说烦了！）
（102）你今日食着家伙冇？（你今天有没有吃东西？）

和北流粤方言不同的是，"着"不能用作动相补语，而得用上声的"倒 [tau^{23}]"，如：

（103）a. *佢跌着只脚，冇去得学校诶。
　　　 b. 佢跌倒只脚，冇去得学校诶。（他摔着腿了,去不了学校了。）

要分析北流粤方言"着"和北流客方言"着"之间的关系，有必要了解早期客方言"着"的用法。

9.6.2.2　早期客方言的"着"（阳入）

以下是早期客方言"着"（阳入）的用例。

1）"燃烧"义动词

（104）点着一条细细个洋烛火又搁竟就去睡。（点着一条小的洋蜡烛就去睡觉。）（《启蒙浅学》，1880：一百八十，第 65 页 a 面上）

2）"恰当，正确"义形容词

（105）盲佬系好凄凉爱思量佢正着。（盲人好可怜要关心他才对。）（《启蒙浅学》，1880：一百〇九，第 30 页 a 面下）

3）"遭受"义动词

（106）今下看倒就着惊。（现在看到就受到惊吓。）（《启蒙浅学》，1880：一百四十一，第 44 页 b 面下）

（107）脑系着里伤人就好危险。（大脑要是受伤人就很危险。）（《启蒙浅学》，1880：六十九，第 19 页 a 面下）

4）义务情态动词

（108）佢着唔着捉稳这条关涉其生命介索麻。（他应不应该抓紧这根事关生死的麻绳。）（《客话读本》，1936：第二册第 152 课）

5）动相/结果补语

（109）佢话："两条路都去得着，不过这条路过近，该条路过远。"（他说："两条路都能到，不过这条路比较近，那条比较远。"）（《客话读本》，1936：第一册第 97 课）

早期的《启蒙浅学》和《客话读本》两种客方言课本[①]中，"着"没有"花费"义，也不能充当被动标记和实现体助词。这些用法暂排除是客方言的固有用法。

---

① 据石佩璇、杨靖雯（2016）推测，《客话读本》（1936）所记主要是粤东五华地区的客家话。

9.6.3 周边方言"着"、壮语 tuk⁸ 的多功能模式

如果"花费"义动词、被动标记和实现体助词都不是粤方言和客方言本身固有的,那么这些用法来自何方?我们搜集了广西境内其他汉语方言和壮语的材料,发现除了北流客方言和前文提到的平南国安粤方言的"着"具有平行的多功能模式外,广西宾阳平话、桂柳官话和南宁武鸣壮语的平行语素也具有多功能性,与北流粤方言大致平行。

第一,宾阳平话的"着[tsek²²]"(阳入),例如①:

(110)"附着"/"遇,受"义动词:你个手着伤了,先唔要着水。(你的手受伤了,先不要碰水。)
(111)"致使"义动词:我着钱包跌了。②(我把钱包弄丢了。)
(112)"花费"义动词:嗰件衫着几多钱?(这件衣服花了多少钱?)
(113)义务情态动词:明日我着去开会。(明天我得去开会。)
(114)被动标记:单车着偷了。(自行车被偷了。)
(115)结果/动相补语:高处落下电风扇,打着我个头。(上面掉下电风扇,砸中我的头。)
我只杯放着台先。③(我的杯子先放桌上。)(覃凤余、田春来,2014:144)
我带雨衣着,冇怕落雨。(我带着雨衣,不怕下雨。)(覃凤余、田春来,2014:144)④
(116)实现体助词:老弟从日冇去着学校。(弟弟昨天没去学校。)
你去冇去着[tsek²²]开会?(你有没有去开会?)

第二,桂柳官话的"着"读音[tso³¹](阳平)。可以作"花费""燃烧"义动词,义务情态动词,结果补语,实现体或经历体助词,例如:

(117)"燃烧"义动词:一点就着了哩。(桂林市区/永福;刘玲调查提供)

---
① 宾阳平话的例子除注明引用外,均由卢晓娟(女,26 岁,宾阳黎塘人)提供。
② "着"后的 VP 表示遭遇非情愿发生的事情,与"遇、受"义相联系。
③ 该例引自覃凤余、田春来(2014)。原文把该用法归为处所介词,我们归为结果/动相补语,与前一例具有一致性。
④ 该例引自覃凤余、田春来(2014)。原文认为"着"是持续用法,我们把它理解为动作完成后形成的结果,属"VOC"结构中的补语 C。

（118）"花费"义动词：哪有恁好的事，吃饭没着钱？（哪有这么好的事，吃饭不需要花钱？）（桂林永福；肖万萍，2010a：103）

（119）义务情态动词：明天你着来。（明天你得来。）（桂林永福；肖万萍，2010a：104）

（120）结果补语：猜着了。（猜到了。）（李荣和刘村汉，1995：109）
这件衣服穿不着了，再买件新哩。（这件衣服穿不上了，再买件新的。）（桂林市区；刘玲调查提供）

（121）实现体或经历体助词：没讲着。（未说。）（李荣和刘村汉，1995：109）
才等着两分钟你就讲烦了。（才等两分钟你就说烦了。）（桂林永福、柳州融安；刘玲调查提供）
要借钱的事他和我讲着。（要借钱的事他跟我说过。）（桂林永福，肖万萍，2010a：104；柳州融安的说法同，刘玲调查提供）①

肖万萍（2010a：104）虽然没归纳"遇，受"义项，但提到了"情态"用法，例如："感冒已经好了，免着（/没着）吃药了。（感冒已经好了，不必吃药了。）""着"其实就是"挨""遭受"的意思，可归入"遇，受"义项中。

桂柳官话除了"着"，语素"捱（挨）"也具有类似用法，例如：

（122）"花费"义动词：这件衣服捱[ŋai³¹]好多钱？（这件衣服需要花多少钱？）（肖万萍，2010b：91）

（123）义务情态动词：你今晚又挨[ŋæ³¹]加班啊？（你今天又得加班啊？）（易丹，2007：143）

（124）"遭受"义动词：没听话，想捱[ŋai³¹]巴掌？（不听话，想挨耳光？）（肖万萍，2010b：91）

（125）被动标记：捱[ŋæ³¹]扯耳朵。（被扯耳朵。）（李荣和刘村汉，1995：154）

第三，广西壮语的平行语素 tuk 也存在类似的多功能现象。汉语的"着"（阳入）对应壮语的第8调，以武鸣壮语（燕齐）壮语为例，第8调的 tuk$^{33/31}$ 和"着"

---

① 此处的"经历体""实现体"暂合并到一起，原因是经历、实现或完成体的意义相近，如"讲过""讲了"。

第 9 章　语言区域与语法化：北流粤方言"着"（阳入）的多功能性及其探源

（阳入）有对应关系；tɯk^{55} 为第 7 调，与阴入对应，暂排除。①以武鸣壮语为例：

（126）"遭受"义动词：tɯk$^{33/31}$　ma$^{33:}$　xap^{12}　tu$^{31:}$　ɰuaŋ^{21}　te$^{33:}$　rai$^{33:}$　poi$^{33:}$.
　　　　　　　　　　　着　　狗　　咬　　只　　羊　　那　　死　　去
　　　　　　　　　（狗把那只羊咬死了。）（李方桂，2005：48）

（127）"致使"义动词②：kau^1　tɯk^8　te^1　tai^3　hɔ^1.
　　　　　　　　　　　我　　把　　他　弄　哭了
　　　　　　　（我把他弄哭了。）（林亦，2009：13）

（128）义务情态动词：ŋon^2　ɕok^7　kou^1　tɯk^8　poi^1　ɕau^4　plak^7.
　　　　　　　　　　明天　　我　　得　　去　　买　　菜
　　　　　　　　（明天我得去买菜。）（潘立慧，2014：55）

（129）被动标记：kau^1　tɯk^8　te^1　ʔda^5.
　　　　　　　　我　　被　他　骂
　　　　　（我被他骂。）（林亦，2009：10）

（130）结果补语：ha:p^{10}　tɯk^8　le^4,　ɕau^6　hau^3　pɯ^4　mo:i^2　te^1　θoŋ^5　hau^3　biəŋ^3
　　　　　　　　合　　对　　了　　就　让　个　媒人　那　送　给　边
　　　　　　　luk^8　θa:u^1　te^1　ɕip^8　toŋ^2　piŋ^3.
　　　　　　　女　　孩　　那　十　筒　饼
　　　　　（八字合对了，就让那个媒人给女孩那边送十筒饼。）
　　　　　（张均如等，1999：862）

9.6.4　"着"（阳入）/tɯk^8 的概念空间及语义地图

综合以上材料，可以把北流粤方言、国安粤方言、北流客方言、宾阳平话、桂柳官话、武鸣壮语以及引言中广州方言、廉江方言中"着"（阳入）及其平行语素 tɯk^8 的功能进行归纳，如表 9-1 所示。

表 9-1　各地"着"（阳入）等语素的多功能性

功能	武鸣（壮）	宾阳（平）	桂柳（官）	北流（客）	北流、国安（粤）	廉江（粤）	广州（粤）/早期粤	早期客
燃烧	−	−	+	+	−	+	+	+
恰当，正确	−	−	−	+	−	+	+	+

---

① 据覃凤余、田春来（2014：145）研究，壮语的 tɯk^7/tɯk^8 分别来自阴、阳调的"著（着）"。
② tɯk^8 后接的 VP 通常是不愉快的事情，与"遭受"或"遇、受"有相通之处，据此暂把"致使"与"遇、受"相联系。

续表

功能	武鸣（壮）	宾阳（平）	桂柳（官）	北流（客）	北流、国安（粤）	廉江（粤）	广州（粤）/早期粤	早期客
致使	+	+	−	−	−	−	−	−
遇，受	+	+	+	+	+	+	+	+
花费，值	+[①]	+	+	+	+	+	−	−
义务情态	+	+	+	+	+	+	+	+
被动	+	+	−	+	−	−	−	−
结果/动相	+	+	+	（+燃烧/合适）	+	（+入睡）	+	+
实现/经历	−	+	+	+	+	−	−	−

黎奕葆、钱志安（2018）把广州话的"瞅着""遇着你真系衰"的"着"（阳入）分别归入动相补语和"巧合动词后缀"，我们在此都看成动相补语。

根据语义地图模型的邻接性要求（contiguity requirement），把上述方言"着"（阳入）等语素的概念空间进行排列，如图9-4所示。

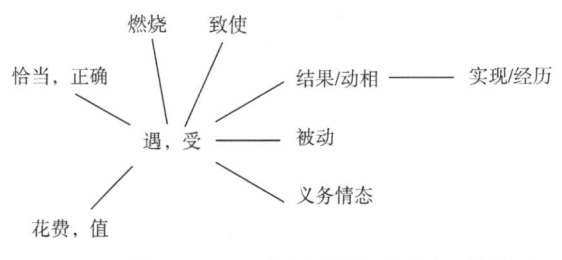

图 9-4　"着"（阳入）等语素的概念空间（局部）

需说明，本章所考察方言不明显存在"放置"、介词等功能，图 9-4 的概念空间只是局部的，主要基于西部粤方言等汉语方言及壮语。若加入粤东闽方言的情况将如何？以粤东揭阳闽方言为例，揭阳闽方言"着"（阳入）有以下功能（黄燕旋博士提供，黄博士是揭阳人）：

（131）"燃烧"：火<u>着</u>了。（火着了。）
（132）"遇，受"：<u>着</u>瘟（中了瘟疫）|<u>着</u>惊（受惊）

[①] 武鸣壮语的 tɯk 其实有"花费，值"的用法，例如：θo:ŋ¹ tu² kai⁵ tɯk⁸ kai³ la:i¹ ɕiən²？（两只鸡值多少钱？）此例由刘玲调查、提供。

第 9 章　语言区域与语法化：北流粤方言"着"（阳入）的多功能性及其探源　　139

（133）结果/动相补语：摸着幅墙。（摸到一面墙。）
（134）"恰当，正确"：算来会着荟？（算得正不正确？）
（135）义务情态动词：汝着去蜀下。（你得去一下。）
（136）实现体标记：伊件衫一回□[ts^{h}eŋ]$^{11\text{-}31}$]着五六日。（≈衣服居然穿了五六天。）

揭阳话不存在"致使""花费，值"义动词及被动标记的用法，基于表 9-1 的揭阳闽语、北流和国安粤语、北流客方言及桂柳官话"着"（阳入）语素的多功能性表现如图 9-5 所示，宾阳平话"着"（阳入）、武鸣壮语 tuuk^8 的多功能性表现如图 9-6 所示。

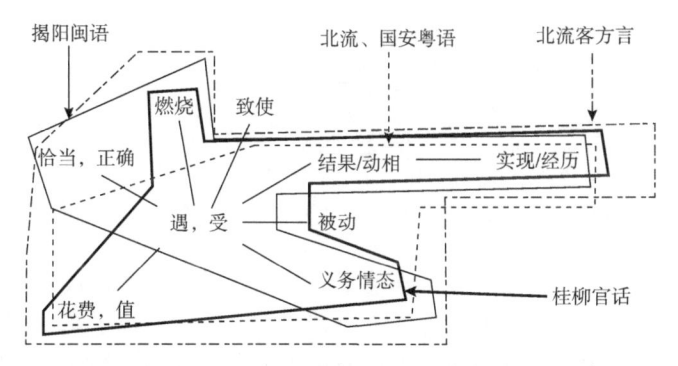

图 9-5　揭阳闽语、北流和国安粤语、北流客方言及桂柳官话"着"（阳入）的语义地图

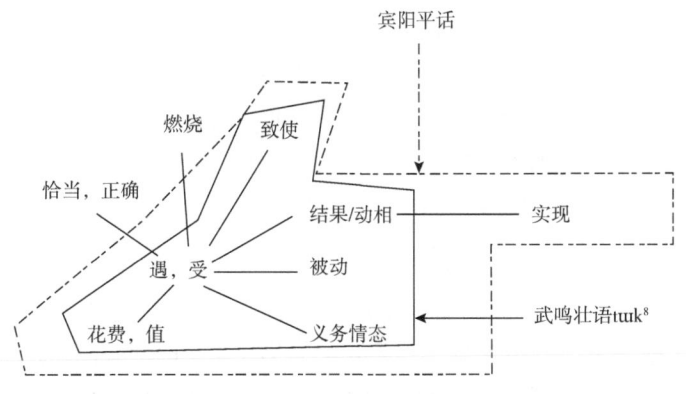

图 9-6　宾阳平话"着"（阳入）、武鸣壮语 tuuk^8 的语义地图

通过图 9-5、图 9-6 可见，广西境内北流客方言、宾阳平话及桂柳官话比北流、国安粤方言或多了"燃烧"义，或多了"致使"义，或多了"恰当，正确"义。可以说，广西境内方言"着"（阳入）语素的多功能表现较为一致。以武鸣为代

表的壮语少了"恰当,正确"义、"燃烧"义和实现/经历体标记三项。考虑到"着"（阳入）在汉语史上的多功能性的表现,可以认为,武鸣壮语 tuuk^8 的多功能性应由接触而得,不光借了 tuuk^8（着）这一语素,而且把 tuuk^8 这一语素的多功能模式也借到壮语中去了。

广西境内语言或方言的"着"或 tuuk^8 较为一致,而广东境内的广州、廉江方言及早期粤、客方言表现出不同的情况,具体如图 9-7 所示。

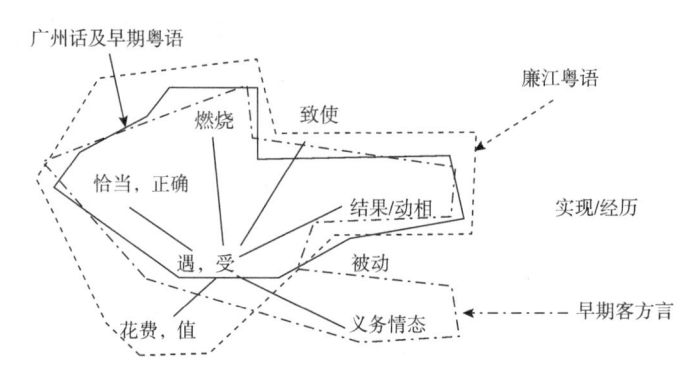

图 9-7　廉江、广州方言及早期粤、客方言"着"（阳入）的语义地图

早期客方言"着"（阳入）的功能以《启蒙浅学》《客话读本》为例,多了义务情态动词的用法。而粤西的廉江方言则多了"花费,值"义动词（"着几多钱"）的用法,该用法可视为粤西与广西粤方言（合称"西部粤方言"）的共同特征。考虑揭阳闽方言、早期客方言都存在义务情态动词的情况,广东与广西的汉语方言在"着"（阳入）的多功能性上,表现出一定的差异：广东方言普遍存在"燃烧""恰当,正确"义,而广西方言普遍存在"花费,值""义务情态""被动标记""实现/经历体标记"的用法。相对而言,"致使"（或"使役"）用法在广东的方言中则不大普遍。

9.7　小　　结

从以上各地"着"的语义地图可看出,"着"（阳入）语素的"花费,值""义务情态""被动标记""实现/经历体标记"功能是广西汉语方言及壮语（tuuk）较为普遍的语法特征。通过对广州方言、廉江方言、早期粤方言、早期客方言以及北流周边粤方言、客方言、平话、桂柳官话的"着"（阳入）及壮语的 tuuk 的语义地图的比较,可以推测：第一,北流粤方言"着"（阳入）的多功能性中,"遇,受""结果/动相补语"用法是早期粤语等汉语用法的保留；第二,"花费"

"义务情态"则可能受桂柳官话或客方言的影响；第三，从共时平面看，"实现/经历体"用法可能是北流客方言、桂柳官话及北流粤方言等汉语方言通过语法化（动相/结果补语>体标记）共同拓展的结果。

广西语言接触区域内的一些平行语法现象，如"持执"义动词、"给予"义动词、"去"义动词在汉语方言和壮语方言中的平行多功能现象（覃东生，2012；郭必之，2014），已经被证实是语言接触的结果。我们对多功能词"着"（阳入）的考察，进一步说明这一区域的语言/方言接触非常活跃，很值得进一步考察。

本章再次利用了语义地图模型这一办法，比较不同方言/语言的"着"（阳入）的功能，通过语义地图的边界直接显示其功能差异，并联系早期粤、客方言的情况帮助观察不同功能的可能来源。实践证明，语义地图模型可以与语法化、语言/方言接触结合起来使用，其好处是一目了然，便于后来的研究在此基础上继续探讨。

第10章

持续体貌的分与合：以粤方言为例

持续是汉语常见的体貌范畴。学术界通常把"进行"与"持续"看作并立对等的关系。实际情况是否如此？通过对广州等11地粤方言的持续体貌范畴进行考察，我们发现，大多数粤方言会区分动作进行和状态持续，但进行和持续并非决然对立，其分合呈现连续统的状态。

本章在对广州等11地粤方言的持续体貌进行归纳、描写的基础上，把当今粤方言的持续体貌系统，与其他东南方言及早期粤语进行比较，探讨粤方言持续体貌范畴及其表现形式等问题。

10.1 引　　言

持续是粤方言体貌系统的重要子范畴,学界对此有过诸多讨论。张洪年(1972,2007)认为香港粤方言的体标记"嚟"和"开"不能混作一谈，其中"嚟"表示进行体，"开"表示持续体。李新魁等（1995）认为广州话的持续体貌分为进行体貌、保持体貌和始续体貌，并分别用在动词后面加"紧""住""开"的方式表示。彭小川（2003）则明确区分广州话的进行体和持续体，并且认为广州话的持续体包括静态持续、动态持续以及始续体，其中表示静态持续的形式有"住""一路/一直"，表示动态持续的形式有"V下V下""喺处""一路/一直"，而表示始续的形式用"开"。不难看出，在对广州/香港粤方言持续体貌的认识上，各家存在分歧。分歧主要表现在进行体和持续体区分与否、始续体算不算持续体两个问题上。本章着重讨论前一个问题。

对于粤方言的持续体貌，过往研究大多把注意力集中在描写某一方言（如广州粤方言或香港粤方言）的持续体貌之上，鲜有人将不同方言联系起来进行考察。如果把持续范畴的问题进行通盘考虑，问题或许会迎刃而解。以下问题值得进一步思考：第一，粤方言的持续体貌系统中，持续与进行的关系如何，是否对立或排斥？第二，粤方言的持续体貌系统与其他东南方言（如闽、吴、客、赣、湘方言）相比，有何差异，各自的特点是什么？第三，对比早期粤语，当今粤方言在持续体貌尤其是体貌形式上有哪些发展？

我们对广州等 11 地粤方言的持续体貌[①]进行系统比较，归纳持续范畴在粤方言中的具体表现，探讨主要谓词的动作进行（简称为"进行"）和状态持续（简称为"持续"）的分合状况，并与其他东南方言及早期粤语比较，以探讨粤方言持续体貌范畴的特点。

本章调查的粤方言点包括：广府片的广州、肇庆；四邑片的新会；高阳片的阳江、高州、廉江；吴化片的吴川；勾漏片的怀集、广西贵港；钦廉片的广西钦州；邕浔片的广西南宁。

10.2　三分的持续体貌系统

基于闽、吴方言，施其生（1984，1985，2013）提出了一个广义的持续体貌系统，把持续体貌分为"动作持续（进行）""状态持续""事态持续"三种，由这三种持续体貌组成广义的持续体貌系统。其中，"动作持续（进行）"指动作行为本身的持续，通常也视为动作的进行；"状态持续"指动作所形成的状态或状态性结果的持续；"事态持续"指句子所述事件状态的持续，又称"情况持续"（施其生，1984）或"事件持续"（施其生，2013）。句法位置上，其中前两者与主要谓词动作密切相关，紧附在主要谓词前后，充当谓词的状语或后置助词，而表事态持续的形式常出现在状语或句末位置，由副词或句末助词充当。

施其生（2013）通过对 11 个方言点的调查，考察闽南方言的持续体貌，归纳出闽南方言用"副词—形尾—句末助词"的系列形式来表示这三种持续体貌。在区分动作进行和状态持续与否的问题上，我们以是否有相区别的形式为原则。正如刘丹青所言：

"从理论上说，某种体或貌的意义在任何语言、方言中都是可以表达的，区别只在于表达的形式手段是什么。确定某种语言、方言存在某种体貌范畴，依据不在于存在这种意义，而在于这种意义的表达用了形态

[①] 本章讨论的粤方言持续体貌不包括始续体（如广州话的"开"）。广州话始续体的用法如"张凳系我坐开嘅"，意为凳子是我先开始坐的，而且我还想继续坐下去。始续义既有开始的阶段还包括持续的阶段，与典型的持续义相差甚远。另由于重叠的形式和意义非常复杂，暂不讨论。

的手段（相对广义的，包括屈折、附加、重叠、虚词等及多种手段的综合运用）。"（刘丹青，1996：9）

如果方言中存在分别表达动作进行和状态持续的不同形式（副词或助词等附加成分），则其区分动作进行和状态持续，否则即不加以区分。例如广州话有专用于表示动作进行的"紧"（如"睇紧"）和表示状态持续的"住₁"（如"睇住"），广州话的动词有动作持续（进行）和状态持续之分，如果把动词前、后及句末的成分考虑进来，即广州话广义的持续系统也可以三分：表动作进行用"紧"（体助词）和状语成分"喺度-/响度-"，表状态持续用体助词"住₁"和动词后置成分"-喺度/-响度"，表事态持续用句末助词"住₂"和副词"仲"。根据所出现的位置，可把广州话的持续标记一分为三：动词前置标记（处所标记[①] "喺度-/响度-"和副词"仲"）、动词后置标记（处所标记"-喺度/-响度"及体助词"紧、住₁"）和句末助词（"住₂"）。

三分的广义持续系统（以下简称"三分系统"）把"进行"视为持续体的一种。三分系统具有一定的普遍性，不光适用于闽、吴方言，也适用于栖霞方言和廉江粤方言等。刘翠香（2007）指出，山东栖霞方言的持续体也呈现三分形式，和汕头闽方言的情况一致。林华勇（2011）也把廉江粤方言的持续分为"动作进行""状态持续""情况持续"三种，与大多闽南方言的情况相似。

有学者认为（Comrie，1976；Bybee et al.，1994）持续体（continuous）的定义比进行体（progressive）更为广泛，包括动态的情状（进行体）和静态的情状（状态持续）。本章的做法（持续体三分）与之相似，只是我们把句末助词表示的事态持续的情状也考虑了进来。

10.3　粤方言的动作进行和状态持续

动作进行和状态持续应该分还是合，主要看形式。如果方言中采用不同的形式分别表示动作进行和状态持续，则应区分；如果方言中用同一形式表示动作进行和状态持续两种意义，则不作区分，均统一视为动作持续。从所调查的11地粤方言看，绝大多数方言是区分动作进行和状态持续的，但具体表现（形式标记、相区别的"分水岭"或"界线"）有所不同。

以下考察不同类别的谓词对持续标记的选择。总的来说，用于表达动作进行

[①] 由于其源自"介+处所"结构，处所成分尚未脱落，还残留处所义，为便于表述，暂把它们称为"前置处所标记""后置处所标记"或"处所标记"。

和状态持续的形式有三种，分别是动词前置处所标记、动词后置处所标记以及体助词。先看两类持续动词①（以普通话词举例）：

"食"类（V_1）：食、洗、扫、擦、搬、打
"等"类（V_2）：等、站、蹲、看、坐、躺、张、挂；亮、开 敞开

"食"类为动作动词；"等"类由"站、蹲"等强持续动词，及"挂"等既可以表示动作持续的状态也可以表动作结束后所造成的状态的动词组成。"等"类中的"亮""开"等词表示动作完成之后所呈现出来的状态。将调查情况简述如下。

10.3.1 使用后置体助词（怀集、贵港）

怀集表示动作进行和状态持续的体助词有"紧[kɐn⁵³]"和"倒[tɔo⁵³]"。"倒"只可以和"等"类组合表状态持续，而"紧"和"等""食"这两类动词均可以组合，可区分动作进行和状态持续，但动词"跍"（蹲）后的"倒""紧"可以互换，均表状态持续。怀集话进行和持续的区分不如广州话明显，例如：

（1）普通话：他在吃饭，我在洗衣服。
　　怀集：佢吃紧[kɐn⁵³]饭佬=[lɔo⁵³]，我洗紧衫裤。
（2）普通话：那就让他在（那）蹲着吧！
　　怀集：噉[kɐm³²⁵]□[miɛŋ⁴²]就等佢度=[tou³²⁵]彼处跍倒[tɔo⁵³]（/紧）咧[le⁵³]。
（3）普通话：天太黑了，灯得亮着。
　　怀集：天噉黑哦[ɔ³³]，眼灯点紧咧。

贵港粤方言表动作进行和状态持续的体助词有"紧[kan³³⁵]"和"住[tʃy³¹]"。"紧"只可以和"食"类组合表动作进行，"住"和"等""食"两类动词均可以组合，动作进行和状态持续的区分也不十分明显，例如：

（4）普通话：他在吃饭，我在洗衣服。
　　贵港：佢吃住[tʃy³¹]（/紧[kan³³⁵]）饭，我揩住（/紧）衫。

---

① 持续动词、非持续动词的分类，见马庆株（1996）。

（5）普通话：那就让他在（那）蹲着吧！
　　　贵港：个样就畀佢在□[tɛ⁵¹]踎住咯[lɔk⁵]！
（6）普通话：门开着。
　　　贵港：门开住。

10.3.2　使用前置处所标记和后置体助词（吴川、阳江、南宁）

吴川粤方言的表达形式有前置处所标记"□举⁼[tsat⁵kei³⁵]-"、"内（/那）□处-[nei³⁵/na³¹teŋ³⁵tsi³⁵]"和后置体助词"倒"。其中"□[tsat⁵]举⁼-"等可以和"食"类、"等"类组合表示动作进行，"倒[tuɔ³⁵]"只能和"等"类如"□[ŋa⁵⁵]"（张开）、"光"组合表达状态持续的意义，例如：

（7）普通话：他在吃饭，我在洗衣服。
　　　吴川：佢□举⁼[tsat⁵kei³⁵]吃饭，我□举⁼洗衫。
（8）普通话：他得等着，不能走开。
　　　吴川：佢要□举⁼等，冇得行开。
（9）普通话：天太黑了，灯得亮着。
　　　吴川：天太暗了[lə³¹]，留灯光倒[tuɔ³⁵]。
（10）普通话：嘴巴张着，别动！
　　　吴川：□[ŋa⁵⁵]倒把口，冇郁！

阳江粤方言的表达形式有前置标记（副词或前置处所标记）"在-[tsʰɔi²¹]"、"系呢⁼-[hei⁵⁵nei²¹]"和后置体助词"紧[kaŋ²¹]"。其中"在-"只和"食"类组合，"系呢⁼-"只和"等"类组合。助词"紧"可以和这两类动词组合，不区分动作进行和状态持续，例如：

（11）普通话：他在吃饭，我在洗衣服。
　　　阳江：佢在[tsʰɔi²¹]吃饭，我在洗衫。/佢吃紧[kaŋ²¹/aŋ²¹]饭，我洗紧衫。
（12）普通话：那就让他在（那）蹲着吧。
　　　阳江：（就）留佢系呢⁼[hei⁵⁵nei²¹]踎紧咧[e²¹]。
（13）普通话：门开着。
　　　阳江：门开紧。

南宁粤方言的表达形式有前置处所标记"系滴[hei³⁵ti⁵⁵]-"和后置体助词"住[tɕy³¹]""紧[kɐn³⁵]"。其中"系滴-"可以和"食"类、"等"类组合,"紧"只和"食"类组合,"住"和这两类动词均可以组合。但与动词"开"等组合时,只能用"住",不能用"系滴-"。"住"是状态持续的标记,例如:

(14) 普通话:他在吃饭,我在洗衣服。
　　　南宁:佢系滴[hei³⁵ti⁵⁵]食饭,我系滴洗衫裤。
　　　佢食住[tɕy³¹](/>①紧[kɐn³⁵])饭,我洗住(/>紧)衫。
(15) 普通话:要下雨了,他怎么还站着!
　　　南宁:要落雨来,佢做乜仲系滴[hei³⁵ti⁵⁵]徛(/系滴徛住[tɕy³¹]/徛住)啊!
(16) 普通话:门开着。
　　　南宁:门开住。

10.3.3　前置处所标记、后置体助词及处所标记:其他粤方言的选择

高州粤方言的表达形式有前置处所标记"在举⁼-""在己⁼-"、后置处所标记"-在举⁼""-在己⁼"以及后置体助词"紧""倒"。其中"在举⁼-""在己⁼-"用于谓语动词前可以和"食"类、"等"类组合,"-在举⁼""-在己⁼"用于谓语动词后只能和"等"类组合。"紧"只和"食"类组合表达动作进行,"倒"可以和"等"类组合表状态持续,例如:

(17) 普通话:他在吃饭。
　　　高州:佢食紧饭。
　　　　　　佢在举⁼[tsʰɔi²³kui³⁵](/在己⁼[tsʰɔi²³kei³⁵])食紧[kɐn³⁵]饭。
　　　　　　佢在举⁼(/在己⁼)食饭。
(18) 普通话:他得等着,不能走开。
　　　高州:佢爱在举⁼等倒[tou³⁵],冇得行开。
(19) 普通话:那就让他在(那)蹲着吧。
　　　高州:(一)啲咪[mei³¹]吚佢跍倒在举⁼啊[a³¹]。
(20) 普通话:天太黑了,灯得亮着。

---

① 此处">"表示它左边的比右边的常用。

高州：天太暗嘚[tɛ³¹]，爱开倒[tou³⁵]灯正得。

钦州粤方言的表达形式有前置处所标记"在(/跟)□[tit⁵]-"、后置处所标记"-在□[tit⁵]"以及体助词"紧"、"定"和"到"（阴去）。其中"在(/跟)□[tit⁵]-"用于谓语动词前可以和"食"类、"等"类组合，"-在□[tit⁵]"用于谓语动词后只可以和"等"类组合。体助词"紧"只和"食"类组合表达动作进行，"定"和"到"都只和"等"类组合表状态持续，例如：

(21) 普通话：他在吃饭，我在洗衣服。
　　钦州：佢食紧[kɐn¹³]饭，我洗紧衫裤。
　　　　　佢在□[tsʰuɔi¹³tit⁵](/跟□[kɐn⁴⁵tit⁵])食饭，我在□(/跟□)洗衫裤。
(22) 普通话：那就让他在（那）蹲着吧！
　　钦州：噉[kɐm¹³]就等佢跟□踎定[tɛŋ³¹]喇[la⁵⁵]！
(23) 普通话：要下雨了，他怎么还在站着！
　　钦州：就准备落雨了[lɐu³¹]，佢做乜嘢[met⁵nɛ¹³]仲[tʃoŋ³¹]待定在□[tsʰuɔi¹³tit⁵]！
　　　　　就准备落雨了，佢做乜嘢仲定定在□待（到[tɐu³³]）！
(24) 普通话：门开着。
　　钦州：门开到(/定)。

肇庆粤方言的表达形式有前置处所标记"响度-/喺度-"、后置处所标记"-响度/-喺度"以及体助词"紧""住""倒"。其中"响度-/喺度-"用于谓语动词前可以和"食"类、"等"类组合，而"-响度/-喺度"用于谓语动词后只能和"等"类组合。体助词"紧"只可以和"食"类组合，"住"和"倒"都只和"等"类组合，例如：

(25) 普通话：他在吃饭。
　　肇庆：佢食紧[kɐn³⁵]饭。
　　　　　佢响度[hœŋ³⁵tou⁵¹](/喺度[hei³⁵tou⁵¹])食紧饭。
　　　　　佢响度(/喺度)食饭。
(26) 普通话：那就让他在（那）蹲着吧！
　　肇庆：咁就畀佢踎住[tʃy⁵¹](/倒[tou³⁵])响(/喺)度啦！

(27) 普通话：他得等着，不能走开。
　　肇庆：佢要响（/喺）度等，冇得行开。
　　　　　佢要等住（/倒），冇得行开。
(28) 普通话：要下雨了，他怎么还在站着！
　　肇庆：要落雨喇[la⁵¹]，佢做乜仲徛住（/倒）！
(29) 普通话：门开着。
　　肇庆：门开住（/倒）。

廉江粤方言的表达形式有前置处所标记"在几⁼-/走几⁼-在这-""在呢⁼-/走呢⁼-在那-"、后置处所标记"-在几⁼/-走几⁼-在这""-在呢⁼/-走呢⁼-在那"和体助词"倒着"。其中"在几⁼-/走几⁼-""在呢⁼-/走呢⁼-"位于谓语动词前可以和"食""等"两类动词组合，但不能与"开"组合；"-在几⁼/-走几⁼""-在呢⁼/-走呢⁼"位于谓语动词后只和"等"类组合，体助词"倒"也只和"等"类组合。也就是说，单用前置处所标记表示动作进行，后置处所标记及体助词表示状态持续。前置标记的处所义明显，例如：

(30) 普通话：他在吃饭。
　　廉江：佢在几⁼[tsʰɔi³³kei²⁵]（/走几⁼[tsɐu²⁵kei²⁵]/在呢⁼[tsʰɔi³³nei⁵⁵]/走呢⁼[tsɐu²⁵nei⁵⁵]）食饭。
(31) 普通话：你坐着吃。
　　廉江：你坐倒[tou²⁵]（在几⁼/走几⁼/在呢⁼/走呢⁼）食。
　　　　　你在几⁼（/走几⁼/在呢⁼/走呢⁼）坐倒食。
(32) 普通话：就让他蹲着吧。
　　廉江：就留佢踎倒（在几⁼/走几⁼/在呢⁼/走呢⁼）。
　　　　　就留佢在几⁼（/走几⁼/在呢⁼/走呢⁼）踎倒。
(33) 普通话：门开着。
　　廉江：门开倒（在几⁼/走几⁼/在呢⁼/走呢⁼）。
　　　　*门在几⁼（/走几⁼/在呢⁼/走呢⁼）开倒。

广州话的表达形式有前置处所标记"响度-/喺度-/响处-/喺处-"、后置处所标记"-响度/-喺度/-响处/-喺处"以及体助词"紧"和"住"，其中"响度-/喺度-/响处-/喺处-"位于谓语动词前和"食"类组合表动作进行，"-响度/-喺度"等位于谓语动词后和"等"类组合表状态持续。后置的体助词"紧"和"住"分别和"食"类、"等"类组合。前置处所标记和体助词"紧"表示动作进行，后置处所标记和体助词"住"表示状态持续，例如：

（34）普通话：他在吃饭。
　　　广州：佢食紧[kɐn³⁵]饭。
　　　　　　佢响度[hɵŋ³⁵tou²²]（/喺度[hei³⁵tou²²]）食紧饭。
　　　　　　佢响度（/喺度）食饭。
（35）普通话：要下雨了，他怎么还站着！
　　　广州：要落雨啦[la³³]，佢做咩仲徛（住[tʃy²²]）喺度（/响度）！

新会粤方言的表达形式有前置处所标记"喺址⁼-[hai³⁵tsi³⁵]"、后置处所标记"-喺址⁼"、体助词"紧[kɐn³⁵]""啊[a³⁵]"，"啊"的用法来源尚不明确。其中"喺址⁼-"位于谓语动词前可以和"食"类、"等"类组合，表示动作进行。而"-喺址⁼"位于谓语动词后只可以和"等"类组合，表示状态持续。"紧"可以和"食"类、"等"类组合，可视为表达动作进行；"啊"只和"等"类组合，是状态持续的标记，例如：

（36）普通话：他在吃饭。
　　　新会：佢吃紧[kɐn³⁵]饭。
　　　　　　佢喺址⁼[hai³⁵tsi³⁵]吃（紧）饭。
（37）普通话：他得等着。
　　　新会：佢要喺址⁼等。
（38）普通话：他怎么还在站着！
　　　新会：佢点解还徛（啊[a³⁵]）喺址⁼！
（39）普通话：门开着。
　　　新会：度门开紧。
（40）普通话：嘴巴张着，别动。
　　　新会：擘啊[a³⁵]个口，冇郁。

10.3.4　动作进行和状态持续的分合问题

如上所述，11地粤方言表达动作进行和状态持续的形式各有不同，其分合的情况也各有特点。从形式的来源看，表达动作进行和状态持续的形式大致可以归纳为两类：一类是由谓词语法化而来的体助词（"紧""住""倒"等），一类是由介宾结构语法化而来的前置处所标记或后置处所标记（"喺度""响度"等）。

第 10 章 持续体貌的分与合：以粤方言为例

下面从这两方面讨论分合的情况。

第一，从体助词的角度看，用于表达动作进行和状态持续的体助词形式不一。

其中阳江及廉江均只有一个体助词（分别为"紧""倒"）。不同的是，阳江的"紧"可通表动作进行和状态持续，"吃紧≈系呢˭踎紧≈开紧"（"≈"表示符号之间的例子存在不同的持续意义，但形式上不形成对立，如"吃紧"表示动作进行、"系呢˭踎紧"表示动作形成的状态的持续、"开紧"表示"开"这一状态本身的持续），属于不区分的情况。而廉江的"倒"只能用于表达状态持续，其使用界限在"食"类动词和"等"类动词之间，即"在呢˭（/走呢˭/在几˭/走几˭）食 ‖ 踎倒≈开倒"（"‖"表示符号前后存在分立，如这里存在动作进行和状态持续的区别）。

怀集、贵港以及南宁三地粤方言均存在两个可用于表达动作进行和状态持续的体助词，但其分工并不明确。例如，怀集粤方言用体助词"紧"，没有区分界限，可通表动作进行和状态持续，即"吃紧≈等紧"，而"倒"只可以表示状态持续，其使用界限在"食"类和"等"类动词之间，即"吃紧 ‖ 等倒"。由此可见，怀集粤方言体助词的使用还处于混用的状态，动作进行和状态持续不全然对立。贵港和南宁粤方言的体助词使用情况和怀集粤方言类似，不再赘述。

肇庆和钦州粤方言均有三个用于表达动作进行和状态持续的体助词，而且功能区分明确。例如，钦州粤方言的体助词"紧"只表动作进行，"定"和"到"只表状态持续，其使用界限在"食"类和"等"类动词之间，即"食紧 ‖ 跟□[tit⁵]踎定≈开到（/定）"。此外，高州粤方言和广州粤方言类似，虽然形式不同，但都只有两个助词形式，并且明确区分动作进行和状态持续，高州粤方言用"紧"表动作进行，用"倒"表状态持续，即"食紧 ‖ 在举˭等倒≈开倒"。

综上所述，阳江粤方言不区分动作进行和状态持续，怀集等地粤方言使用体助词表达动作进行和状态持续时，处于混用的状态，肇庆、钦州粤方言明确区分动作进行和状态持续，只是表示状态持续时存在体助词混用的情况，而高州、广州等地粤方言则使用不同的体助词明确区分动作进行和状态持续。可见，在是否使用体助词区分动作进行和状态持续的问题上，即粤方言动作进行和状态持续的分与合，呈现出一个连续统的模式，阳江和高州、广州分别处于连续统的两端，而怀集、肇庆等地粤方言处于中间状态，如图 10-1。

阳江	怀集 贵港 南宁	肇庆 钦州	高州 广州
合			分

图 10-1　粤方言动作进行和状态持续的分合连续统

第二，从前置处所标记、后置处所标记及副词的角度看，副词充当动作进行的标记，只出现在阳江话中，例如：

（41）阳江：佢在[tsʰɔi²¹]吃饭，我在洗衫。

如果只考虑同时存在前置处所标记和后置处所标记的几地粤方言（高州、钦州、肇庆等地粤方言）的情况，可以发现以下特点。

首先，高州、钦州、廉江和肇庆等地粤方言各自的前置处所标记和后置处所标记的形式相同，但二者和谓语动词的相对前后位置不同，功能也有所区别。其中，前置的处所标记，可表动作进行和状态持续，如肇庆粤方言的"响（/喺）度食≈响（/喺）度等"；而后置的处所标记，只能用于表示状态持续，如肇庆粤方言的"响（/喺）度食‖踎住（/倒）响（/喺）度"。可见，高州、肇庆、廉江等地粤方言中，由介宾结构虚化而来的前、后置处所标记的使用，相对而言处于混用状态，这点和上文所谈怀集、贵港等地粤方言体助词的使用情况类似。

其次，需要注意的是，和体助词的使用情况不同，前置及后置的处所标记在表达动作进行和状态持续时，多采用和体助词共现的方式。例如，阳江话的"系呢⁼-"和"紧"共现表状态持续；高州粤方言的"在举⁼-/在己⁼-"和"紧"共现表动作进行；肇庆粤方言的"-响度/-喺度"和"住"共现表状态持续。这说明前、后置处所标记与体助词在表达谓词体范畴意义的关系上，体助词与体范畴之间的关系最为密切。

10.3.5 小结

第一，动作进行和状态持续的关系并不是决然对立的，其分合呈现出连续统的模式。

第二，和其他表达持续体貌的形式相比，体助词作为体貌标记最为成熟，方言中如果在体助词的使用上存在差异，则较易区分动作进行和状态持续。如果方言中用前置处所标记和后置处所标记表达持续体貌，那么动作进行倾向于使用前置型的，状态持续则倾向于使用后置型的，并且常采用和体助词共现的方式进行表达。

第三，动词的语义虽然重要（如"食"与"等"对体助词的选择差异），但不是绝对的。例如，吴川粤方言的动作进行和状态持续的分立不出现在"食"和"等"之间，而在"食、等、踎"与"光、□[ŋa⁵⁵]张开"之间；大多数方言的动作进行和状态持续的分野在"食"类和"等"类动词之间,它们选择了不同的体助词。动作发出的主体对体标记的使用也存在影响,如果动作的主体是人,则可以使用前置处所标记或后置处所标记,而如果主体为身体部位、灯等,则倾向使用体助词。这进一步说明作为体貌形式,相对于处所标记而言,体助词形式较为成熟。

第四,11地粤方言中,还存在两种状态持续:一是由动作所形成的状态,如姿势动词(如"蹲""站")以及强持续动词(如"等")所形成的状态;二是由动作所形成的状态性结果的持续,例如廉江粤方言的"放好在呢⁼(走呢⁼)"等,表示动作"放"所形成的状态结果"好"的持续。

10.4 粤方言的事态持续

事态持续指句子所述事件状态的持续,通常用于现实句。表达事态持续的形式有句末助词"在""住""紧"以及副词"仲"等形式。在所考察的11地粤方言中,常见的事态持续的表达方式有三种,分情况描述如下。

10.4.1 单用副词

南宁粤方言表达事态持续时常用副词"仲",如:

(42)普通话:(还)没做完作业呢。
南宁:仲[tʃoŋ³¹]未做齐[tʃʰei³¹]作业。
(43)普通话:病还没好,还要继续吃药呢。
南宁:病仲未好,仲要继续食药。

10.4.2 单用句末助词

钦州粤方言的"紧"以及怀集粤方言的"佬⁼"(来历尚不明确)出现在句末表事态持续,如:

(44)普通话:他(还)在读书呢。
钦州:佢(仲)读书紧。
(45)普通话:我给他喂着吃的呢。
怀集:我禁⁼[kɐm³³]紧佢吃佬⁼[lɔ⁵³]。

10.4.3 副词和句末助词共现

肇庆、贵港、廉江的粤方言表事态持续常用副词和句末助词共现的形式，例如：

(46) 普通话：还没做完作业呢。
  肇庆：仲[tʃoŋ⁵¹]系未做齐（/嗮/完）作业（住[tʃy⁵¹]）呢[nɛ³¹]。
  贵港：仲[tsoŋ³¹]未曾做齐作业在[tsʰuəi³³⁵]。
  廉江：□[ɐn²⁵]未做完作业在[tsʰɔi³³/²³]。
(47) 普通话：都快五十岁了，他还没结婚呢。
  钦州：都就五十岁咯[lok⁵]，佢（仲[tʃoŋ³¹]）未结婚在[tʃʰiɐu¹³]。
  贵港：都准备五十了[lɛu³³⁵]，佢仲[tsoŋ³¹]未曾结婚在[tsʰuəi³³⁵]。
  廉江：都就五十岁嘚，佢□[ɐn²⁵]未结婚在[tsʰɔi³³/²³]。

10.5 粤方言持续体貌系统的特点：与其他东南方言及早期粤语相比较

10.5.1 与其他东南方言比较

从对 11 地粤方言的考察情况看，当今大多数粤方言区分动作进行和状态持续。此外，和其他东南汉语方言相比，粤方言的持续体貌系统存在以下两个显著的异同点。

第一，粤方言持续体标记的来源与客、赣、湘方言相似，都有两个来源；闽、吴方言的持续体标记的来源通常只有一个。

粤方言持续体标记主要有两个来源。其一是源自介宾结构的语法化。如林华勇（2011）归纳了廉江粤方言"在呢⁼"等的语法化轨迹："在呢⁼"在动词性成分之前表示动作进行，在动词性成分之后表示状态持续，此时表方所的"呢⁼"等尚未完全虚化，仍保留处所义；而动词之后的"在呢⁼"等进一步虚化至"呢⁼"等脱落，仅留"在"用于句末表示情况持续。其他粤方言，譬如肇庆粤方言和广州粤方言的"响（/喺）度"和"在呢⁼"的形式类似，也源自介宾结构的词汇化及语法化。其二是源自补语谓词的语法化。如廉江粤方言的表状态持续的"倒"是由"达至"义动词经语法化而成（郭必之和林华勇，2012），再如广州粤方言的体助词"紧""住"等。

跟粤方言相似，客、赣、湘方言的持续体标记也有介词或介宾结构、补语谓词两个来源，例如：

（48）客方言
　　连城：a. 我着食饭呃。（我在吃饭了。）（项梦冰，1997：179）
　　　　　b. 门口围倒恁多人呃。（门口围着很多人了。）（项梦冰，1997：183）
　　汝城：a. 爹在食烟。（爸爸在吸烟。）（曾献飞，2007：167）
　　　　　b. 歪起脑壳。（歪着脑袋。）（曾献飞，2007：168）
　　博白[①]：a. 食紧饭果。（正在吃着饭。）（钟静，2009：102；有改动）
　　　　　b. 拿紧只碗。（拿着这只碗。）（钟静，2009：103；有改动）

（49）赣方言
　　吉安横江：a. 我在喫饭，渠还在洗衣服。（我在吃饭，他还在洗衣服。）（温美姬，2017：73）
　　　　　b. 坐得不愿走。（坐着不愿走。）（温美姬，2017：75）
　　芦溪：a. 口前在落雨，出门要换套鞋。（外面下着雨，出门要换套鞋。）（刘纶鑫，2008：125）
　　　　　b. 你掇到，不要放手。（你端着，不要放手。）（刘纶鑫，2008：125）
　　岳西：a. 家婆在兴菜。（外婆在种菜。）（冯骏，2015：19）
　　　　　b. 床上困着一个病人。（床上躺着一个病人。）（冯骏，2015：14）

（50）湘方言
　　长沙、宁乡：a. 他嘚这里吃饭。（他正在吃饭。）（熊娟，私人交流）
　　　　　b. 他睏起（嘚）看书。（他躺着看书。）（熊娟，私人交流）
　　汨罗：a. 老四还在个耍手机。（老四还在玩手机。表示客观情况如此，非使然）（陈山青和施其生，2018：454）

[①] 因为原例用字存在些问题，此处引例有所修改。

　　　　　b. 年画挂<u>到个</u>。要过年得。（年画挂着。要过年了。表示
　　　　　　 说话人主观要求，使然）（陈山青和施其生，2018：455）
　　浏阳：a. 他<u>在</u>喫饭，我<u>在</u>洗衣服。（他在吃饭，我在洗衣服。）
　　　　　　 （刘文娟，私人交流）
　　　　　b. 他<u>睏倒</u>看书。（他躺着看书。）（刘文娟，私人交流）

　　汨罗方言的"个"读去声时为远指代词，意为"那"，但"个"读轻声时不再是代词，而与前面的"在"词汇化并语法化为时间副词"在个"，如"在个落雨"（在下雨）。例（50）长沙、宁乡方言a句的"嗰这里"的"这里"也读轻声，无处所义。

　　跟粤方言相比，客、赣、湘方言的动作进行标记更多地使用"在"义时间副词（"着""在""得"等），较少使用前置处所标记（如长沙、宁乡的"嗰咯里_{在这里}"等）；状态持续标记一般使用体助词（"倒""起""紧"等），这一点与粤方言一致。总体来说，表动作进行的前置标记的语法化程度普遍比粤方言的要高。

　　汕头、厦门、福州的闽方言及苏州、上海吴方言的持续体标记普遍由表处所的介宾结构演变而成，闽方言的"短块""在块""在吼"及吴方言的"勒笃""勒拉"等带有微弱的处所义，例如：

（51）闽方言
　　　汕头：a. 伊还<u>短块</u>哭。（她还在哭。）（施其生，1985：132）
　　　　　　b. 撮番茄洗<u>在块</u>。（番茄洗好了。）（施其生，1985：133）
　　　厦门：a. 外面<u>在吼</u>落雨。（外面下着雨。）（施其生，1985：134）
　　　　　　b. 伊蜀个人<u>坐吼</u>。（他一个人坐着。）（施其生，1985：134）
　　　福州：a. 房里有蜀群人<u>着吼</u>拍扑克。（屋里有一群人在那儿打扑克。）（施其生，1985：136）
　　　　　　b. 汝<u>坐吼</u>，我来做。（你坐着，我来弄。）（施其生，1985：136）

（52）吴方言
　　　苏州：a. 俚<u>勒笃</u>吃饭。（他在吃饭。）（施其生，1985：136）
　　　　　　b. 俚一个人坐<u>勒笃</u>。（他一个人坐着。）（施其生，1985：137）

上海：a. 老头子勒拉着棋。（老头子在下棋。）（施其生，
　　　　1985：137）
　　　b. 猫扣勒拉。（猫拴着。）（施其生，1985，137）

"短""在""着""勒"等相当于普通话的"在"，"块""吼""笃""拉"等为处所语素，相当于普通话的"里"。

以上用例相比较而言，在使用前/后置处所标记表示持续范畴的问题上，吴、闽方言最为常见，粤、湘方言次之（常使用前置处所标记表达动作进行，其中湘语用例的"介宾"结构已演变成意义纯粹的时间副词，但"介宾"形式仍残留），而客、赣方言前置标记的语法化程度最高，不再使用"介宾"形式。即在使用前/后置处所标记方面，存在这样一个序列：闽、吴>粤、湘>客、赣。

第二，闽、湘等方言明确存在持续体区分"使然""非使然"的情况，而粤方言难以找到此区别。

施其生（2006）讨论了汉语方言里的"使然"和"非使然"，由介宾结构演变而来的持续体貌形式分两套，有"使然"和"非使然"之别，并且这种情况在闽南方言中表现显著。施其生（2006）及陈山青、施其生（2018）分别提到湖南洞口、汨罗湘方言的持续体标记也区分使然、非使然的用法，例如：

（53）汕头、揭阳闽方言（仅举状态持续用例）
　　　a. 顶帽子戴伫块。（帽子戴着。陈述，非使然）（施其生，2013：
　　　　298）
　　　b. 顶帽子戴放块。（帽子戴着。祈使，使然）（施其生，2013：
　　　　298）
（54）湘方言（仅举动作进行用例）
　　　洞口：a. 我在箇里睏眼闭，莫吵我。（我在睡觉，别吵我。客观
　　　　　　情况如此，非使然）（施其生，2006：337）
　　　　　b. 睏眼闭哩，你还到尔里叽叽喳喳制么个？（睡觉了，你
　　　　　　还在叽叽喳喳地说个不停干什么？施动者主观如此,使
　　　　　　然）（施其生，2013：337）
　　　汨罗：a. 半夜两点钟得，老四还在个耍手机。（半夜两点钟了，
　　　　　　老四还在玩手机。客观情况如此，非使然）（陈山青和
　　　　　　施其生，2018：454）

b. 半夜两点钟得，老四还到个耍手机。（半夜两点钟了，老四还在玩手机。施动者主观如此，使然）（陈山青和施其生，2018：454）

综上所述，粤方言的持续体貌系统很难找到"使然"和"非使然"的对立。林华勇（2011）曾讨论廉江粤方言的"走""走呢⁼"和"在""在呢⁼"在语用上的区别可看作"使然"和"非使然"之别，但仅体现在使用倾向上，找不到形式上相区别的证据，这与闽、湘等方言存在明显"使然""非使然"两对用法的情况不同。此外，钦州、贵港以及廉江等西部粤方言存在句末助词"在"表事态持续的用法，这些地方地缘上相接，可将此特征视为一种区域性的语法特征。

10.5.2 与早期粤语相比较

现存的早期粤语材料主要以早期广州或香港粤方言为主，从"早期粤语口语文献资料库""早期粤语标注语料库"所搜集到的语料看，早期粤语用于表达持续体貌的形式主要有"紧""住₁""倒""住₂""自"等体助词，分情况描述如下。

10.5.2.1 紧

可以和"紧"组合（"V紧"）的动词基本都是"食"类动作动词，表动作进行，例如（例句出处格式依语料库，不做调整）：

（55）我见个细蚊仔打紧只狗。（I saw the child beating a dog.）（我看见那个小孩子正在打那只狗。）（CME，1883：66；引自早期粤语口语文献资料库）

（56）我现时写紧、英国字。（I am learning to write English now.）（我现在正在写英文。）（《英语不求人》，1888：9；引自早期粤语口语文献资料库）

（57）喺个处山边，有一大队猪食紧野。（在那山边，有一大群猪正在吃东西。）（《马可传福音书》，1872：第五章；引自早期粤语标注语料库）

此外，"紧"还和动词"等"组合，但为数不多，仅以下两例：

（58）催佢攞滚水嚟我等紧使。（催他把开水拿来，我正等着用。）
（Progressive and Idiomatic Sentences in Cantonese Colloquial，1931：第十六课；引自早期粤语标注语料库）

（59）个对鞋我等紧着你快的做起喇。（那双鞋我正等着穿，你赶紧做好吧。）（Progressive and Idiomatic Sentences in Cantonese Colloquial，1931：第五十七课；引自早期粤语标注语料库）

10.5.2.2　住₁

和"住₁"组合（"V住₁"）的动词大多是"等"类动词，表状态持续，如：

（60）你要亲眼体①住。（You must see it with your own eyes.）（你要亲眼看着。）（《土话字汇》，1828：57；引自早期粤语口语文献资料库）

（61）坐住云落嚟。（坐着云下来。）（《马可传福音书》，1872：第十三章；引自早期粤语标注语料库）

（62）望住天叹一声，对佢话。（望着天叹一声，对他说。）（《马可传福音书》，1872：第七章；引自早期粤语标注语料库）

（63）文书发咙，将原稿存住，嗰啲叫做陈案，又叫旧案。（发了文书，把原稿存着，那些叫做陈案，也叫旧案。）（《散语四十章》，1877：第三十八章；引自早期粤语标注语料库）

（64）俾我、同你拈住你顶帽。（Let me take your hat.）（让我给你拿着你的帽子。）（《英语不求人》，1888：6；引自早期粤语口语文献资料库）

（65）耶稣对住殿嘅库房坐。（耶稣对着大殿的库房坐。）（《马可福音中西字》，1899：第十二章；引自早期粤语标注语料库）

（66）将军骑住一匹大黑马，个参将骑一只雪咁白嘅。[将军骑着一匹大黑马，那参将骑一匹雪一样白的（马）。]（HTSC，1912：会话三十一，第十二；引自早期粤语标注语料库）

10.5.2.3　倒

可以和"倒"组合的动词是"等"类动词，表状态持续，例如：

---

① 此处的"体"，现行方言俗字常写作"睇"。

（67）坐倒台嘅系状师咯。（Sit at table those are lawyers.）（在桌子那儿坐着的是律师。）（CME, 1883: 32-33；引自早期粤语口语文献资料库）

（68）企倒处咁耐你等乜人呀。（在那儿站了这么久，你等什么人呀？）（Progressive and Idiomatic Sentences in Cantonese Colloquial, 1931: 第六十五课；引自早期粤语标注语料库）

（69）喺地上放倒嘅物件话横话掂，都系随人所企嘅地位望去随便讲得。（在地上放着的物件，说是横着放还是竖着放，都是按人所站的位置来看着随便说的。）（《散语四十章》, 1877: 第四十章；引自早期粤语标注语料库）

10.5.2.4 "住₂"和"自"

早期粤语的"住₂"和"自"用于否定句句末表事态持续，但例子不多，例如：

（70）鸡蛋唔斗得石头住。（Eggs cannot fight with stones.）（鸡蛋斗不过石头。）（《土话字汇》, 1828: SECTION XIX；引自早期粤语口语文献资料库）

（71）冇来自。（Not the coming time; …）（先别来。）（《土话字汇》, 1828: SECTION I；引自早期粤语口语文献资料库）

（72）截截高唔卖自。（When the price is gradually rising, don't sell.）[（价格）正在涨，先不卖。]（《土话字汇》, 1828: SECTION XXII；引自早期粤语口语文献资料库）

此外，早期粤语的"喺处"的处所意义实在，还没虚化出表持续的用法，例如：

（73）唔估得到你喺处。（猜不到你在这儿。）（HTSC, 1902: 会话十四，第二十九；引自早期粤语标注语料库）

（74）有几个读书人喺处坐，心中议论话。（有几个读书人在这儿坐着，心里议论道。）（《马可传福音书》, 1872: 第二章；引自早期粤语标注语料库）

（75）佢喺处冇几耐。（他在这儿没多久。）（Progressive and Idiomatic Sentences in Cantonese Colloquial, 1931: 第三课；引自早期粤语标注语料库）

和当今粤方言进行比较，早期粤语的持续体形式（体助词）主要来源于补语位置谓词的语法化，其中"紧"绝大部分是用于表达动作进行，而"住₁"和"倒"基本上表示状态持续。可见，早期粤语已明确区分动作进行和状态持续。用于句末的"住₂"和"自"和当今广州、肇庆粤方言句末的"住"相似，出现在否定句的句末表事态持续。早期粤语的"喺处"的处所意义较实在，尚未出现表持续的用法。

10.6 小　　结

当今粤方言的广义持续体貌分三种：动作进行、状态持续及事态持续。三种持续体貌的表达形式主要包括介词或介宾结构演化而来的前置处所标记、后置处所标记、时间副词以及补语谓词演化而来的体助词。

从实际情况看，大多粤方言区分动作进行和状态持续，但也存在不分或模糊不清的情况。状态持续（"持续"）与动作进行（"进行"）的关系并不决然对立或排斥，其分合表现出连续统的状态。这是我们使用广义的持续体貌三分系统的主要原因。但三分是就结果而言的，实际上存在不同层次：动作持续/进行与状态持续都和谓词密切相关，前者为动态的，后者是静态的，可归为一大类，与事态持续相对应。

从与其他东南方言的比较看，粤方言和闽、吴方言的持续体表达形式都由介词或介宾结构语法化而成，但粤方言的持续体表达形式，还可由补语位置的谓词语法化而成；粤方言的持续体貌系统没有类似闽、湘等方言的"使然"和"非使然"之别。早期粤语的持续体貌系统也可三分，且与当今粤方言一样，也区分动作进行和状态持续；但早期粤语的持续体形式主要源自补语位置谓词的语法化，介宾结构尚未发展出表持续的用法。

本章主要从持续体标记的使用情况，来看"持续"与"进行"的分合问题。其中，用于动词后的持续体助词（也叫"动态助词"）的语法化程度较高。用于状语位置的源自处所成分的体貌形式，其作为持续体语法标记而言，不如体助词的语法化程度高，有的介宾成分尚未完全虚化。

第 11 章

言说动词的语法化：廉江方言"讲"的语法化

言说动词的语法化问题是目前学术界的热点。廉江方言"讲"可语法化为自我表述标记、引述标记、小句标记和话题标记。本章基于廉江方言的事实描写，联系其他汉语方言及语言，说明言说动词语法化的方向和功能，认为跨语言/方言考察语法化问题时，同样应重视语义小类的作用。

11.1 引　　言

廉江方言的"讲"除了作言说义动词外，还可以出现在句首、句中和句末，表示四种功能。这四种功能均由言说动词"讲"语法化而来。本章主要考察廉江方言已经虚化了的"讲"的意义和功能，并在此基础上，联系其他方言和语言，说明廉江方言"讲"的语法化具有一定的普遍性。本章说明，从汉语方言出发，同样可以探究人类自然语言的共性。

11.2　"讲$_1$"：自我表述标记

11.2.1　"讲$_1$"的话语功能

"讲$_1$"出现在句首位置，是"讲话"的"讲"（言说义）的虚化形式，例如：

(1)（小孩儿在玩水）[1]——讲$_1$[2]你有好嬲水□[tɛ^{21}]呐。（说了你不要玩水了。）

---

[1] 破折号前带括弧的内容，用于说明说话时的语境。
[2] 下标着重号表示该字重读。

（2）（对方在哭）——讲₁你有好哭□[tɛ²¹]嘛。（说了你不要哭了。）

（3）（拒收礼物）——讲₁冇使爱呐，冇捞[lou⁵⁵]你客气。（说了不要，不和你客气。）

（4）（听完局长的诉苦后）——讲₁李局啊，你辛苦冇辛苦我冇知。（我说李局长啊，你辛不辛苦我不知道。）

（5）（向对方借电话）——李经理，讲₁你好啊，借电话机我打只电话正。（李经理，你好啊，借我打一个电话。）

（6）（谈工作）——讲₁我出来做二十年工作，冇人讲过我恶，你今日讲我恶，我冇知几欢喜。（我说我出来工作二十年，从没人说过我厉害，你今天说我厉害，我不知道有多高兴。）

例（1）～（3）的"讲₁"（加着重号）普通话能译成"说（了）"。例（4）～（6）的"讲₁"不能重读。根据预设和信息表达的新旧，可把"讲₁"分为两种情况：第一，作重申自己的观点或意见的标记（简称"重申标记"），如例（1）～（3）。含该作用的"讲₁"的句子有一个预设，即说话人曾经表达过该观点或意见。如例（1）的预设是曾经说过不要玩水，例（2）的预设是曾说过对方不要哭。第二，作首次表达自己意见或愿望的标记，如例（4）～（6）。例句没有前一种情况的预设，都是说话人首次表达观点或意见。

综合两种情况，把"讲₁"看作"自我表述"的话语标记，其具有标示"传信情态"（evidential modality）的功能。

11.2.2 "讲₁"的共同点

"讲₁"的共同点表现在与言说义动词"讲"的差异上。主要为三个方面。

第一，言说义动词"讲"后能出现"过₁"、"过₂"（表重行）、"□[tɛ²¹]"等体助词，而"讲₁"后不能出现这些体助词，例如：

（7）讲过₁（说过）

（8）讲过₂！（重讲！）

（9）讲□[tɛ²¹]（说了）

（2′）*讲₁过₁（过₂/□[tɛ²¹]）你冇好哭□[tɛ²¹]嘛。

（4′）*讲₁过₁（过₂/□[tɛ²¹]）李局啊，你辛苦冇辛苦我冇知。

（10）*讲₁过₁（过₂/□[tɛ²¹]）你读书仔冇写文章你做乜野咧？

第二，"讲₁"后的成分可以成句，把"讲₁"去掉，句子意思基本不变，例如：

（1′）讲₁你有好嘢水□[tɛ²¹]呐。→你有好嘢水□[tɛ²¹]呐。
（4′）讲₁李局啊，你辛苦冇辛苦我冇知。→李局啊，你辛苦冇辛苦我冇知。

但作言说义动词的"讲"则不能去掉，例如：

（11）讲假话（说假话，述宾结构）≠假话（名词）
（12）冇得讲普通话（不能说普通话，述宾结构）≠*冇得普通话

第三，"讲₁"出现在主语前，不出现在主语后，至多充任其后内容宾语的述语，例如：

（1′）讲₁你有好嘢水□[tɛ²¹]呐。→*你讲₁你有好嘢水□[tɛ²¹]呐。
（4′）讲₁李局啊，你辛苦冇辛苦我冇知。→*李局啊，你讲₁辛苦冇辛苦我冇知。

言说义动词"讲"可充当句法成分，作主语、谓语和宾语，例如：

（13）（读冇好，）讲好（读不好，讲好）（主谓结构，"讲"作主语）
（14）阿妈讲（妈妈说）（主谓结构，"讲"作谓语）
（15）靠讲冇靠读（靠讲不靠读）（述宾结构，"讲"作宾语）

可见，言说义动词"讲"和话语标记"讲₁"不光意义有别，且结构形式的表现也不相同。

11.2.3 "讲₁"的内部差异

11.2.3.1 语用

根据表达、接收新旧信息的差异及表达次第的不同，可对两种情况的"讲₁"进行区分，如表 11-1 所示。

第 11 章　言说动词的语法化：廉江方言"讲"的语法化　　165

表 11-1　"讲₁"的语用区别

类别	表达信息的新旧	接受信息的新旧	第几次表达
第一类"讲₁"	–	–	第 2 次及以上
第二类"讲₁"	+	+	第 1 次

注："+"表示新信息，"–"表示旧信息。

11.2.3.2　替换

作用不同的两类"讲₁"在结构形式方面仍有区别，表现在：第一类的"讲₁"能用"都讲"（"副+动"，偏正词组，"都"表"已经"）替换，句子的意思不变；第二类的"讲₁"不能用"都讲"替换，否则句子不成立，例如：

（1′）讲₁你有好嬲水□[tɛ²¹]呐。→都讲你有好嬲水□[tɛ²¹]呐。
（3′）讲₁有使爱呐，有捞[lou⁵⁵]你客气。→都讲有使爱呐，有捞[lou⁵⁵]你客气。
（4′）讲₁李局啊，你辛苦有辛苦我有知。→*都讲李局啊，你辛苦有辛苦我有知。
（5′）李经理，讲₁你好啊，借电话机我打只电话正。→*李经理，都讲你好啊，借电话机我打只电话正。

11.2.3.3　重读

第一类的"讲"应重读，如例（1）、例（3），第二类的"讲"不重读，如例（4）、例（5）。

从语用、替换和重读与否三个方面看，"讲₁"内部具有一定的差异。但它的作用、功能仍可归纳为自我表述的话语标记，标示传信情态。

11.3　"讲₂"：引述标记

11.3.1　"讲₂"的功能

先看一个歧义句。

（16）a. 你妈喊你讲。（你妈叫你说。）（兼语句，"讲"的施事是"你"）

b. 你妈喊你讲。（说是你妈叫你。）（非兼语句，"讲"不表言
说义）

虽然都位于句尾位置，但例（16）a 句的"讲"的意义较为实在，普通话可直译为"说"；b 句的"讲"是"讲$_2$"，意义虚灵，普通话不能直接译成"说"，须译成"说是……"。

根据复述内容是否为直接引语，可把"讲$_2$"分为两种情况。

第一，作直接引用他人话语的标记（简称"直引标记"），例如：

（17）（复述别人向自己的道歉）——"阿文昌啊，对冇住□[tɛ^{21}]，帮你冇倒"讲$_2$。（说"文昌，对不起了，帮不了你"。）

（18）（复述向别人喊的话）——"出来正，抑冇出来就做你世界"讲$_2$。（说"先出来，要不就有你好瞧的"。）

为方便理解，例子和译文中用双引号表示直接引语。例中人称代词"你"指代话语情景中的对方，如例（17）中的"你"即复述人"文昌"，例（18）中"你"的所指在话语中没出现，但可补出：

（18'）"阿辉仔啊，出来正，抑冇出来就做你世界"讲$_2$。（说"阿辉，先出来，要不就有你好瞧的"。）

例（18'）中"你"即指代"阿辉"。

"讲$_2$"也有连续出现的情况，例如：

（19）几只主任打电话畀我，"阿文昌，佢准备擝你开刀哇"讲$_2$，"顺一顺佢哇"讲$_2$。（几个主任给我打电话，说："文昌，他准备拿你开刀啊，迁就他一下吧"。）

例（19）前一个"讲$_2$"的辖域范围是"阿文昌，佢准备擝你开刀哇"，后一个"讲$_2$"的辖域范围是"顺一顺佢哇"。"几只主任打电话畀我"是说明当时情景的成分。

第二，间接引用他人话语或意思的标记（简称"转引标记"）。所谓间接引用，即不是全部照搬别人的话语，而是根据语境的变化对话语做出相应的调整。

第 11 章　言说动词的语法化：廉江方言"讲"的语法化　　167

以下例子都是叙述人向对方转述第三者的话语或意思，例如：

（20）（转告交电费）——阿妈吆你交电费讲₂。（妈妈叫你交电费；说是妈妈叫你交电费。）
（21）（转告禁止游泳）——阿爸讲冇畀你去河呢游水讲₂。（爸爸说不让你去河里游泳；说是爸爸说不让你去河里游泳。）
（22）（转告让回家一趟）——明日星期日，吆你回去讲₂。（明天星期天，说叫你回去；说是明天是星期天，叫你回去。）
（23）（转告修电视机）——电视机坏□[tɛ²¹]，你去整整讲₂。（电视机坏了，说让你去修修；说是电视机坏了，让你去修修。）

和第一类"讲₂"不同，上述例句为间接引用，不能用引号。例（20）～（23）的"你"是转述的目标。"你"所指的差异，正好说明存在直接引语和间接引语的差异。

由于"讲₂"的范围（或称之为"辖域"）不明确，以上例句都有歧义。例（20）、例（21）"讲₂"的辖域分别可包括、也可不包括大主语（"阿妈""阿爸"）；例（22）、例（23）"讲₂"的辖域分别可包括前一分句，也可不包括前一分句。

以上例子说明，当谓词性成分作主谓宾句的复杂宾语时或当句子是复句时，附着在它们后面的"讲₂"容易出现辖域歧义（scope ambiguity）。当句子是简单的（主）谓宾句时，"讲₂"的辖域就明确，句子没有歧义，例如：

（24）（通知吃饭）——去食饭讲₂。（说是去吃饭。）
（25）（提醒交电费）——你未交电费讲₂。（说是你没交电费。）

另外，"讲₂"不能出现在称呼语后，须出现在谓词性结构或经省略动词的成分后，例如：

（19′）*几只主任打电话畀我，阿文昌讲₂，佢准备攞你开刀哇。
（26）甲：佢头先讲爱乜嘢？（他刚才说要什么？）
　　　乙：汽水讲₂。（说是汽水。）

例（26）的"汽水"前省去了动词"爱"（要）。

综上,"讲₂"是直引或转引他人话语的标记,可概括为表示"引述他人话语"的标记。

11.3.2 "讲₂"进一步的语法化

"讲₂"还可进一步语法化。作转引标记的"讲₂"和语气助词"啊"组合,产生了合音形式"咖[ka^{51}]",例如:

(20′)阿妈吆你交电费<u>讲₂</u>啊(咖)。
(21′)阿爸讲有畀你去河呢游水<u>讲₂</u>啊(咖)。
(22′)明日星期日,吆你回去<u>讲₂</u>啊(咖)。
(23′)电视机坏□[tɛ^{21}],你去整整<u>讲₂</u>啊(咖)。

例(20′)~(23′)的"讲₂"后出现了"啊",意思基本不变;"讲₂"和"啊"结合,产生了合音形式,即讲啊[kɔŋ^{35}a^{21}] > 咖[ka^{51}]。"讲啊"可全由"咖"替代。合音形式"咖"的意义和转引标记"讲₂"的意义(理性意义)基本相同,但前者附带一定的语气。

11.3.3 "讲₂"与"讲₁"的功能差异

"讲₂"与"讲₁"的功能差异可概括为:"讲₁"位于引述内容之前,只用于引述说话人自己的观点、意见,部分能换成"都讲"(见11.2.3节);"讲₂"出现在引述内容之后,引述内容可以是直接引语或间接引语。

"讲₁"后的成分可看作它的内容宾语。由于"讲₁"删去后句子意思不变,可把"讲₁"看作"弱言语动词"。而"讲₂"的言说义已基本消失,不能把引语看成"讲₂"支配的对象。因此,"讲₂"不是动词,"引语+讲₂"不是"O+V"结构,"讲₂"为助词。由于"讲₂"附着在相关成分之后作引述他人话语的标记,为后附成分,因此,从廉江方言的词类系统考虑,可把"讲₂"看作语气助词,表示引述他人的话语,"讲₂"仍属传信情态。

如此,"讲₁""讲₂"都属传信情态范畴。[①]据 Palmer(2001:24-47)研究,传信情态和认识情态(epistemic modality)属命题情态(propositional modality)范畴,命题情态关注说话人对命题的真值或实际状况的态度。其中传信范畴又分为报道(reported)和感观(sensory,所闻或所见)两种。大体上,"讲₁"

[①] 从传信情态范畴出发分析"讲₁"和"讲₂"的情态功能,这一点是《中国语文》编辑部匿名评审专家提醒的。

"讲₂"表示的情态属"报道",但"自我表述"和"引述"的功能也与"感观"不无关系。

11.3.4　其他方言或语言

言说义动词语法化为情态标记不是廉江方言独有的现象。据张洪年(1972)研究,香港粤语和广州粤方言有类似廉江话"讲₂"的现象,香港粤语的"㗎[wɔ³³]"相当于廉江话的"咖"。例如"佢话佢从来未学过中文㗎"(他说他从来没学过中文呢)译成廉江方言就是"佢讲佢从来未学过中文咖",十分相称。据张洪年(1972)介绍,赵元任在《粤语入门》中认为"㗎"是"wah+oh"复合的结果(Chao,1947)。张文把"㗎"看作"重述所闻的助词"。廉江方言"咖"由"讲啊"合音而来的事实,可进一步支持赵元任和张洪年的看法。广州粤方言也用"㗎[wɔ¹³]"表示转述,例如笔者在原广州市东山区(现归属广州市越秀区)农林下路的凉茶铺听到的一段对话:

（27）服务员:你饮冻定热㗎?(你喝凉的还是热的?)
　　　顾客甲(声音较小):热嘅。(热的。)
　　　服务员:吓?(什么?)
　　　顾客乙:热㗎。(说是热的。)

广州粤方言的"话[wa³⁵]"用于引述仅存于疑问句(回声问),如"几多钱话?(多少钱?)""乜嘢话?(什么?)",远不如廉江方言的"讲₂"普遍。广州粤方言、香港粤语的"㗎"和廉江方言的"咖"相当。

粤方言的"讲₂""㗎"等是怎么来的?要寻找答案,还须考察历时汉语的情况。据我们考察,历时汉语材料中出现过类似廉江方言"讲₂"的情况,标记是句末的"云"①,例如:

（28）子曰:"礼云礼云,玉帛云乎哉?乐云乐云,钟鼓云乎哉?"(《论语集注》;引自CCL语料库)

---

① 《马氏文通》早已注意"云""云尔"用于句末的情况,并指出:"……'云'殿句尾者,重述前言也。故述人口气皆以'云'字为煞者,犹云'以上所述有如此'者。"(吕叔湘和王海棻,2005:213-214)只是马氏仍把"云"看作动词。另还有"云云"位于句末的用法,例如:"'父子欲其亲'云云。"(《朱子语类》;引自CCL语料库)"不过大家解解闷儿,我也不一定要你如此云云。"(《老残游记》;引自CCL语料库)"据悉,参加庆典的宾客每人将获得一只镀金表作为纪念云云。"(王蒙《短篇小说之谜》;引自CCL语料库)

（29）故圣人曰礼乐云。（《礼记》；引自CCL语料库）

（30）及武帝即位，则厚礼置祠之内中，闻其言，不见其人云。（《史记》；引自CCL语料库）

（31）一元曰建元，二元以长星曰元光，三元以郊得一角兽曰元狩云。（《史记》；引自CCL语料库）

（32）孔子尝过郑，与子产如兄弟云。（《史记》；引自CCL语料库）

（33）故民讹言"皓久死，立者何氏子"云。（《三国志》；引自CCL语料库）

因此，廉江方言的"讲$_2$"现象在汉语的共时和历时平面中，并不孤立存在。这里再补充广东惠州话和北京话的例子。

惠州话存在三种形式——"讲""话"或两者连用于句末表示转述的情况，例如[①]：

（34）架电脑成日死机，喊你帮手整啊话/讲/讲话。（说那电脑老死机，让你帮忙修修。）

（35）你冇使去接佢嘞话。（说你不用去接他了。）

三种形式当中，只有"话"能出现在"嘞"（相当于普通话的"了$_2$"）之后。

据刘一之（2006：337）研究，北京话中有一个"说"，用于转述别人的话之后，如：

（36）姥姥说："你二舅说：'他拳头大的字认不了半箩筐，还腆着脸当校长'说。就这样儿，他得得着好儿？"

（37）老王说："她跟我哭：'我再也不去了'说。那哪儿行啊，不去谁给钱呀？"

从材料看，北京话的句末"说"似是直接引语的标记，并未发展到作间接引语标记的程度。但可说明，言说义动词演化为句末传信情态助词这一现象，不光南方方言存在，北方方言也存在。

如把目光转向外语和少数民族语言，同样能够发现存在廉江方言"讲$_2$"的

[①] 惠州话的材料由陈淑环博士（惠州人）提供。

类似现象。

英语中，直接引语的句子可以冠以"他说"或"她说"之类的话，表明说话人的标志常常置于引语的某个部分之后，如"I wonder, she said (or said she), what will become of us?"（"我不知道，"她说，"我们会怎么样？"）；在拉丁语中，有一个专作此用的表示"说"的词"inquam, inquit"。（叶斯柏森，1988）

独龙语（藏缅语族）也存在"转述情态"。据杨将领（2004）研究，独龙语表示"转述情态"的形式是"在动词或动词后面的后缀再加上后缀-wa^{31}"，例如：

（38）əŋ^{53}　lɔ□^{55}　-di^{31}　-wa^{31}.（有人）说他回去了。
　　　他　　回　　（体/离心）（转述）

杨文附注中说：

> 独龙语的转述情态后缀-wa^{31}来源于动词wa^{53}"做"，跟不同的名词结合作谓语时可表示不同的具体动作（如ɕiŋ^{55}"柴"wa^{53}"做"——砍柴、ɕa^{55}"猎物"wa^{53}"做"——打猎），动词wa^{53}"做"虚化成转述后缀-wa^{31}，如：<u>əŋ^{53}（他）mə^{31}-（否定）di-ŋ^{55}（去/人称）wa^{53}（做/说）/他说不去了。/əŋ^{53}（他）mə^{31}-（否定）di^{53}（去）-wa^{31}（转述）/（他）说他（自己）不去了。</u>（杨将领，2004：2）

最后两个例句（加下划线）清楚地说明 wa^{53} 作"言说"解时向"后缀"wa^{31}虚化的过程。

可见，香港、广州、廉江、惠州、北京等地方言的句末"讲""㗎""话""说"等，以及独龙语的转述情态标记 wa^{31} 的虚化，都和言说义有关。以上方言或语言事实告诉我们：言说义动词向转述或引述等传信情态标记的演变，是一条较为常见的语法化及主观化路径。

11.4　"讲$_3$"：小句标记

先说什么是小句标记。生成语法有一个术语叫"小句标记"（complementizer）[①]，指从句中引导小句的关系词。如"I said that she would come."

[①] 刘丹青（2004a）称之为"补足语句标记"，简称"标句词"。方梅（2006）称之为"从句标记"。

中，主句是"I said"，小句是"she would come"，"that"为小句标记，是引导小句的关系词。

汉语也有"小句标记"。据刘丹青（2004a）研究，"道"在宋元之交，已经完成了从言说义动词到小句标记的语法化过程，如：

（39）妇女自思量道："这婆婆知他是我姑姑也不是……"（《简帖和尚》；引自刘丹青，2004a：117）

（40）主人出来，知是远道来客，问道："何事？"（汪曾祺《花瓶》；引自刘丹青，2004a：112）

廉江方言的"讲₁"（自我表述标记）也有向小句标记虚化的迹象，为了和"讲₂"区别，记作"讲₃"，例如：

（41）我从来冇听过讲得噉做个。（我从来没听说过能这样做的。）

（42）做□[tɛ²¹]几十单生意，冇有讲赚过乜嘢钱。（做了几十桩买卖，没赚过什么钱。）

句中的"讲"用于述语和宾语之间，无实在意义，作用与小句标记相当。但只能在否定句中使用，远没有汕头方言的"呾"自由（见下文）。

广州话也存在言说义动词虚化为小句标记的现象，例如：

（43）我仲想话唔畀你去添！（我还想说不让你去呢！）

（44）阿真仲成日谂住话要去探你。（阿真还整天想着要去看你。）

除了广州、廉江粤语外，闽南话的小句标记更为明显，以汕头话为例：

（45）你甲伊呾呾飞机票恶买哩买做船票。[①]（你跟他说飞机票难买就买成船票。）

（46）……骂我呾唔守信用……（……骂我不守信用……）

（47）试睇呾好□[tsʰeŋ³¹]啊孬。（试一试能穿不能。）

[①] 请注意和普通话"我不愿意叫你常上这儿来，实在告诉你说，母亲不喜欢中国人！"比较，与下文西非 Ewe 语言含 bé 的例句进行比较。本章汕头方言的语料均引自施其生（1990）。

第11章 言说动词的语法化：廉江方言"讲"的语法化

施其生（1990）认为"呾"是个结构助词，联结两个谓词性成分，表示述宾关系。汕头方言的"呾"实际上完全起到了小句标记的作用。

普通话的"说"也起到类似小句标记的作用，例如：

（48）他是理想的人：老实，勤俭，壮实；以她的模样年纪说，实在不易再得个这样的宝贝。（老舍《骆驼祥子》；引自 CCL 语料库）
（49）只就我知道的这两件事说，大概他已经支持不下去了。（老舍《黑白李》；引自 CCL 语料库）
（50）我不愿意叫你常上这儿来，实在告诉你说，母亲不喜欢中国人！（老舍《二马》；引自 CCL 语料库）
（51）不瞒你们说，我不是随便什么刊物都乱看的，很多有名的刊物人家越说好我越瞧不上。（王朔《修改后发表》；引自 CCL 语料库）

例（48）、例（49）的"说"有标示"从某方面出发发表意见"的作用。例（50）、例（51）的"实在告诉你说""不瞒你们说"属于"VP$_1$+说"结构，该结构后的分句（VP$_2$）实际上是 VP$_1$ 的内容宾语。从表面看，"说"在语义上是冗余的，删除后句子的意思不变，但和汕头话相同结构中的"呾"相比，普通话"说"的言说义还比较明显，可看作"准小句标记"。

联系普通话和汕头、广州、廉江三地方言的情况，可勾勒出汉语的言说义动词向小句标记演化的链条，如表 11-2 所示。

表 11-2 汉语言说义动词向小句标记的演化

	话语标记	方言	形式	例句
逐渐虚化 ↓	0 动词	普通话[①]	说	你说什么？
		广州话	话	你话去边啊？（你说去哪儿？）
		廉江话	讲	你讲乜嘢？（你说什么？）
		汕头话	呾	阿姐呾么是爱你好。（姐姐说你，是为你好。）
	1 自我表述标记	普通话	说	说你有完没完啊？
		廉江话	讲	讲你有好哭□[te^{21}]嘛。（说你不要哭了。）
	2 准小句标记	普通话	说	实在告诉你说，母亲不喜欢中国人。
	3 小句标记	广州话	话	仲谂住话要去探你。（还想着要去看你。）
		廉江话	讲	冇有讲赚过乜嘢钱。（没赚过什么钱。）
		汕头话	呾	试睇呾好□[ts^{h}en^{31}]啊孬。（试一试能穿不能。）

[①] 普通话"道"的演变可见刘丹青（2004a），此处以"说"为例。

再来看一种外语的情况。Hopper 和 Traugott 在《语法化》(*Grammaticalization*)（2003：15）一书中列举了西非 Ewe 语的言说义动词 bé 语法化为小句标记的例子：

（52）a. Me-bé me-wɔ-e.（我说我来做。）
　　　　我　说　我-做-它
　　　b. Me-gblɔ bé me-wɔ-e.（我说我来做。）
　　　　我　说　说　我-做-它

bé 是"说"的意思，当其他的言说义动词和 bé 共现时，如例（52）b 句，bé 就成了一个小句标记，bé 前后的 me-gblɔ 和 me-wɔ-e 是述宾关系。

另据刘丹青（2004a）研究，泰语（壮侗语族）、高棉语（南亚语系）、拉祜语（藏缅语族）、塔芒语（藏缅语族）、Camling 语（藏缅语族，在尼泊尔）、Kwamera 语（南岛语系）等都存在言说义动词虚化为小句标记的情况。因此，言说义动词向小句标记的演化也具有一定的普遍性。

11.5　"讲₄"：话题标记

廉江方言的"讲"还可以作假设/虚拟助词或话题标记（笼统称为"话题标记"），相当于普通话的"的话"，记作"讲₄"。话题标记"讲₄"常出现在复句中，与连词"□[et⁵][系/冇（系）]要是/要不是"（□[et⁵]暂记作"抑"）连用于前一分句，后一分句对话题进行说明。"讲₄[kɔŋ²⁵]"的语音也发生了变化，可读作[kɔ⁵⁵]，例如：

（53）阿波仔啊，抑冇考上大学讲₄（呢[ni⁵⁵]），就回屋几耕田咯。（波仔啊，要是考不上大学的话，就回家种地啦。）
（54）抑冇系我（老师）讲₄，你□[en²⁵]得企在几么？[要不是我（老师）啊，你还能站在这儿吗？]
（55）抑落水讲₄，就湿了□[tɛ²¹]咯。（要是下雨的话，就全湿了啊。）
（56）□[nu⁵⁵]日抑系听你个讲₄，早就得□[tɛ²¹]咯。（那天要是听你的，早就行了啊。）
（57）冇好声[sɛ□⁵⁵]跌落来讲₄，就断骨咯。（不小心摔下来的话，就断骨头了。）

"讲₄"的功能是作话题标记。"抑冇（系）/抑系……讲"或"……讲"省略号位置的内容为话题成分，表示假设/虚拟的情况，"讲₄"可看作假设助词。话题成分可以是动词性成分，如"考上大学""落水""听你个""冇好声跌落来"；也可以是代词或名词，如例（54）的"我"或"老师"。总之，以上话题成分表示一种虚拟的情况：或是对将来的虚拟，如例（53）；或是对过去的虚拟，如例（54）～（56）；或是对眼前情况进行虚拟，如例（57）。"讲₄"有时也不用于假设或虚拟句，直接用于现实句当中，例如：

（58）从日我去市场买鲮鱼<u>讲₄</u>（*呢），真系一条都冇有买哇。（昨天我去市场买鲮鱼，真的一条都没卖的！）

例（58）的"讲"可出现于现实句当中，且其后不能再出现话题标记"呢[ni⁵⁵]"，这说明"讲"不再是假设助词，而应该视为话题标记。

刘丹青（2004b）在讨论话题标记的语法化来源时，未谈及言说义动词。[①]江蓝生（2004）详细考察了话题标记"的话"的语法化过程，指出"的话"由跨层的非短语结构词汇化为助词，如"'打开板壁讲亮话'，这事一些半些，几十两银子的话，横竖作不来。"（《儒林外史》14；引自江蓝生，2004：388）。廉江方言的事实，进一步证明了汉语言说义动词向话题标记语法化的途径。与普通话"的话"不同，廉江方言的话题标记"讲"，没有经历词汇化的过程。

11.6 小　　结

廉江方言的言说义动词"讲"语法化为情态标记（讲₁、讲₂）、小句标记（讲₃）和话题标记（讲₄），这代表了语言演变的某些共性。不同方言或不同时期，使用不同的形式表示相同的范畴，说明了方言或语言共时系统的独立性。如表示引述，廉江话用"讲"或"讲啊"的合音形式"咖"，广州话用"话啊"的合音形式"㗎"，惠州话用"讲/话/讲话"，北京话用"说"；古代汉语用"云"，近代汉语多用"云云"，普通话作品用"云云"。

[①] 刘丹青（2004b）提到的四种模式是：疑问标记>话题标记；时间名词>时间语标记>话题标记；系词"是">话题标记；话题敏感算子（副词）>话题标记。

因此，考察语法化问题时，应充分考虑到语义小类（既包括与语法化形式相关的谓词语义的类别①，也包括语法化形式自身的语义小类）。不仅在考察一种语言或方言的语法化问题时应注意语义，在作跨语言或方言的语法化问题比较时，也应对语义给予充分的关注，这样有利于发现更多语言演变的共性。

---

① 北京话的"着呢"的语法化与谓词的[±状态][±自主]及施事性等语义特征有关，见柯理思（2003）。廉江方言的助词"过"表"经历"还是"重行"，也与谓词的语义特征有关，见林华勇（2005）。

第 12 章

转述和直述：言说性语气助词的功能分化

第 11 至 13 章都涉及或专门讨论语气助词问题。部分语气助词找不到来源，但有的语气助词源自谓词。比如第 12 章说到，"讲"在廉江方言句末可以表示转述。再如广州粤方言的"㖞[wɔ¹³]"也是个源自言说动词"话"的语气助词，其功能还可以进一步细化。

我们从传信（信息来源的方式）的角度，根据信息是说话人听来的还是说话人自己的，把言说性语气助词分为两类：转述的和直述的。这一分类对具有言说性语气助词的方言来说，有一定的普遍性。

12.1 引　　言

广州话有一个读阳上的"㖞[wɔ¹³]"，其基本功能为"转述"，是传信情态标记。赵元任已指出其源自"wah+oh"的合音："*Woh* < *wah* + *oh* 'so he says, so they say, as the saying goes.'"（Chao，1947：121，注 22）。张洪年（2007）称"㖞[wɔ¹³]/啝"为"重述所闻的助词"。邓思颖（2014）认为"㖞"往往隐含"我跟你说某人说"的意思。

邓思颖（2014）讨论了一组香港粤方言句末助词（"系喇/啦""罢喇/啦""啩""㖞"），认为它们都源自动词："罢喇/啦"来自"罢"，"系喇/啦"来自"系"，"啩"来自"估"（猜）[①]，"㖞"来自"话"（说）。邓文进一步指出它们保留了一些谓词的特点，其中"罢啦""系啦""㖞"表达言域，"啩"表达知域，是一组"谓词性语气词"。"谓词性语气词"的提法为探讨源自动词的语气助词提供了有益的思路。本章聚焦于谓词性语气助词中源自言说动词的一

[①] 赵元任认为"啩"是"估"和"呀"连音的结果："*Kwah*, fusion of *kwux* + *ah* '(I) guess,' final particle expressing tentativeness or doubt"（Chao，1947：110，注 38）。

类，我们暂且称它们为"言说性语气助词"，广州、廉江两地粤方言中主要包括：

A. 广州（或香港）："㗎[wɔ]"（读：[wɔ]^{13}[wɔ]^{33}[wɔ]^{21}）
B. 廉江："讲[kɔŋ]^{25}"及其变体（读：[ka]$^{55/51}$[kɔ]^{55}）；"哇[ua]^{33}"；"㗎[uɔ]^{33}"

从传信的角度看，除了第三方"转述"外，还有源自说话方的"直述"。后者没有引起学者的关注。学者们大多认为，粤方言"㗎"的转述义是基本义，非转述义是转述义的引申。然而，这是否完全符合语言事实？更重要的是，不同调的"㗎"功能上有何差异，之间的联系如何？句末语调、元音开口度对言说性语气助词的形式、功能是否存在影响？这一系列的疑问促使本章做进一步的探讨。

通过比较笔者的母语（廉江、广州两地粤方言）及其他方言，笔者认为：言说性语气助词的功能存在"转述"与"直述"之分；从转述功能到直述功能，是言说性语气助词的主观化过程，但直述功能不一定仅源自转述；声调的高低、主要元音开口度大小等对言说性语气助词的功能存在影响。这些新的认识将有助于解决上述问题。

12.2 对广州（或香港）粤方言"㗎"的一些看法

12.2.1 不同"㗎"之间的关系

12.2.1.1 变体说（同源说）

学界对广州（或香港）粤方言不同声调的"㗎"之间的关系有不同的看法。张洪年（2007：191）把"㗎^{33}""㗎^{21}"置于"㗎^{13}"[①]目之下，认为：

> 有的时候，在引述中而又想表示自己不同意，那么"㗎"就拉长，音调提高成为wō（比阴去的33：要高，比阴平的55：略低），如：
>
> 佢话佢唔识㗎！你信唔信呀？（例句拼音略，下同）（他说他不会，你相信不相信？）
>
> 还有些时候，并非引述别人的话语，而只是表示事情出乎意料，感到惊愕诧异，这时的音调是wòh，如：

[①] 上标的33、21、13为调值，下文同。

佢冇牙想食饭㖞！（他没牙齿想吃饭呢！）

阿B仔想拍拖㖞！（阿B仔想谈恋爱！）

张洪年应是把平调及降调的"㖞"看作13调的变体才做如上处理，即认为来源相同。此外，张洪年（2009）对早期粤语语气助词及其声调进行了梳理，认为33调是中性调，表达的语气比较客观，而高、低调表达的语气比中性调要重，三者存在着"高>中<低"的关系。笔者赞同张先生的看法。

12.2.1.2　部分变体说（非全部同源）

李新魁等（1995）、麦耘（1998）、邓思颖（2014）都认为"㖞33"是"嚕[pɔ33]"的弱化形式，并不明确认为"㖞33""㖞21""㖞13"三者同源。

Leung（2006）根据对早期语料中"㖞33""嚕33"的出现频率及功能的统计（"嚕"出现频率减弱而"㖞"逐渐增多），认为阴去的"㖞33"的提醒、自我醒悟的功能可能源自"嚕33"，但仍认为"㖞33"可能有两个来源："话"语法化而来，"嚕33"弱化而来。

12.2.2　"㖞13""㖞21"之间演变的观点

麦耘（2006）认为，广州话的"㖞[wɔ23]"（其文中的23调即本章的13调）的基本用法是表示所说是转述他人的话，但用于是非问形式的反诘问可表"大不以为然"，变为降调（即本章的21调）。也就是说，麦耘（2006）的意见是从"㖞13"到"㖞21"，经历了主观化的过程，其用例如：

（1）哈！会有咁平[pɛ□211]嘅正[tsɛŋ33]斗嘢㖞↘？（哈！会有这么便宜的正牌货吗！）（引自麦耘，2006：293）

Matthews（1998）认为"㖞33"表示信息是一手的，"㖞13"表示信息源自二手报道，"㖞33"表达"意外"（mirative）范畴，"㖞21"由"㖞33"降调后表诧异或不喜欢。Matthews（1998）较早讨论不同调之间的联系，其"㖞33""㖞13"表达信息来源差异的观点，与本章提出的直述和转述分类有异曲同工之妙。

谷峰（2007）讨论了上古汉语"言说义>转述义>听说义>不置可否义>不确信义"的语义引申模式并引用了麦耘的观点。若按谷峰（2007）的语义引申模式，"转述、听说"义之后，言说性语气助词便经历了主观化（沈家煊，2001），即从"不置可否"到"不确信"甚至"不以为然"义。

王健（2013：116）把广州话句末引述标记的来源视同上海话的"伊讲"，认为其源自追补成分，所举上海话和广州话的用例如：

（2）上海话：侬昨日迟到了伊讲。（听说你昨天迟到了。）
（3）广州话：阿B仔想拍拖啩！（阿B仔想谈恋爱！）（引自张洪年，2007：191）

王健（2013）进一步认为，广州话表意外的"啩^{21}"与上海吴方言等南方方言一样，经历了"言说>引述>意外"三个阶段的演变过程，如表12-1所示。

表 12-1　言说动词演变的三个阶段

阶段	性质	例句
阶段一	言说动词	佢话："唔紧要啊。"[1]（他说："不要紧啊。"）
阶段二	引述标记	话先生唔得闲去。（听说老师没空去。）|食得啩^{13}。（听说可以吃。）
阶段三	意外标记	我唔合格啩^{21}。（我竟然没及格。）

Tang（2014）采用Speas（2004）的观点，并认为"啩^{13}" "啩^{21}" "啰^{55}"遵从以下句法等级系列：SAP > EvalP > EvidP > EpisP[2]。Tang（2014）指出"啩^{13}"与"话"同属"SAP"（言语行为），"啩^{21}"属于"EvidP"（实据/传信/示证情态），"啰^{55}"属于"EpisP"（认识情态），并认为"啩^{21}"是由"啩^{13}"演变而来。另外，Tang（2014）建议把广州话的"听讲……啩^{13}"视为框式结构（discontinuous construction）。本章进一步认为言说性语气助词源自该框式结构，而非源自类似上海话的追补成分。

12.3　转述功能与直述功能

12.3.1　广州话不同调的"啩"

12.3.1.1　转述与直述

转述（"转而述之"）为"我跟你说某人说"（邓思颖，2014），是说话人

---

[1] 原文的例子是"佢话：'唔要紧啊。'""唔要紧"广州话应为"唔紧要"。
[2] 根据Tang（2014）：SAP（Speech Act Phrase）为言语行为短语，与言语行为或听说有关；EvalP（Evaluative Phrase）为评估性短语，与事件或情况的评价有关；EvidP（Evidential Phrase）为传信短语，与直接示证有关；EpisP（Epistemological Phrase）为认识短语，与说话人的确信程度有关。

第 12 章　转述和直述：言说性语气助词的功能分化　　181

转述他人的观点，是一种传信功能。而直述是说话人直接陈述自己的观点或态度，也是一种传信功能。广州话的"㗎"有三个调，分别是：33、13 和 21，记作"㗎33"、"㗎13"和"㗎21"。粤方言的"㗎"实际上既存在转述功能，也存在直述功能。转述功能较容易察觉。先以广州话为例：

（4）嗰啲牛肉丸唔好食㗎13。（听说那些牛肉丸不好吃。）
（5）嗰啲牛肉丸唔好食㗎21。（那些牛肉丸竟然不好吃。）
（6）嗰啲牛肉丸唔好食㗎33。（我提醒你：那些牛肉丸不好吃。）

例（4）重在转述信息（该信息为"牛肉丸不好吃"），例（5）表达说话人对所获信息感到意外，例（6）重在表达说话人对信息的提醒。例（4）是转述，例（5）、例（6）是直述。或者说例（4）的信息是听说的，而例（5）、例（6）所表达的信息是亲口说的。

12.3.1.2　辖域不同

试比较以下三组句子加上"佢话"（他说）的情况。分别以不同声调的"㗎"结尾，a 句有停顿，b 句无停顿：

（7）a. 佢话，嗰啲牛肉丸唔好食㗎13。（他说：那些牛肉丸不好吃。）
　　　b. 佢话嗰啲牛肉丸唔好食㗎13。（他说：那些牛肉丸不好吃。）
（8）a. 佢话，嗰啲牛肉丸唔好食㗎21。（他竟然说那些牛肉丸不好吃。）
　　　b. [佢话嗰啲牛肉丸唔好食]①㗎21。（他竟然说那些牛肉丸不好吃。）
（9）a. 佢话，[嗰啲牛肉丸唔好食㗎33]。（他说：那些牛肉丸不好吃啊。）
　　　b. [佢话嗰啲牛肉丸唔好食]㗎33。（我提醒你：他说那些牛肉丸不好吃。）

例（7）a、b 句的"㗎13"为转述，两句意思相同，a、b 句的"㗎13"辖域相同，转述的都是"嗰啲牛肉丸唔好食"，即"佢话"的内容，"佢话……㗎13"可视为"框式结构"。例（8）a 句和 b 句的"㗎21"均直接表达说话人对"他说那些牛肉丸不好吃"这一信息的"意料之外"或"持不同意见"，两句"㗎21"的辖域也相同，但包括"佢"在内。因而"㗎21"的辖域比例（7）"㗎13"要宽。例（9）"㗎33"的辖域不同：a 句的"嗰啲牛肉丸唔好食㗎33"可理解为

---

① "[ ]"内的成分是一个直接组合的语言单位。

"佢话"（他说）的直接引语，"啹³³"表提醒的功能包含在直接引语之内；而 b 句"啹³³"的辖域为"佢话嗰啲牛肉丸唔好食"，与例（8）相同，"啹"的辖域为全句。所不同的是，例（8）b 用"啹²¹"带有"意料之外"或"持不同意见"的主观态度；例（9）b 用"啹³³"重在表提醒。

以上比较说明：第一，"啹²¹""啹³³"的辖域可以包括"佢话"，而"啹¹³"的辖域不包括"佢话"，直述功能的"啹"的辖域比转述功能的要宽；第二，存在两个层面的"说话人"：不显现的说话人（叙述者）及显现的说话人（所引之人，如"佢"）。

广州话三个调的"啹"按转述和直述的功能差异，列举如下：

<u>啹¹³（转述等）</u>；<u>啹²¹（直述意外之情），啹³³（直接提醒）</u>
  转述   直述

"啹¹³""啹³³""啹²¹"之间不能共现，这是广州话言说性语气助词的使用特点，例如：

（10）a. *嗰啲牛肉丸唔好食啹¹³啹³³（/啹³³啹¹³）。
   b. *嗰啲牛肉丸唔好食啹¹³啹²¹（/啹²¹啹¹³）。
   c. *嗰啲牛肉丸唔好食啹³³啹²¹（/啹²¹啹³³）。

再看廉江话言说性语气助词的情况。

12.3.2 廉江话的言说性语气助词

廉江话有"讲[kɔŋ²⁵]""哇[ua³³]""啹[uɔ³³]"等不同读音形式的言说性语气助词，"讲"另有变体形式"咯[kɔ⁵⁵]""咖[ka⁵⁵/⁵¹]"。"咖[ka⁵¹]"可以视为"咖[ka⁵⁵]"与句末"啊[a²¹]"（21 降调源自句末的陈述语调；林华勇和吴雪钰，2015）的进一步合音。"咖"出现于陈述句末时读"咖[ka⁵¹]"，例如：

（11）牛肉丸冇好食<u>讲</u>[kɔŋ²⁵]（/<u>咯</u>[kɔ⁵⁵]/<u>咖</u>[ka⁵¹]）。（听说牛肉丸不好吃。）
（12）牛肉丸冇好食<u>哇</u>[ua³³]。（告诉你，牛肉丸不好吃。）
（13）牛肉丸冇好食<u>啹</u>[uɔ³³]。（告诉你，牛肉丸不好吃。）

例（11）～（13）的"讲""咯""咖""哇""喎"的韵母都不相同，其功能相当于广州话中不同调的"喎"。例（11）的句末助词"讲""咯""咖"源自动词"讲"，基本功能为转述；例（12）、例（13）句末"哇""喎"的功能是直述，应源自动词"话[ua^{21}]"，其中"喎^{33}"与广州话的"喎^{33}"（直述，表提醒）音义皆同，应属同一来源。

与广州话"喎"的最大不同是，廉江话具有转述功能的语气助词能与表直述的语气助词两两共现，例如：

(14)（牛肉丸）冇好食讲（/咖^{55}/咯）哇。（提醒你，有人说牛肉丸不好吃。）
(15)（牛肉丸）冇好食讲（/咖^{55}/咯）喎。（提醒你，有人说牛肉丸不好吃。）
(16)（牛肉丸）冇好食哇讲（/?咖^{51}/*咯）。（听说有人说牛肉丸不好吃。）
(17)（牛肉丸）冇好食喎讲（/?咖^{51}/*咯）。（听说有人说牛肉丸不好吃。）

以上例句的"讲"可以用"咖^{55}"替换，句意不变。例（16）、（17）句末用"咖^{51}"接受度不高，远不如"讲"自然，但绝不用"咯[kɔ^{55}]"，其原因可能跟55调不是陈述语调有关。

"讲"及变体也可与"喎""哇"一起共现，形成三个言说性语气助词共现的情况。此时表转述的"讲"及其变体（"咯""咖^{55}"）要出现在表直述的"喎""哇"的中间，例如：

(18) 好食喎讲（/咯/咖^{55}/*咖^{51}）哇。（告诉你，听说有人说好吃。）
(19) 好食哇讲（/咯/咖^{55}/*咖^{51}）哇。（告诉你，听说有人说好吃。）
(20) 好食哇讲（/咯/咖^{55}/*咖^{51}）喎。（告诉你，听说有人说好吃。）
(21) 好食喎讲（/咯/咖^{55}/*咖^{51}）喎。（告诉你，听说有人说好吃。）

例（18）～（21）的"讲"处于中间的位置，不能变，且"讲"可替换成其变体"咯[kɔ^{55}]"或"咖[ka^{55}]"，但不能换成"咖[ka^{51}]"。"咯[kɔ^{55}]""咖[ka^{55}]"其实就是"讲[kɔŋ^{25}]"的弱化形式，实际语流中的[kɔ^{55}][ka^{55}]比[kɔŋ^{25}]要短。

三者共现时，"讲"只能处于直述的"喎""哇"中间，否则不成立，例如：

（22）*好食讲（/咯/咖 55）㗎哇。
（23）*好食㗎哇讲（/咯/咖 55/51）。

此外，廉江话中同表直述的"哇[ua^{33}]""㗎[uɔ^{33}]"还有细微差异。"哇"的开口度比"㗎"要大，同时，"哇"常用于表示直接陈述或强调自己的观点，"㗎"常用于直接提醒，"哇"的语气更重些。试比较：

（24）好食哇，乜人讲冇好食哦。
　　　[hou^{25}sek^{2}ua^{33}, mɐt^{5}ɳen^{21}kɔŋ^{25}mou^{23}hou^{25}sek^{2}ɔ^{21}.]
　　　（好吃啊，谁说不好吃！）
（25）（嘱咐小孩）好声唡㗎，一冇好声就跌跤㗎。
　　　[hou^{25}siɛŋ^{55}tit^{5}ɔ^{33},ɐt^{5}mou^{23}hou^{25}siɛŋ^{55}tsɐu^{21}tit^{3}kau^{55}ɔ^{33}.]
　　　（小心点哈，不小心的话会摔跤的。）

例（24）先肯定，后反问，语气较强，一般用"哇"，不大用"㗎"。例（25）因为是嘱咐，用"㗎"显得语气较为柔和，如果用"哇"语气较强，有吩咐的意思。

综上可见，廉江话的直述形式（"㗎""哇"）与转述形式（"讲"等）共现时，直述形式的句法位置比转述的高。这一点与前文观察到的广州话的情况相同。廉江话言说性语气助词的功能区分如下：

"讲"及其变体（转述等）；哇（直陈/强调观点）、㗎（直接提醒）
　　　　转述　　　　　　　　　　　　　　　　直述

12.3.3　由"转述"进一步主观化

廉江话的"讲"还可以不表转述，使用反诘语气来直述说话人的不同意见，已发生主观化。但该直述功能要使用反诘的方式，与上文的直述功能不同，例如：

（26）得噉做个讲？（怎么可以这样做？）
（27）垃圾得放在台上高讲？臭到死去。（垃圾怎么能放桌子上呢？臭得要死。）

这一主观性用法为转述用法演变而来，与广州话"㗎^{13}"的相应用法（表不

第 12 章 转述和直述：言说性语气助词的功能分化　185

同意）演变途径相同。廉江话"讲"使用反诘方式表直述后，后面不能再出现其他表直述的"哇""喎"，例如：

（28）#得噉做个讲哇（/喎）！（我告诉你据说可以这样做！）

例（28）能说，但表示"我告诉你据说可以这样做"，"讲"表转述，不表主观化了的直述功能。

另外，广州话的"喎[21]"表意外，廉江话没有相对应的形式与之对译，例如：

（29）广州话：落雨喎[21]。（想不到会下雨。）
　　　廉江话：落水哇[33]！（下雨啊！）

12.3.4　其他方言

广西北流、广东怀集、湛江市区、化州等粤方言及惠州话[①]中，其言说性语气助词的功能也存在转述与直述之别。北流与怀集都分别存在表示转述与直述的语气助词，但两者不能共现：

（30）北流：落水哇[wa^{33}]。（听说下雨了。）【转述】
　　　　　　落水喎[wɔ^{33}]。（提醒你下雨了。）【直述】
（31）怀集：落雨话[wa^{35}]。（听说下雨了。）【转述】
　　　　　　落雨嶓[pɔ^{55}]。（提醒你下雨了。）【直述】

湛江市区粤方言表示直述与转述的语气助词与廉江话相似：

（32）湛江：落雨讲[kɔŋ^{35}]。（听说下雨了。）【转述】
　　　　　　落雨哇[wa^{55}]。（提醒你下雨了。）【直述】

湛江市区粤方言中，表转述的"讲"与表直述的"哇[wa^{55}]"可以共现，但两者位置不可互换，例如：

（33）湛江：落雨噚讲哇。（提醒你我听说下雨了。）

---

① 感谢以下发音人，她们都是语言学专业的博士或硕士：陈秀明（广西北流）、黄怡辛（广东怀集）、文朗（湛江市区）、李尚儒（化州）、陈淑环（惠州）。

同属粤西地区的化州粤方言也有直述、转述两套语气助词，例如：

（34）化州：落水㗎[ka⁵⁵]。（听说下雨了。）【转述】
（35）化州：落水喎[wɔ³³]。（我说下雨了。）【直述】

化州话的"㗎""喎"也可以共现：

（36）化州：落水㗎喎。（我提醒你，听说下雨了。）

惠州话表示转述的语气助词较多，有"话""讲话""讲""喎"等，例如：

（37）惠州：落水话[wa³⁵]。（听说下雨了。）
（38）惠州：落水讲话[kɔŋ³⁵wa³⁵]。（听说下雨了。）
（39）惠州：落水讲[kɔŋ³⁵]。（听说下雨了。）
（40）惠州：落水喎[wɔ¹³]。（听说下雨了。）

惠州话中表示直述的有：

（41）惠州：落水喎[wɔ³¹]。（提醒你下雨了。）
（42）惠州：落水喔[ɔ³³]。（提醒你下雨了。）

惠州话中表示转述与直述的语气助词也可以共现，例如：

（43）惠州：落水讲喔。（提醒我你听说下雨了。）

以上方言的情况再次说明，粤方言及与粤方言相关的方言中存在言说性语气助词，且其功能也具有转述与直述之分。但有的方言的转述可以与直述语气助词共现，如廉江、湛江市区、化州和惠州等方言；有的则不可，如广州、北流、怀集等地粤方言。共现的情况是，表直述的在表转述的外层。

综上，以上各地方言中言说性语气助词及其转述、直述功能分化情况如表 12-2 所示。

表 12-2　其他方言言说性语气助词的功能分化情况

方言点	转述	直述	能否共现
湛江	讲[kɔŋ³⁵]	哇[wa⁵⁵]、喔[wɔ³³]	+（讲哇）

续表

方言点	转述	直述	能否共现
化州	咖[ka^{55}]	呙[wɔ^{33}]	+（咖呙）
惠州	话[wa^{35}]、讲话[kɔŋ^{35}wa^{35}]、讲[kɔŋ^{35}]、呙[wɔ^{13}]	呙[wɔ^{31}]、喔[ɔ^{33}]	+（讲喔）
怀集	话[wa^{35}]	噃[pɔ^{55}]	–
北流	哇[wa^{33}]	呙[wɔ^{33}]	–

12.4 语　法　化

12.4.1 广州话："话"和"啘"

广州、廉江的言说性语气助词由言说动词语法化而来，已是共识。但正如本章引言所说，其语法化过程中的细节并不十分清晰。它们为何出现在句末？是话语上的"追补"，还是有别的途径？我们认为，粤方言言说性语气助词的演变机制不是"追补"，而与"话/听讲……话"框式结构有关。言说动词（引述标记）之所以后置，是为了突出引述内容的边界，即确定引述的范围。

笔者对 CME、HTSC 两本早期粤语文献中的言说动词"话"和言说性语气助词进行考察。其中，语气助词"啘"一共出现 13 次，"唎"一共出现 12 次。

12.4.1.1 言说动词"话"

在早期粤语中，言说动词"话"声调为 22 调。在上述两本早期粤语文献中，表达转述多用"佢话""某某话"这样的形式，但也发现了 1 例以回指的方式["嗽"（这/那样）为代词]表明所转内容，转述的内容还包括了原来说话人的语气，如：

（44）好嘞吗，佢系嗽话。（It's good is it? He says so. Good? He does so say.）（好了吗？他就这样说道。）（CME，1888：6；引自早期粤语口语文献资料库）

12.4.1.2 语气助词"啘"

文献中言说性语气助词主要形式有两个："啘"和"唎"。啘在这两本书中一共出现 13 次。在两本文献中，"啘"被记为"上平、上上、上去、下上"四种不同声调的读音。张洪年（2009）曾梳理 CME 中的声调系统，以上四种声调，调值分别对应为 53、35、33、13。其中，53 调、35 调、33 调均只出现 1 次，13 调出现 10 次。

CME 指出不同声调的"哗"的功能均为"denoting that statement preceding it has been made by some one before"（*CME*，1888：114），即本章所说的转述。两本文献中"哗"的 13 处语料及文献中的英文译文，均表达转述功能。其中，最常见的形式特点是其与"话""听闻"等动词组成框式结构，转述他人所说的内容。

12.4.1.3　"话……哗[13]"

在"话……哗"结构中的"哗"声调均为 13 调，说话人明确，动词"话"与"哗"之间的距离可以很短，也可以很长，例如：

（45）做完咯、<u>佢话唔要哗</u>。（记音：[wa^{13}]；英译：Yes; I finished it, and he said he would not have it.）（做完了，他说不要。）（*HTSC*，1902：会话二十五，第九；引自早期粤语标注语料库）

（46）<u>佢话个口唔同哗</u>。（记音：[wa^{13}]；英译：He said the mouth was not the same as in the photograph.）（他说嘴巴不一样。）（*HTSC*，1902：会话二十五，第二十三；引自早期粤语标注语料库）

（47）<u>佢话个啲头发要黄色</u>、金噉嘅色哗、我而家做呢、<u>佢又话唔啱哗</u>（记音：[wa^{13}]；英译：He told me the hair was to be yellow, golden he said; and now I have done it, he says it is not good.）（他说那些头发要黄色的，说是要黄金那样的颜色；我现在做了，他又说不对。）（*HTSC*，1902：会话二十五，第二十九；引自早期粤语标注语料库）

（48）我叫佢听日拧啲嚟、<u>佢话拧哗</u>、佢听日或拧今日咁好嘅嚟、我是必买咯。（记音：[wa^{13}]；英译：I told him to bring some tomorrow. He said he would; and if those he brings tomorrow are as good as those he had today, I will certainly buy them.）（我叫他明天拿点来，他说他拿；如果他明天拿来的像今天的一样好，我一定买。）（*HTSC*，1902：会话二十八，第四；引自早期粤语标注语料库）

（49）<u>佢话信资唔够哗</u>。（记音：[wa^{13}]；英译：He said the postage was not enough.）（他说邮费不够。）（*HTSC*，1902：会话三十三，第三十一；引自早期粤语标注语料库）

（50）佢话火鸡撑沙尘啩。（记音：[wa]13；英译：He said the cook's mate was saucy.）（他说大厨的伙计很嚣张。）（HTSC，1902：会话三十九，第四；引自早期粤语标注语料库）

（51）有、偷烂裤个贼话自己正出监、冇饭食、又冇钱、佢话唔系偷个条裤、佢见个条裤喺街上、估冇人要嘅、不过执起嘅啫、想拧去当揾啲钱做水脚翻去归乡下、服事几十岁嘅老母、想做好人啩。

（记音：[wa]13；英译：They did. The thief, who stole the old trousers, said he had just come out of jail; that he had nothing to eat, and had no money; that he did not steal the trousers, but seeing them in the streets, he thought no one wanted them, and only picked them up, thinking he would pawn them to get money for his passage to the country, as he wished to go home to wait on his aged mother. He wanted to be an honest man, and he begged the Judge to have pity on him, and not send him to gaol, but banish him to his native place.）

（有。偷破裤子的贼说自己刚出狱，没饭吃，又没钱，他说他不是偷那条裤子，他看见那条裤子在街上，猜是没人要的，只是捡起来而已，想拿去凑点路费回乡下老家，照顾几十岁的老母亲，说是想做好人。）（HTSC，1902：会话五十，第十九；引自早期粤语标注语料库）

12.4.1.4 "听闻……啩33"

框式结构"听闻……啩"在两书中出现1例，啩为33调，所转述内容的信息来源不明确，动词"听闻"与"啩"之间的距离较远，例如：

（52）我听闻美国系有几十国合埋为一、叫做合众国啩、系噉唔系呢。

（记音：[wa]33；英译：I have heard that America is composed of a number of countries united in one, and called the United States. Is it so, or not?）（我听说美国是由几十个国组合起来的，说是叫做合众国，是不是这样呢？）（HTSC，1902：会话四十五，第二十八；引自早期粤语标注语料库）

12.4.1.5 啩13

两本文献中存在3例不以框式结构出现，而直接以语气助词啩表转述的用例，分别读 13 和 53 调。13 调例为：

(53) 系㗎。（记音：[wa^{13}]；英译：Yes, so they say.）（说是这样。）
（HTSC, 1902：会话二十六，第二十三；引自早期粤语标注语料库）

(54) 系、我想请第二个咕喱、一个辞两个都要辞㗎。（记音：[wa^{13}]；英译：Yes, I want to engage another coolie. As one coolie has left me, the other says he is going as well.）（是的，我想请其他苦力。一个苦力辞职，另一个苦力也说要辞职。）（HTSC, 1902：会话三十九，第二十五；引自早期粤语标注语料库）

12.4.1.6 㗎^{53}

53 调单用的例子为：

(55) 佢打我㗎。（记音：[wa^{53}]；英译：He said he would strike me.）（他说他要打我。）（CME, 1888：90；引自早期粤语口语文献资料库）

由于原文缺乏语境，难以判断是否带有"意外"语气。但根据英译中的 he said，应还是转述用法。

12.4.1.7 㗎^{35}

句末 35 调的㗎用于问句，为回声问用法，不表转述，与现代广州话一致，两本文献中仅 1 例：

(56) 好喇、唔好、我唔要啰嘴、几多价钱㗎？（记音：[wa^{35}]；英译：All right. If it is not right. I will not have it. What did you say the price was?）（好的。要是不好，我可就不要了。说是多少钱？）（HTSC, 1902: 会话四十六，第二十五; 引自早期粤语标注语料库）

12.4.2 㗎的用法小结

综上所述，两种文献中"㗎"的用法归纳如表 12-3 所示。

表 12-3　两种文献中"啹"的使用情况

"啹"的用法	CME1888	HTSC1902	功能
话……啹[13]	—	8 例	转述
听闻……啹[33]	—	1 例	转述
啹[13]	—	2 例	转述
啹[53]	1 例	—	转述
啹[35]	—	1 例	回声问

考虑到作者为同一人、出版时间前后相差 14 年、HTSC 的篇幅较大等因素，我们把两种文献统一做考虑。由表 12-3 可见：第一，框式结构及转述功能的用法占绝大多数，且都是客观转述；第二，53 调仅有 1 例，是否具有主观性难以判断；第三，回声问的使用与现代广州话完全一致。

12.4.3　语气助词"喎"

两种文献中，还存在另外一个写法的言说性语气助词"喎"，共出现 12 次，在文献中分别被记为"下去、上去、下上"三种调类，分别与今天广州话的调值 22、33、13 对应，分别出现 2 次、7 次、3 次。CME（1888）认为其功能与"啹"一致。我们观察 12 处用例及其译文后，发现"喎"表达转述。

与啹类似，"喎"可与"话""听闻"等动词组成框式结构表转述，此时声调多数为 33 调，仅有 1 例 13 调。分别说明。

12.4.3.1　"话/听闻……喎[33]"

框式结构的用例中，"话……喎[33]"出现 3 例，"听闻……喎[33]"出现 1 例：

（57）佢话系你喎。（记音：[wo^{33}]，英译：They said it was you.）（他说是你。）（HTSC，1902：会话十二，第二十一；引自早期粤语标注语料库）

（58）裁缝佬嚟咯、佢话你昨日喺街上遇着佢、叫佢今朝上嚟喎。（记音：[wo^{33}]，英译：The tailor has come. He says you met him in the street yesterday, and you told him to come up this morning.）（裁缝来了，他说你昨天在街上遇到他，叫他今天早上上来。）（HTSC，1902：会话四十二，第一；引自早期粤语标注语料库）

（59）佢又话唔知我讲乜野，我又争佢银啊、几呀文啊、佢代我支啊、唉、嗽嘅人嘅。（记音：[wo^{33}]，英译：He said he did not know what I was talking about, that I owed him money—some scores of dollars, which he paid away on my behalf. Such a man as he is!）（他又说不知道我说什么。说是我也欠他钱，说是几十元钱，说是他替我给。唉，这样的人！）（HTSC，1902：会话四十九，第三十一；引自早期粤语标注语料库）

（60）我听闻你发大财啊。（记音：[wo^{33}]，英译：I heard you had made a lot of money.）（我听说你发大财了。）（HTSC，1902：会话十二，第十五；引自早期粤语标注语料库）

例（59）"佢又话"后连续出现三次"啊^{33}"，对转述内容进行标示的作用突出。

12.4.3.2　"啊^{33}"单用

"啊^{33}"单用只有1例：

（61）成日念经啊。[记音：[wo^{33}]，英译：Read the Sutras the whole day long, so they say. Whole day recite sutras, (so they) say.]（说是整天念经。）（CME，1888：26；引自早期粤语口语文献资料库）

12.4.3.3　"话……啊^{13}"及"啊^{13}"单用

"啊^{13}"只有2例，框式和单用各1例：

（62）呵、你嚟啰咩、好咯、我昨日见你旧事头、佢话你抬得轿好、但系你时时出街啊。（记音：[wo^{13}]，英译：Well, you have come, have you? That is right, I saw your old master yesterday; and he said you were a very good chair bearer; but you were always going out.）(哦，你来了啊？好的，我昨天见到你的前老板，他说你抬轿子抬得好，但你经常外出。）（HTSC，1902：会话三十九，第二十；引自早期粤语标注语料库）

(63) 乜野都错啝。(记音：[wo¹³]，英译：Everything is wrong about it.)
（说是什么都错了。）(HTSC, 1902：会话二十五，第十一；引自早期粤语标注语料库)

12.4.3.4 "啝²²"

"啝²²"单用也只有1例：

(64) 冇银啝，银两紧啝。(记音：[wo²²]，英译：He says he has no money. He says he is hard up for money. No money he says. Money pressing he-says.)（说是没钱。说是资金紧张。）(CME, 1888：12；引自早期粤语口语文献资料库)

"啝²²"与言说动词"话"的本字调一致。

12.4.4 "啝"的用法小结

综上所述，两种文献中"啝"的用法归纳如表12-4所示。

表 12-4 两种文献中"啝"的使用情况

"啝"的用法	CME1888	HTSC1902	功能
话……啝³³	—	3例	转述
听闻……啝³³	—	1例	转述
啝³³	1例	—	转述
话……啝¹³	—	1例	转述
啝¹³	—	1例	转述
啝²²	1例	—	转述

注：表中"话……啝³³"的1例，实际用例为例（59），"话"后连续使用3个"啝"。另，书中有2例为介绍语气助词时单独列举，无例句。均不列入统计。

把表12-3与表12-4进行比较，可见"唔"与"啝"的功能大多为转述，且常与动词"话""听闻"构成框式结构。不同的是，"唔³⁵"有回声问的用例，"啝"的用例都为陈述句；框式结构中，"唔"的调值多为13，33次之，"啝"多为33，13次之；除33和13调为"唔""啝"常见调外，"唔"还有53和35调（应融合了疑问语调），"啝"还有22调（与"话"字本调相同）。综合

表 12-3、表 12-4 可见：第一，早期粤语的言说性语气助词的转述、直述的分化以及言说性语气助词的主观化还没有发生，调值常用 33 和 13，但尚未固定，现代广州话的"啹^{33}"不是后起的；第二，早期粤语使用框式结构是常态，"啹"句末单用的情况不那么常见，因此，言说性语气助词很可能源自框式结构，后来逐渐隐去前头的动词"话/听闻"而成。如果这两点观察成立，则可进一步推测：

A. 广州粤方言的转述功能先于直述功能，即"转述>直述"。
B. 早期粤语言说性语气助词的 13 调和 33 调为常见调，框式结构中的"嚎"与"唎"也是如此，因而可判定现代广州话表直述的"啹$^{21/33}$"都是后来的，尤其在语音形式上，"啹^{21}"的出现是较晚的事情。
C. 现代广州话表直述的"啹[wɔ^{21}]"与早期的"唎^{22}"读音上最为接近，而在早期，所有调值的"嚎"与"唎"又都表转述，因而现代广州话的"啹^{21}"仍有源自表转述的"唎"的可能性。这一点与 Matthews（1998）的推测（即"wo^{33}>wo^{21}"）有所不同。

12.4.5　廉江的言说性语气助词

廉江话存在表转述的语气助词"讲"，但现代广州话及早期粤语都不存在"讲"作言说性语气助词的情况，例如：

（65）现代广州话：讲唔清。（说不清楚。）
（66）早期粤语：呢个人，为乜讲咁亵渎嘅话呢，除咗真神之外，边个能赦罪呢？[这个人，怎么说这么亵渎（神）的话呢，除了真神之外，谁能赦罪呢？]（《马可传福音书》，1872：第二章第七节；引自早期粤语标注语料库）

从廉江话看，言说性语气助词"讲"有时意义还较为实在，例如：

（67）廉江：（母亲对儿子）——（你讲/讲）你去书房讲呐，做乜嘢又冇去嘚啊？（不是说要去学校吗，怎么又不去了呢？）

例（67）句首可补出"你讲"或"讲"，句子意思不变，后头的"讲"表转述或引述，与早期粤语中的框式结构较为相像。现代广州话也有类似用法，可与例（57）相比较，例如：

(57) 早期粤语：佢话系你啊。（记音：[wo³³]，英译：They said it was you.）（他说是你。）（*HTSC*，1902：会话十二，第二十一；引自早期粤语标注语料库）

(68) 现代广州话：佢话系你喎[wɔ³³]。（他说是你啊。）

例（57）的英译很明显把"啊"看成一个转述的标记，标记着所转述的内容到此为止。

结合上文早期粤语情况，以及从语音和言说性助词的角度看，廉江话表直述的"哇[ua³³]""喔[uɔ³³]"应源自早期的言说动词"话[ua²¹]"（廉江话的"话"作名词，如"讲话"）；而转述的"讲"源自言说动词"讲"，语音完全一致。转述的"讲"源自言说动词"讲"的语法化，这个途径与早期粤语及广州话动词"话"向助词"啘[wa]"及"喎[wɔ]"的演变途径一致。

总的来说，廉江话的言说性语气助词都源自言说动词，但直述和转述形式的直接来源不同，前者源自动词"话"，后者源自动词"讲"。也就是说，直述功能语气助词不一定直接来自转述功能的语气助词，但都源于言说动词。

12.5 主 观 化

主观性是指说话人在说出一段话的同时也表明自己对这段话的立场、态度和情感（沈家煊，2001）。主观化是实现主观性的过程。

广州话"喎¹³""喎²¹"明显出现了主观化，例如：

(69) 广州话：食牛肉丸喎¹³/²¹，有乜好食啫！（说是/竟然吃牛肉丸，有什么好吃的？）【喎¹³：不同意；喎²¹：出乎意料，不满】

(70) 广州话：佢阵间先至去喎¹³/²¹，都唔知佢系度做乜！（据说他等会儿再去/他竟然等会儿再去，都不知道他在干吗？）【喎¹³：不理解；喎²¹：意料之外，不解】

(71) 广州话：（用手比画）咁好大个喎³³，你食得晒咩？（个头有这/那么大，你吃得完？）【喎³³：读音拉长，夸张地提醒】

廉江方言的变体"咖⁵¹"是"讲+啊"的合音。重读并拉长时，会表达不确信或不认同的意思；"哇"也是如此，例如：

（72）阵仔就去咖[51]，烦死人！（说是一会儿就去，烦死了！）

（73）阵仔就去讲哇[13]。□[si55]□[nei55]得闲啊！（告诉你，说是明天去，哪里有空啊！）

12.6 声调、主要元音开口度对语气的影响

张洪年（2009）指出语气助词所表达的语气轻重和助词的声调有关，他认为中调似乎是一个"标准调高"，比中调高或低的声调偏离标准，都是"别有意义"，表达的语气都较强，即"高>中<低"。张洪年（2009）还认为，以语气助词的元音为标准，按"i<e<a<o"序列从左到右，语气越来越强。从现代广州/香港粤方言及早期粤语的情况来看，可基本赞同张先生的判断，但廉江话的情况稍有不同。以下分别说明。

12.6.1 声调

从现代的广州/香港粤方言来看，"㗎[33]"表达直述，所讲述的内容比较客观，而"㗎[13]"表示转述，有时从转述引申出对所转述内容"不以为然"的语气，语气强度比"㗎[33]"要强，主观化程度更高，例如：

（74）a. 下昼唔使上堂㗎[33]。（提醒：下午不用上课。）
　　　b. 下昼唔使上堂㗎[13]。（说是下午不用上课。）
　　　c. 下昼唔使上堂㗎[21]。（下午竟然不用上课。）

例（74）c 的"㗎[21]"表达出乎意料的语气，语气强度同样比"㗎[33]"要强，再如上文的例（5）、例（8）。

在两种早期粤语文献中，"咭"分别有 13、33、53、35 四种声调，表转述或回声问（与转述有关）。其中，"咭[33]"转述所听闻的、较客观的内容，如例（52）。"咭[35]"表达回声问，非中性问，如例（56）。"咭[13]""咭[53]"表转述，部分例子似乎具备了表示说话人不以为然、不满等态度的"背景"，如例（54）表达一个离开，另一个也离开的语义，例（55）表达"打我"的意思，都转述不如意的事情。

"唎"的情况比较不规律。"唎"有 13、33、22 三种声调，均表转述。"唎[33]"大多表达一般转述，只有例（61）有表达不满语气的语义（前面有"成日"搭配）。例（63）"唎[13]"单说具有表达较强语气的语义搭配"乜野都错"（什

么都错），例（64）两个"啊²²"连续出现，表达缺钱的情况；两例都用于转述不如意的事情。

总的来说，"咭""啊"为 33 调及用于框式结构时，转述内容大多为中性，单用且不使用 33 调时常转述不如意的内容。

廉江话用不同的语素区分直述和转述功能,而广州话使用不同的调进行区分。廉江话直述功能的"喎""哇"都是 33 调，似乎是中性的。中性是相对而言的，例（74）a 在具体语境中也可带有主观性。"讲²⁵"是本字调，不是语调，较为中性，但其变体"咖⁵¹""咯⁵⁵"等较易表达主观性，如"冇去咖⁵¹/咯⁵⁵"（说是不去）容易表示不同意等主观义。

12.6.2 主要元音开口度

现代广州/香港粤方言中，只存在一个言说义语气助词"喎"。在早期粤语中，"咭"和"啊"虽元音开口度不同，但均表达转述或回声问（35 调时），同样存在主观性的情况，难以比较。

廉江话的言说性语气助词，仅部分符合主要元音"i<e<a<o"（语气越来越强）的情况。廉江话的言说性语气助词只能对比"a"与"o[ɔ]"的情况。首先，表转述的"讲"（主要元音"o[ɔ]"）可表示反诘语气，语气比较强烈，如例（26）、例（27）；而表直述的"哇"（主要元音"a"）、"喎"（主要元音"o[ɔ]"）并无此功能。其次，"讲"还存在一个变体"咖[ka⁵¹]"（主要元音为"a"），为"讲"和"啊"的合音，语气比单用"讲"要强，例如：

（75）a. 系<u>讲</u>。（据说是。）
　　　b. 系<u>咖</u>！（据说是啊！）

再者，"哇[ua]"比"喎[uɔ]"语气要强烈，例如：

（76）a. 牛肉丸冇好食<u>哇</u>[ua³³]！知吗？（牛肉丸不好吃，知道没有！）
　　　b. 牛肉丸冇好食<u>喎</u>[uɔ³³]，我讲你知。（牛肉丸不好吃，我告诉你。）

例（76）a 句的语气比 b 句强。主要元音"a"的开口度比"ɔ"大，倒是符合象似性原则。

廉江话的情况，大致符合 33 调属中性调、主要元音为"o"的语气助词表较强（不一定是最强）语气的观察（张洪年，2009）。但仍需补充的是，要分析语气助词表达语气的强弱，还需要考察其本字调以及元音开口度等相关的象似性原则。

12.7 小结：言说性语气助词的来源与共现情况

广州/香港粤方言、廉江方言的情况说明，言说性语气助词存在转述与直述的区别，直述形式的句法层级比转述的要高；从转述功能到直述功能，是言说性语气助词的继续语法化及主观化的过程；但从廉江方言的情况看，直述并不一定仅源自转述，还不能排除源自言说动词的情况；言说性语气助词源自言说动词，中间经历了诸如合音、融入语调等过程；音调的高低、主要元音开口度大小等对言说性语气助词的功能存在影响，是否本字原有的调或元音，是否与语气词组合，以及是否受象似性原则支配，都是观察语气助词功能要考虑的因素。

广州/香港粤方言的言说性语气助词为什么不共现，而廉江方言等方言却可共现？我们认为可能有两个原因：

第一，广州话表直述和转述的言说性语气助词语音相近，有共同的来源——言说动词"话"，受语音上"同质兼并"的原则（施其生，2009）约束；而廉江、湛江、惠州等方言的直述助词与转述助词的来源不同——分别源自"讲"或"话"，且语音相差较大。

第二，诚如本章引言中赵元任先生所说，广州话不同调的"㗎"是"wah+oh"的合音，也就是说它是复合的语气助词。复合语气助词的构成复杂，混入了诸如语调等因素，带上不同语调的语气助词之间自然难以连用。

第 13 章

句调与疑问：廉江方言疑问句末语调与语气助词的叠加关系

北京话的语气助词大多时候读轻声，而粤方言的语气助词是带上一定声调的，南北存在差异。语气助词带上不同的声调，可以表示不同的功能。比如与"了$_2$"功能对当的广州话的句末助词"喇[la33]" "啦[la55]" "嘞[lak3]"等，前两者声调有所不同（33 对应于阴去调，55 为阴平调），后者韵尾发生促化（3 为下阴入调）。句末语气助词的声调来自句末语调，还是本字调？用于某一特定句类的语气助词，如疑问语气助词，它的声调跟疑问句末语调之间有何关系？

廉江方言的疑问句末存在一个音高较高的语调（高语调），当它对句末字进行"覆盖叠加"时，表现为高平，当与句末字进行"连续叠加"时，表现为高升。本章主要考察这个高语调与疑问语气助词的叠加关系。结合高语调，可考察疑问语气助词的语气化程度，而是非问句的分类，也能完整地呈现出来。

13.1 引　　言

位于句末的语气助词与句末语调之间的关系难以割裂。赵元任（2002）认为单字声调与语调存在"叠加"（addition）关系，包括"同时叠加"（字调与语调是"代数和"关系）和"连续叠加"（语调接在字调后面）两种。麦耘（1998，2006）将粤方言广州话的语调分为句段语调和句末语调，进一步提出语气助词与句末语调间还存在"覆盖叠加"的形式，即句末语调把语气助词的声调完全覆盖、取代。

近些年越来越多的学者注意到语气助词以及叹词与句末语调形式和功能之间的互动关系，并取得了一些新认识和新突破（麦耘，2006；彭小川，2006b；郭辉，2013）。但目前此方面的研究成果仍是太少，推进力度远远不够，这可能是语气助词和句末语调均难以捉摸的缘故。句末语调与句末语气助词及句类之间的关系非常密切,互为交错,而又相对独立,因此既要独立考察,又要适当结合起来分析,方法上不易把握。

林华勇(2007)曾对粤方言廉江话语气助词的功能和类别进行过分析,但未结合句末语调对语气助词的声调加以讨论。本章探讨廉江话的疑问句末语调,尤其在语气助词叠加疑问句末语调的问题上做一些探讨,主要涉及两种叠加关系——连续叠加和覆盖叠加。

13.2 单字调和疑问句末语调

廉江方言属粤方言高阳片,本章所言廉江话指廉江市区(罗州街道)的方言。廉江话有八个单字调,比新派广州话少一个,阳平调与阳去调相混,如表13-1所示。

表 13-1　廉江话的八个单字调

调类	阴平	阳平	阴上	阳上	阴去	上阴入	下阴入	阳入
调值和例字	55 诗	21 时事	25 屎	23 市	33 试	5 识	3 说	2 石

注:入声此处简单记为 5、3、2,实际为 <u>55</u>、<u>33</u>、<u>21</u>。

廉江话的阳去归入阳平,没有系统、规律性的变调(中性语调)情况,也没有类似广州话的成系统的小称变音(林华勇和马喆,2008)。

先来看不带语气助词的疑问句末语调。取"猪[tsi^{55}]、迟[ts^{h}i^{21}]、齿[ts^{h}i^{25}]、似[ts^{h}i^{23}]、处[ts^{h}i^{33}]、识[sek^5]、切[ts^{h}it^3]、折~本[sit^2]"八个字分别代表廉江话的八个字调,用它们设计八个短语:

(1)佢养猪 ^{55} 他养猪　　　　(2)佢冇迟 ^{21} 他没来迟
(3)佢冇牙齿 ^{25} 他没牙齿　　(4)佢两家冇似 ^{23} 他两家不像
(5)佢冇去处 ^{33} 他没地方去　(6)佢冇识 ^{5} 他不懂
(7)佢冇切 ^{3} 他没切　　　　(8)佢冇折 ^{2} 他没亏本

把例(1)~(8)的短语加上疑问语气来进行实验,这是受陆俭明(1984)"最小对比"方法和胡明扬(2000)"单项对比分析法"启发而设计的。实验结果发现疑问句都带有升语调。以句末为中平的阴去调为例,例(5)加上疑问语气后,意思是"他没地方去?",句末的"处"带上了明显的升语调。无语调的短语的末字带上升语调后变成了是非问句，也就是说，句末升语调为不带语气助词的疑问句（是非问句）句末语调。以下将句末升语调记为[-35]。

图 13-1 为"处"作为单字和在"佢冇去处？"（他没地方去？）中的不同音高轨迹。

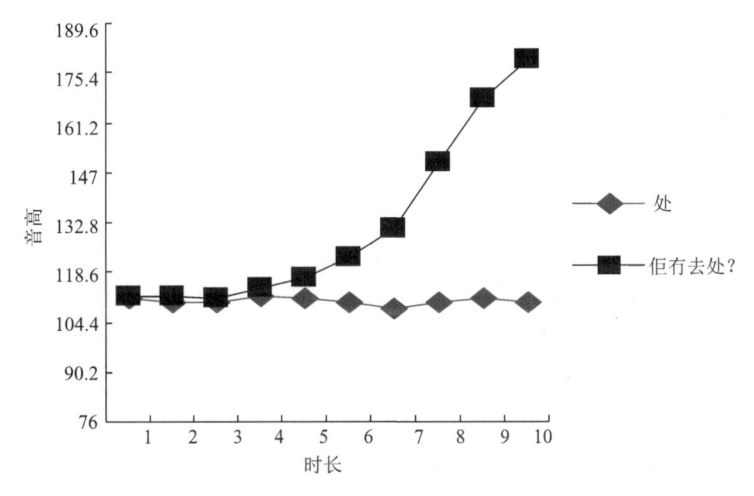

图 13-1 "处"的本字调[33]与位于疑问句末的音高[-35][①]曲线图

廉江话的疑问句有是非问、选择问、反复问和特指问。不管句子是否带疑问语气助词或疑问语调，后三种仅使用析取结构"X 抑试还是 Y"、带否定词的"V 冇不/没 V"或"VP 冇不/没"以及疑问代词就能表示疑问。如以下例句中，句末语调与末字声调[21]一致，即"零语调"：

（9）选择问：西瓜抑试芝麻[ma^{21}]？（西瓜还是芝麻？）
（10）反复问：食冇食芝麻？（吃不吃芝麻？）[/食芝麻冇？[②]（吃芝麻不？）]
（11）特指问：有几多芝麻？（有多少芝麻？）

不带语气助词的是非问句则必须带升语调，例如：

（12）是非问：（系）芝麻[-35]？[（是）芝麻？]

---

① [-35][-55][-21]等表示句末语调叠加或覆盖形成的"字"调。
② "冇"原字调为[23]，句末语调与"冇"的字调一致，也表现出"零语调"。

13.3 叠加于语气助词的疑问语调

张洪年(2007)、彭小川(2006b)指出粤方言广州话的疑问语调影响语气助词调值改变的情况。彭小川(2006b)指出,在广州话中低平的疑问语调通过"覆盖叠加"的办法,改变了语气助词的原字调,如例(13)～(16)(彭小川,2006b:112):

(13) a. 三个人咋[tsa^{33}]。(才三个人。)
　　 b. 三个人咋[tsa^{-21}]?(才三个人?)(嫌人数少)
(14) a. 佢冇读书啦[la^{33}]。(他不上学了。)
　　 b. 佢冇读书啦[la^{-21}]?(他不上学了?)(强调不上学可惜)
(15) a. 本书系明仔㗎[ka^{33}]。(这/那本书是小明的。)
　　 b. 本书系明仔㗎[ka^{-21}]?(这/那本书是小明的?)(对书是小明的表示怀疑)
(16) a. 我仲想去啊[a^{33}]。(我还想去啊。)
　　 b. 你仲想去啊[a^{-21}]?(你还想去啊?)(对对方还想去表示不解)

广州话的现象给廉江话的研究带来了极大的启发。廉江话中不存在低平的疑问语调,但有一个读高平的疑问语气助词"啊[a^{-55}]"。以上例子中b句的广州话疑问句对应的廉江话为:

(13′) 三只人之啊[a^{-55}]?(才三个人吗?)
(14′) 佢冇读书嘚啊[a^{-55}]?(他不上学了吗?)
(15′) 啯/呶本书系明仔个啊[a^{-55}]?(这/那本书是小明的吗?)
(16′) 你□[en^{25}]想去在啊[a^{-55}]?(你还想去吗?)

廉江话"啊"有三种音高表现,分别是[a^{33}][a^{-55}]和[a^{-21}][1]。由于"啊[a^{-55}]"专门负载疑问信息,再无他用,固然可把"啊[a^{-55}]"直接看作疑问语气助词;但也可以说,廉江话中存在一个高音的疑问语调,"啊"读[-55]调是由这个高音的疑问语调覆盖叠加而成。

---

[1] 我们认为"啊"读[-55]和[-21]是分别被高平的疑问语调和低降的陈述语调覆盖而成,而[33]调表达的语气较为中性。我们同意张洪年(2009:151)的"中调似乎是一个标准调高"的提法,比中调高或低的声调都表达特定的语气。

第13章　句调与疑问：廉江方言疑问句末语调与语气助词的叠加关系　203

廉江话的疑问语气助词有六个（林华勇，2007），分别举例如下：

（17）啊[a⁻⁵⁵]：后日去～？（后天去吗？）| 后日冇去～？（后天不去吗？）
（18）呢[ni⁻⁵⁵]：苹果～？（苹果呢？）|（抑）冇苹果～？（要是没有苹果呢？）
（19）帕[pʰa⁻⁵⁵/⁻³⁵]：后日去～？（后天去吧？）| 后日冇去～？（后天不去吧？）
（20）么[mo⁻⁵⁵/⁻⁵¹]：得噉个～？（怎么能这样？）| 冇得噉个～？（怎么不能这样？）（用于反诘句）
（21）咩[mɛ³³]：落水～？（下雨吗？）（"冇[mou²³]唎[lɛ³³]"的合音）
（22）吗[ma³³]：落水～？（下雨吗？）（"冇[mou²³]啊[a³³]"的合音）

除例（18）是带省略性质的特殊特指问句外，其余各句都可看作是非问句。只是例（21）和例（22）还不是典型的是非问句，还具 VP-neg 式反复问句的特点。

另外，廉江方言还有一个叹词"嗬[hɔ⁻³⁵/⁻⁵⁵]"，只出现在疑问句中，用于征询对方同意，有回声问的功能，例如：

（23）我大家去旅游，嗬？（我们去旅游，哈？）
（24）如今正讲对冇住冇乜意思呢？嗬？（现在才说对不起有什么意思呢？啊？）
（25）后日去（，）嗬？（后天去，对吧？）——系，后日去。（是的，后天去。）

严格来说，以上"啊、呢、么"的身份不是仅仅是语气助词，而且是语气助词叠加高音疑问语调，这种双重身份使它们成为疑问语气助词。换个角度说，它们之所以是疑问语气助词，很大程度上是因为叠加其上的高音疑问语调，非疑问句变成了疑问句。这可以通过以下例子的对比体现出来。

（26）a. 后日去啊[a³³]。（后天去啊。）→ b. 后日去啊[a⁻⁵⁵]？（后天去吗？）

例（26）"啊[a³³]"叠加高音疑问语调变成"啊[a⁻⁵⁵]"后，语气由表声明的陈述变成了疑问。

高平是疑问语调在语气助词音高上的一种反映，也就是说，高调是一个专门叠加于疑问语气助词上表示疑问的语调。专用的疑问语气助词"呢[ni-55]"只有高平调，没有其他调，也可以说明这一点。

下面对不同的情况作出说明。

第一，"啪"和叹词"嗬"都有[-55]和[-35]两个调。"啪"表示猜度（比普通话"怕是……"的口吻要弱），是由"怕"[pʰa33]虚化而来，所以可以把[33]视为"啪"的本调。同上述"啊"一样，"啪"的[-55]调是高音疑问句调覆盖了本调的结果；[-35]调则可视为[33]连续叠加高音疑问语调的结果。细审之，"啪"念[-35]时虚化程度不如念[-55]时强，这可能与是覆盖叠加还是连续叠加有关，这个问题需要进一步思考。"嗬"的本字不明，暂时可以假定它的本调也是[33]，则可以用同样的方式解释它的两读。

第二，"么[mɔ-55/-51]"也有两个调。为高平调时，句子是语气较为温和的反问句，是高音疑问语调覆盖的结果；为高降调时，句子表达较强烈的反诘口吻。[-51]调已超出廉江话的字调格局和常见的语调格局，我们认为是高音语调再连续叠加一个低降语调造成的。①

第三，"咩[mɛ33]"和"吗[ma33]"是否定词"冇[mou23]"分别与"唎[lɛ33]"和"啊[a33]"合音的结果，有它们的句子的谓语不能使用否定形式，如不说：

（27）*冇落水咩（吗）？

要是谓语非要使用否定形式，则用另一语气助词"啊[a-55]"：

（28）冇落水啊[a-55]？（没下雨吗？）

除"咩、吗"以外，其他疑问语气助词都能用于带否定词的疑问句。由于"咩、吗"本身含否定义，不是典型的疑问语气助词，所以疑问语调未能叠加其上。

根据是否叠加高音疑问语调，是覆盖叠加还是连续叠加，以及是否含否定义，可以把廉江话疑问语气助词语法化程度由高向低排列如下：

呢、啊 > 么 > 啪 > 咩、吗

---

① 廉江话存在一个低降的陈述语调[-21]，用于表示强调。"么"在表疑问的高音语调后叠加表强调的低降语调，效果是使反诘更强烈。语调与语调叠加是个更大的题目，需要另外讨论。这一点感谢麦耘先生的提醒。

"呢[ni⁻⁵⁵]"和"啊[a⁻⁵⁵]"受高音疑问语调的覆盖叠加，语法化程度最高。"么"也受高音疑问语调覆盖叠加，语法化程度也很高，但它还可以再叠加低降语调，我们暂时把它放在"呢、啊"之后。"啪"有覆盖叠加与连续叠加两种情况，且语义和读音明显与源头"怕"相关，其语法化程度又次之。"咩""吗"的否定义明显，不受高音语调影响，语法化程度最低。

在上述讨论的基础上，我们可以进一步讨论一些问题。

第一，现在可以认定 13.2 节所述不带疑问语气助词的疑问句末升语调[-35]与"啪、嗬"的[-35]是相同的性质，都是句末字调连续叠加高音疑问语调的结果。

第二，可辨析其他语气助词的声调，例如：

（29）a. 系噉㗎[ka³³]。（是这样的。）
　　　b. 系噉㗎[ka⁻³⁵]？（是这样的吗？）

语气助词"㗎[ka³³]"是"个、啊"的合音形式：个[kɔ³³]+啊[a³³]>㗎[ka³³]。它不是疑问语气助词，但可以用于疑问句。其用于疑问句末时，声调从[33]变为[-35]，是高音疑问语调连续叠加于字调后所致。再如：

（30）a. 八只人□[tsia⁻²¹]。（才八个人。）
　　　b. 八只人□[tsia⁻⁵⁵]？（才八个人？）

□[tsia]是"之啊[tsi⁵⁵ a³³]"的合音形式（原始形式应是[33]调），其覆盖叠加陈述语调[-21]即为[tsia⁻²¹]，而[tsia]出现于疑问句末、受高音疑问语调覆盖叠加后即形成[tsia⁻⁵⁵]。

13.4　余论：是非问句的分类

本章的一个副产品，是对廉江话的是非问句进行分类。疑问语气助词除"呢[ni⁻⁵⁵]"用于特指问句外，其他疑问语气助词都用于是非问句。发现疑问句中的高音语调，有利于对廉江话的疑问系统进行清楚的把握，是非问句的语义和表达形式才能系统地呈现出来。按不同的语义和表达形式（包括疑问语气助词和语调表现），廉江话是非问句的内部语义及表达形式可进行分类，见表 13-2。

表 13-2　廉江话是非问句的内部语义及表达形式分类

语义	表达形式	例句
一般询问	S+吗[ma³³]/咩[me³³]?	你系老师吗/咩？（你是老师吗？）
求证	求确认：S+啊[a⁻⁵⁵]?	你系老师啊[a⁻⁵⁵]?（你是老师吗？）
	求同意：S（，）嗬[hɔ⁻⁵⁵/⁻³⁵]?	你系老师（，）嗬[hɔ⁻⁵⁵/⁻³⁵]?（你是老师，对吧？）
测度	S+怕[pʰa⁻⁵⁵/⁻³⁵]?	你系老师怕[pʰa⁻⁵⁵/⁻³⁵]?（你是老师吧？）
诧异	S+↗?	你系老师↗?（你是老师？）
反诘	轻度反诘：S+么[mɔ⁻⁵⁵]?	你系老师么[mɔ⁻⁵⁵/⁻⁵¹]?（你是老师？）
	重度反诘：S+么[mɔ⁻⁵¹]?	

"求证"义是非问句还可分要求确认和希望同意两种。求确认较为客观，用"啊[a⁻⁵⁵]"。求同意较为主观，希望对方同意自己的意见或猜测，用叹词"嗬"。再如：

（31）a. 放假去旅游啊[a⁻⁵⁵]?——系（是）/冇系（不是）。
　　　b. 放假去旅游，嗬[hɔ⁻⁵⁵/⁻³⁵]?——好（去）/冇去（不去）。

上述 a 问句是向对方询问放假是不是去旅游，立场中性，答语或是或非；而 b 问句表达的是放假去旅游这个意见或提议，并希望对方同意，带有商量的口吻，答语就要说同意与否。

我们觉得需要再次强调，考察句末语调，应首先区分带语气助词和不带语气助词两种情况（麦耘，2006）。廉江话存在一个高音疑问语调——在不带语气助词的疑问句末，表现出连续叠加的特点；在带语气助词的疑问句末，主要表现出覆盖叠加的特点，也有个别情况表现为连续叠加。

发现高音疑问语调后，是非问句的内部系统终能完整地呈现出来。根据是否形成典型疑问语气助词的[-55]调和语义虚化的程度，还可把疑问语气助词的语法化程度进行排列。

本章再次说明，正确处理句末语调与语气助词之间的关系，对语气助词的分类及其音高、句子的分类以及一些特殊语气助词用法等问题的研究至关重要，不容忽视。

第14章

结构的演化：怀集（下坊）粤方言的重叠式疑问句

广东怀集（下坊）粤方言（勾漏片）存在重叠式疑问句（简称"重叠问"）。部分动词、形容词或介词重叠后构成中性问句，重叠前后字的语音形式不变。这一发现可对"VP-neg-VP? > VVP?"演变链条进行补充，具有类型学意义。怀集县内的民族语言标话，也存在重叠问，粤方言与标话存在接触关系。然而，若把目光移向其他粤方言如顺德（容桂）话，则难以判断怀集（下坊）粤方言的重叠问直接源自标话，也难排除怀集（下坊）粤方言的重叠问与标话无关。

通过与顺德（容桂）粤方言重叠问的比较，可以看出，标话对怀集（下坊）粤方言重叠问的继续演化进程（VP-neg-VP?>VVP?>VP-neg-VP?）存在影响。本章着重对怀集（下坊）粤方言、标话及顺德（容桂）粤方言的重叠问现象进行描写，认为语言自身演变的方向与接触引发的变化方向，可以是一致的（VP-neg-VP? > VVP?），而接触又使得正反问"回潮"，出现了演变或演化的"钟摆现象"。怀集（下坊）、顺德（容桂）粤方言与标话的重叠问现象，有助于进一步加深对接触与演变之间关系的认识。

重叠问这一句法结构在汉语方言中大量存在，应是由"VP-neg-VP?"演变而来的。我们可以把这一演变过程看作结构的语法化（/构式化），在语法化的过程中 neg 丢失，从而形 z 成"VVP?"。

14.1 引　　言

从表面上看，"重叠问"是由词语重叠而构成的一类问句（刘丹青，2008b），如下文例（1）。20世纪以来，傅国通（1978）、项梦冰（1990）、朱德熙（1991）、谢留文（1995）、刘丹青（2008b）等对于汉语重叠问的研究成果陆续发表。据不完全统计，近40个汉语方言点存在重叠问现象，包括了中原、胶辽、江淮、西南等官话，以及晋、吴、湘、闽、客方言和平话。我国境内的民族语言也存在重叠问。如四川凉山彝语和广西全州瑶语存在重叠问，后者同时存在正反问，例如：

（1）凉山彝语： na^{33} bo^{33} bo^{33}？（你去吗？）（倪大白，1982：256）
　　　　　　　你　去　去
（2）全州瑶语： nin^{31} ta^{31} n̩^{24} ta^{31}？（他来不来？）
　　　　　　　他　来　不　来
　　　　　　　nin^{31} ta^{24} ta^{31}？（他来不来？）（倪大白，1982：257）
　　　　　　　他　来　来

朱德熙（1991）认为汉语方言的"VV（O）"是"VP-neg-VP"的紧缩形式，即重叠问由正反问演变而来。这一观点得到学界的普遍认同，如邵敬敏、周娟（2007），李文浩（2009），郭利霞（2010），刘丹青（2012），罗昕如、彭红亮（2012），蒋协众（2013）等。吴福祥（2008）谈论南方民族语言的"A-not-A"疑问构式的来源，认为其是汉语"VP-not-VP"正反问句的扩散，是语言接触引发的语言演变。覃凤余等（2016）描写了广西东兰壮语的"拷贝式"是非问，认为该是非问不是正反问的进一步演变，值得注意。本书仍坚持怀集（下坊）粤方言的重叠问源自正反问的观点，同时，认同吴福祥（2008）等的做法，把正反问、重叠问看成表示疑问的一种构式。

除了曹志耘等（2008）曾指出广东怀集存在重叠问（如"你去去？"）外，粤方言的重叠问尚未引起学术界的关注。怀集位于粤西北地区，县内东北部通行下坊话（勾漏片粤方言），包括怀城、连麦、中洲、汶朗、甘洒、凤岗、闸岗、坳仔、洽水等镇[①]。本章以怀城话作为怀集（下坊）话的代表。怀集（下坊）话可以由部分动词、形容词和介词重叠后构成疑问句，先对其进行详细描写。

然而，根据Cheung（2001）和伍巍、陈卫强（2008）的考察，早期粤语与现代广州话反复问句的基本类型为"VP-neg-VP"和"VP-neg"，类型上保持了一致，例如（否定词用下划线标出）：

（3）早期粤语：系唔系呢？（是不是呢？）（《土话字汇》，1828：SECTION XIX；引自早期粤语口语文献资料库）
　　　现代广州话：你知唔知？（你知不知道？）

[①] 2020年3月，撤怀城镇、闸岗镇，而分设怀集县怀城街道、幸福街道并正式挂牌成立。

(4) 早期粤语：渔人能随处捕鱼唔呢？（渔民可以随处捕鱼吗？）
（Bridgman，1841：347；引自 Cheung，2001：212）
现代广州话：食咗饭未（*唔）？（吃饭了吗？）

早期粤语和现代广州话都没发现重叠问。而怀集当地还存在一种名为标话的壮侗语，也存在重叠问。那么，怀集（下坊）话的重叠问是怎么来的？是自身的演变还是接触引发的演变？

我们提出"正反问 > 重叠问"演变的第五个阶段，并初步认为怀集（下坊）话的重叠问与当地标话有关，但并不一定是由标话接触而引发的。

怀集（下坊）话的声韵调系统参照杨璧菀（2007，2012）。怀集（下坊）话有 9 个调，调类及其调值分别是：阴平（42）、阳平（231）、阴上（53）、阳上（13），阴去（33）、阳去（325）、上阴入（55）、下阴入（33）、阳入（325）。两字组连读存在前变调，规律是上声在其他音节前一般读 32 调，平、去、入声各调在其他音节前一般读 31 调。本章暂记录怀集（下坊）话变调后的调值。

14.2 怀集（下坊）话重叠问的构成

14.2.1 "VP-neg？"与"VVP？"的分工

怀集（下坊）话的反复问只有"VP 冇[mɔu^{53}]"（VP-neg）和重叠问（VVP）两种类型。总的来说"VP 冇"的使用范围大于重叠问。VVP 一般只接受部分单音节的自主动词、形容词和介词，通常不能是双音节词及变化动词。而"VP 冇"句式对词类和词语音节数没有类似限制，比较自由，例如：

(5) a. *他病病？
 b. 他病了冇？（他病没病？）
(6) a. *介介绍分我识？
 b. 介绍分我识冇？（介不介绍给我认识？）

VVP 一般对未然的动作行为提出疑问，而"VP 冇"则可对未然或已然的动作行为提出疑问，例如：

(7) a. 佢□朝日 [toŋ^{31}tiu^{42}iet^{325}]（/*昨日）去去？（他明天去不去？）
 b. 佢□朝日（/昨日）去冇？（他明天不去？/他昨天去没去？）

对未然的回答分别为"VP"或"唔 VP";对已然的回答则是"VP 了"或"冇 VP"。如对例(7)a 句的回答为"去"或"唔去";对例(7)b 句已然情况(昨天)的回答分别是"去了"和"冇去"。

"VP 冇"和 VVP 都可以进入疑问句或陈述句作宾语小句(以下例中下划线成分),例如:

(8)你话使冇(/使使)?(你说要不要?)
(9)做问佢愿冇(/愿愿)。(问一下他愿不愿意。)
(10)今你决定去广州冇(/去去广州)?(现在你决定去广州了吗?)
(11)咪理佢红冇(/红红)咧!(不管它红不红!)

VVP 和"VP 冇"不作主语小句,例如:

(12)*佢去去(/*佢去冇)我冇知。
(13)*忧忧落雨(/*忧落雨冇)冇知喔。
(14)*红红(/*红冇)亦冇所谓。

以上三例,把 VVP 或"VP 冇"置于宾语位置,或换一种说法才自然,例如:

(12′)a. 我冇知佢去去(/佢去冇)。(我不知道他去不去。)
　　　b. 我冇知佢去唔去。(我不知道他去不去。)
(13′)冇知忧忧落雨(/忧落雨冇)喔。(不知道会不会下雨。)
(14′)a. 红亦得,唔红亦得。(红也可以,不红也可以。)
　　　b. 红唔红亦冇所谓。(红不红都没关系。)

例(12′)、例(14′)的 b 句中,"VP 唔 VP"分别充当宾语、主语小句,不表疑问。

14.2.2　单音节动词重叠式构成的重叠问

14.2.2.1　怀集(下坊)话的 VV 式重叠问

光杆动词 V(不带任何附属成分)可在谓语位置上构成重叠问,或作附加疑问句,如例(20)。V 通常为自主动词(马庆株,1988),例如:

（15）拣咁久，取取哦□? [kɐn⁵³kɐm³²⁵tsau⁵³, tsʰou⁵³tsʰou⁵³ɔ³³nɐŋ³³?]
（挑这么久，要不要啊？）

（16）我瞓觉了，你瞓瞓诶? [ŋɔ¹³fɐn³¹kɐu³³le⁵³, nei¹³fɐn³³fɐn³³ɛ³³?]（我睡觉了，你睡不睡呢？）

（17）个样唔分，□样分分? [kɔ³²⁵iøŋ³²⁵m²³¹pɐn⁴², hei⁵³iøŋ³²⁵pɐn⁴²pɐn⁴²?]
（这种不给，那种给不给？）

（18）你去去哦? [nei¹³høy³³høy³³ɔ³³?]（你去不去呢？）

（19）个件衫太土了，你□着着? [kɔ³²⁵kin³²⁵θɐn⁴²tʰai³³tʰou⁵³le⁵³, nei¹³tsɐn³¹tøk³³tøk³³?]（这件衣服太土了，你还穿不穿？）

V 也可以是属性动词或变化动词，例如：

（20）又玩游戏了，是是? [iou³²⁵fan⁴²iau³¹hi³³le⁵³, tsi¹³tsi¹³?]（又玩游戏了，是不是？）

（21）我咁样讲得得诶? [ŋɔ¹³kɐm³²⁵iøŋ³²⁵kɔŋ⁵³tɐk⁵⁵tɐk⁵⁵ɛ³³?]（我可以不可以这样说呢？）

（22）我都讲咁多次了，你明明哦□? [ŋɔ¹³tou⁴²kɔŋ⁵³kɐm³²⁵tɔ⁴²tsʰei³³le⁵³, nei¹³miɐŋ²³¹miɐŋ²³¹ɔ⁵³nɐŋ³³?]（我都说那么多次了，你懂不懂呐？）

（23）阿妈度₁屋啰，阿弟度₁度₁? [a³¹ma⁴²tou³¹ok⁵⁵lɔu⁵³, a³¹tai¹³tou³²⁵tou³²⁵?]（妈妈在家呀，弟弟在不在？）

（24）冇生菜，薯藤梗呢，有有? [mɔu¹³θɐŋ³¹tsʰɔi³³, tsy³¹tɐŋ²³¹kɐŋ³³ni³³, iau¹³iau¹³?]（没有生菜，番薯叶呢，有没有？）

如果没有前面的分句做比照，存在义动词"度₁"（在）、"有"的重叠问，如例（23）、例（24）的接受度不高，使用"VP 冇"会更自然，例如：

（23′）阿弟度₁冇? [a³¹tai¹³tou³²⁵mɔu⁵³?]（弟弟在不在？）

（24′）有薯藤梗冇? [iau¹³tsy³¹tɐŋ²³¹kɐŋ³³mɔu⁵³?]（有番薯叶吗？）

14.2.2.2　VVO 式

述宾结构 VO 的重叠式 VVO 在谓语位置上构成重叠问，例如：

（25）你去去广州哦？[nei¹³høy³³høy³³kuɔŋ³¹tsau⁴²ɔ³³?]（你去不去广州呢？）

（26）佢是是你同学诶？[køy¹³tsi¹³tsi¹³nei¹³tɔŋ³¹hɔk³²⁵ɛ³³?]（他是不是你同学呢？）

其中，予取类动词只有"分[pen⁴²]（给）"可带双宾语，例如：

（27）你□分分（个）本书我诶？[nei¹³tsɐŋ³¹pen⁴²pen⁴²（kɔ³²⁵）pun⁵³θy⁴²ŋɔ¹³ɛ³³?][你还给不给我（这）本书呢？]

宾语 O 为谓词性宾语，包括光杆动词、述宾结构、状中结构、连谓结构，例如：

（28）彼处得得入诶？[pei⁵³tsʰy³³tɐk⁵⁵tɐk⁵⁵iɐp³²⁵ɛ³³?]（那里能不能进去？）
（29）你识识打字诶？[nei¹³θɐk⁵⁵θɐk⁵⁵ta³¹tsei³²⁵ɛ³³?]（你会不会打字呢？）
（30）阿姐是是度饭堂吃饭？[a³¹tsɛ⁵³tsi¹³tsi¹³tou³²⁵fan³¹tɔŋ²³¹hiek³¹fan³²⁵?]（姐姐是不是在饭堂吃饭？）
（31）你使使攞那馒头去吃诶？[nei¹³θai⁵³θai⁵³lɔ⁵³na⁴²man³¹tau²³¹høy³³hiek³³ɛ³³?]（你用不用拿一个馒头去吃？）

宾语 O 不能为准宾语，即动量、时量和数量宾语，例如：

（32）*你试试次？
（33）*你等等阵□[tsɛ⁵³]?
（34）*你取取尼□[tsɛ⁵³]?

14.2.2.3 VV（O）C 式

述补结构 V（O）C 可以重叠动词 V，在谓语位置上构成重叠问。补语 C 可以是趋向补语，如"出""入""上""过""落下""返回"等客观趋向词；也包括这些词与主观趋向词"来""去"组成的复合趋向补语，如"入来""出去""上来""落去下去"等，这时"来""去"可隐去，句子原意不变，例如：

(35) 张凳你攞攞入(来)? [tøŋ⁴²teŋ³³nei¹³lɔ⁵³lɔ⁵³iɐp³²⁵(lɔi²³¹)?](凳子你拿不拿进来?)

(36) 落雨啰㗎,尼衫你收收返(来)? [lɔk³¹ʔy¹³lou⁵³pou³³, ni³³θɛn⁴²nei¹³θau⁴²θau⁴²fan⁴²(lɔi²³¹)?](下雨喽,这/那些衣服你收不收回来?)

(37) 你做问阿丈开开车过(来)? [nei¹³tsou³³mɐn³²⁵a³¹tsøŋ³²⁵hɔi⁴²hɔi⁴²tsʰiɐ⁴²kuɔ³³(lɔi²³¹)?](你问一下姨丈开不开车过来?)

当 V 为客观趋向动词,如"出""入""上""落""过""返"等,主观趋向词"来""去"也能充当趋向补语跟在其后,也可省去不说,如"出(来)""上(来)""入(去)"。若有处所宾语,置于述补结构之后,例如:

(38) 你出出(去)话? [nei¹³tsʰɐt⁵⁵tsʰɐt⁵⁵(høy³³)ua³²⁵?](你出不出去?)

(39) 天黑啰㗎,你上上(来)哦? [tʰɛn⁴²hɐk⁵⁵lou⁵³uɔ³³, nei¹³tsøŋ³²⁵tsøŋ³²⁵(lɔi²³¹)ɔ³³?](天黑了,你上来不上来呢?)

(40) 佢入入(来)教室诶? [køy¹³iɐp³²⁵iɐp³²⁵(lɔi²³¹)kɐu³¹θɐt⁵⁵ɛ³³?](他进不进来教室呢?)

相对来说,例(38)~(40)这类主观趋向词充当补语的句子,比例(35)~(37)这类用客观或复合趋向词作补语的句子更自然,即补语的长度越短,越容易接受。

补语 C 也可以是能性补语"得",表示客观上能否做某事,例如:

(41) 你㧡㧡得? [nei¹³ŋai²³¹ŋai²³¹tɐk⁵⁵?](你能不能吃苦?)

(42) 张床瞓瞓得? [tøŋ⁴²tsɔŋ²³¹fɐn³³fɐn³³tɐk⁵⁵?](这/那张床能不能睡?)

14.2.2.4 VV 得 C 式

可能式述补结构"V 得 C"重叠动词 V,可在谓语位置上构成重叠问,例如:

(43) 件衫洗洗得净哦? [kin³²⁵θɛn⁴²θai⁵³θai⁵³tɐk⁵⁵tsieŋ³²⁵ɔ³³?](这/那件衣服能不能洗干净?)

(44) 尼饭吃吃得饱诶? [ni³³fan³²⁵hiek³³hiek³³tɐk⁵⁵pɛu⁴²ɛ³³?](这/那些饭菜能不能吃得饱?)

(45) 那箱咁细,尼衫装装得入? [na⁴²θøŋ⁴²kɐm³²⁵θɛ³³, ni³³θɛn⁴²tsɔŋ⁴²tsɔŋ⁴²

tɐk⁵⁵iɐp³²⁵？］（箱子这么小，这/那些衣服能不能装得进去？）

怀集（下坊）话"V得C"的否定形式为"冇V得C"，例如"冇攞得郁"（拿不动）、"冇吃得饱"（吃不饱）。有时也用"V唔C"，如"攞唔郁""吃唔饱"，应是受到了广州话的影响。两种否定形式都不能重叠。

14.2.2.5　VV（O）作连谓结构的前项

疑问句中，VV（O）可以作连谓结构的前项，例如：

（46）你去去睇病？[nei¹³høy³³høy³³tʰai³¹pieŋ³²⁵？］（你去不去看病？）
（47）你来来（我屋）吃饭诶？[nei³³lɔi²³¹lɔi²³¹（ŋɔ¹³ok⁵⁵）hiek³¹fan³²⁵ɛ³³？］
　　　（你来不来我家吃饭？）
（48）你得得闲返？[nei³³tɐk⁵⁵tɐk⁵⁵hɛn²³¹fan⁴²？］（你有没有空回来？）

14.2.3　由单音节形容词重叠式构成的重叠问

怀集（下坊）话构成重叠问的单音节形容词皆为性质形容词。

14.2.3.1　AA式作谓语

表示心理状态的形容词构成重叠问，常作附加疑问句，例如：

（49）咁大那了□咬手仔，丑丑①哦？[kɐm³²⁵tai³¹na⁴²le⁵³tsɐŋ³¹ŋɛu¹³θau³¹
　　　Tsai⁵³，tsʰau⁴²tsʰau⁴²ɔ³³？］（这么大了还咬手指，羞不羞？）
（50）冇取到样嘢，烦烦？[mɔu¹³tsou⁵³tɔu³¹iøŋ³²⁵iɐ¹³，fan²³¹fan²³¹？］（没有买到一样东西，烦不烦？）
（51）日日都是吃个尼＝菜，厌厌？[iɐt³¹iɐt³²⁵tou³¹tsi¹³hiek³³kɔ³²⁵ni³³tsʰɔi³³，
　　　ʔin³³ʔin³³？］（天天都是吃这些菜，厌不厌？）

表示大小、质量、味道、形状的性质形容词也可构成重叠问，例如：

（52）佢大大得过我诶？[køy¹³tai³²⁵tai³²⁵tɐk⁵⁵kuɔ³³ŋɔ¹³ɛ³³？］（他比不比我大呢？）

---

① 怀集（下坊）话"怕丑"是害羞的意思，"丑丑"意为"羞不羞"。

（53）□朝日去啰，<u>好好</u>？[toŋ³¹tiu⁴²iet³²⁵høy³³lou⁴², hɔu⁵³hɔu⁵³？]（明天去吧，好不好？）

（54）阿妈煮尼菜<u>香香</u>？[a³¹ma⁴²tsy⁴²ni³³tsʰɔi³³høŋ⁴²høŋ⁴²？]（妈妈做的菜香不香？）

（55）我画哦个条线<u>直直</u>？[ŋo¹³uɛk³³ɔ³³kɔ³²⁵tɛu²³¹θin³³tsɐk³²⁵tsɐk³²⁵？]（我画的这条线直不直？）

14.2.3.2　AA 式作宾语

形容词重叠式也可在宾语位置上构成重叠问，前面的动词一般为"话""觉得"之类，例如：

（56）阿爸阿妈想起间屋，你话<u>好好</u>？[a³¹pa⁴²a³¹ma⁴²θøŋ⁵³hi⁴²kɛn⁴²ok⁵⁵, nei¹³ua³²⁵hɔu⁵³hɔu⁵³？]（爸爸妈妈想盖一座房子，你说好不好？）

（57）戴紧那新眼镜你觉得<u>清清</u>？[tai³³kɛn⁵³na⁴²θɐn⁴²ŋɛn³³kiɛn³³nei¹³kɔk³³tɛk⁵⁵tsʰiɛŋ⁴²tsʰiɛŋ⁴²？]（戴着这副新眼镜你觉得清不清楚？）

（58）今你觉得<u>怕怕</u>？[kɐm⁴²nei¹³kɔk³³tɛk⁵⁵pʰa³³pʰa³³？]（现在你觉得害不害怕？）

14.2.3.3　AA 式作状态补语

形容词可在述补结构的补语（状态补语）位置上构成重叠问，例如：

（59）你做望我写得<u>啱啱</u>？[nei¹³tsou³³mɔŋ³²⁵ŋo¹³θiɛ⁵³tɛk⁵⁵ŋam⁴²ŋam⁴²？]（你看一下我写得对不对？）

（60）那钟□得<u>正正</u>？[na⁴²tsoŋ⁴²kʰuɐŋ³³tɛk⁵⁵tsiɛŋ³³tsiɛŋ³³？]（钟挂得正不正？）

（61）幅画画得<u>靓靓</u>？[fok⁵⁵ua³²⁵uɛk³³tɛk⁵⁵liɛŋ³³liɛŋ³³？]（这/那幅画画得漂不漂亮？）

"VV 得 C"是对动作可能性的提问，而"V 得 AA"是对结果状态的提问，对比如下：

（62）件衫<u>洗洗</u>得净哦？[kin³²⁵θɛn⁴²θai⁵³θai⁵³tɛk⁵⁵tsiɛŋ³²⁵ɔ³³？]（这/那件衣服能不能洗干净？）

（63）件衫洗得净净哦？[kin³²⁵θɛn⁴²θai⁵³tɛk⁵⁵tsieŋ³²⁵tsieŋ³²⁵ɔ³³？]（这/那件衣服洗得干不干净？）

14.2.4　由单音节介词构成重叠问

目前发现存在重叠问的汉语方言中，大部分只允许谓词性成分重叠。怀集（下坊）话除动词和形容词外，部分介词也可进入重叠问，这说明这些介词还保留着动词的功能。介宾短语后必须紧跟谓词性成分，构成状中结构即"Prep重叠+O+VP"。

能构成重叠问的介词主要有以下几类，皆为前置介词。

引介施事："分[pen⁴²]给""把[pa⁵³]让"。

引介与事："同₁[toŋ²³¹]和/跟""共[koŋ³²⁵]和/跟/给""佮[kap³³]和/跟""问[mɛn³²⁵]向""帮[pɔŋ⁴²]替/给""同₂[toŋ²³¹]替/给"。

引介工具："用[ioŋ³²⁵]"。

引介处所："度₂[tou³²⁵]在""度₃[tou³²⁵]从""向[høŋ³³]"。

分别举例如下：

（64）你妈分分（/把把）你出来□？[nei³¹ma⁴²pen⁴²pen⁴²（/pa⁵³pa⁵³）ni¹³tsʰɛt⁵⁵lɔi²³¹nen⁵⁵？]（你妈让不让你出来啊？）

（65）冇知佢□同₁同₁（/共共/佮佮）我耍呢？[mɔu¹³tei⁴²køy¹³tsen³¹toŋ²³¹toŋ²³¹（/koŋ³²⁵koŋ³²⁵/kap³³kap³³）ŋɔ¹³θa³³ni³？]（不知道他还跟不跟我玩耍呢？）

（66）□问问佢借书好呢？[tsen³¹mɛn³²⁵mɛn³²⁵køy¹³tsiɐ³¹θy⁴²hɔu⁵³ni³³？]（还向不向他借书呢？）

（67）你帮帮（/同₂同₂/共共）我去取菜诶？[nei¹³pɔŋ⁴²pɔŋ⁴²（/toŋ²³¹toŋ²³¹/kɔŋ³²⁵kɔŋ³²⁵）ŋɔ¹³høy³³tsʰou³¹tsʰɔi³³ɛ³³？]（你替不替我去买菜呢？）

（68）用用个块布抹？[ioŋ³²⁵ioŋ³²⁵kɔ³²⁵kʰuai³³pu³³mat³³？]（用不用这块布擦？）

（69）你度₂度₂个处吃饭？[nei¹³tou³²⁵tou³²⁵kɔ³²⁵tsʰy³³hiek³¹fan³²⁵？]（你在不在这里吃饭？）

（70）你度₃度₃广州返？[nei¹³tou³²⁵tou³²⁵kuɔŋ³¹tsau⁴²fan⁴²？]（你从不从广州回来？）

（71）到路口了，向向个边行诶？[tou³³lou³¹hau⁵³le⁵³, høŋ³³høŋ³³kɔ³²⁵pen⁴² Heŋ²³¹ɛ³³？]（到路口了，向不向这边走呢？）

其中，"问"和"向"重叠问的自然度略低。

14.2.5 部分双音节词构成的重叠问

部分双音节动词也可构成重叠问，主要是离合词，如"上班、返学（上学）、返屋（回家）、冲凉（洗澡）、散步、睡觉、化妆、报名、结婚"等。重叠时只重复第一个音节，例如：

（72）银行上上班诶？[ŋen³¹hɔŋ²³¹tsøŋ¹³tsøŋ¹³pan⁴²ɛ³³？]（银行上不上班呢？）

（73）夜晚散散步？[ia³¹man¹³θan³³θan³³pu³²⁵？]（晚上散不散步？）

14.2.6 怀集（下坊）话重叠问的特点及其他方言的重叠问

14.2.6.1 怀集（下坊）话重叠问的特点

总的来说，怀集（下坊）话重叠问具有以下特点：①不与正反问句（"VP-neg-VP"）并存；②重叠问大多由单音节词的重叠式构成，部分双音节离合词也构成重叠问；③重叠式前后字语音形式保持不变，都读单字音；④除了动词和形容词外，部分介词也可进入重叠问，这些介词还具有动词性；⑤重叠式的句法功能多样，在问句中作谓语、宾语、状语、补语以及连谓结构前项，但不作主语。

普通话可以用动词重叠式 VV 表示时量短、动量小或尝试的语法意义。这些意义，怀集（下坊）话用"做[tsou³³]+V（自主动词）"来表达，不与重叠问发生混淆，例如：

（74）帮我做扫间屋。[pɔŋ⁴²ŋɔ¹³tsou³³θou³³ken⁴²ok⁵⁵。]（帮我扫扫房子。）

（75）瞓觉前要做整张蚊帐。[fen³¹keu³³tsin²³¹iu³³tsou³³tsieŋ⁵³tøŋ⁴²men²¹tsøŋ³³。]（睡觉前要弄弄蚊帐。）

（76）做耍都无得？[tsou³³θa³³tou³¹mou¹³tek⁵⁵？]（玩玩都不行吗？）

（77）你做试。[nei¹³tsou³³θi³³。]（你试试。）

怀集（下坊）话的动词重叠式 VV 也可表示持续时间短，但其后必须紧跟谓词性成分（表示结果），用法及意义与普通话的"V着V着"结构相当，也不会与重叠问发生混淆，例如：

（78）我本来想讲怀集话啊，冇知讲讲就变返白话了！[ŋɔ¹³pun⁴²lɔi²³²θøŋ⁵³ kɔŋ⁵³uai³¹tsɐp³²⁵ua³²⁵a³³, mɔu¹³tei⁴²kɔŋ⁵³kɔŋ⁵³tou³¹pin³³fan⁴²pɛk³¹ ua³²⁵le⁵³！]
（我本来想说怀集话的啊，谁知道说着说着就变回白话了！）

（79）佢耍耍就冇记得吃了。[køy¹³θa³³θa³³tou³¹mɔu¹³ki³³tɐk⁵⁵hiek³³le⁵³。]
（他玩着玩着就不记得吃了。）

（80）婆姼听听就瞓着了。[pɔ³¹tai⁴²tʰieŋ³³tʰieŋ³³tou³¹fɐn³³tøk³²⁵le⁵³。]（外婆听着听着就睡着了。）

怀集（下坊）话的形容词、介词的重叠式，也只有表示疑问的用法。这为重叠问排除了形式和语义的干扰。

14.2.6.2　其他方言中的重叠问

一些方言中还存在其他词语构成的重叠问。

第一种，由时间词、拟声词、叹词、副词、连词、短语等重叠而构成疑问句，分别举例如下：

（81）邵阳（蒋协众，2013：202）：
你整整天喊零食喫哩？（你还会不会整天嚷着要零食吃了？）【时间词】
菜重重新热一道哩？（菜要不要重新热一遍了？）【副词】
你因因为别个冇得钱就喊别个是只叫花子哩？（你会不会因为别人没有钱就管人家叫作叫花子了？）【连词】
你耀耀武扬威哩？（你还耀武扬威不耀武扬威了？）【短语】

（82）泗阳（王玉梅，2008：18）：
嗡嗡来？（还嗡不嗡？）【拟声词】
咦咦来？（还咦不咦？）①【叹词】

（83）舟曲（莫超，2004：185）：

---

① 据王玉梅（2008：19）研究，泗阳话中由拟声词和叹词构成的重叠问需带上语气助词"来"，表示已发生过了，如"咦咦来？"表示刚才发出过"咦"的感叹，现在是否仍继续的意思。

走了一天，腿疼腿疼？（走了一天，腿疼不疼？）【短语】
感冒了，你买药买药？（感冒了，你买药了没买？）【短语】

第二种，东兰壮语的谓词否定式，可以重叠构成疑问句"neg-VP-neg-VP"。这种问句除了表示中性问外，还可表示带有先设否定倾向性的是非问，例如（引自覃凤余等，2016：52）：

（84）mɯŋ² ʔam⁶hau³ la:n² ʔam⁶   hau³ ʔa⁶?
　　　你　不进　家　不　进　啊
　　　（你进家吗？/你不进家吗？）

（85）tɕiu¹ pu⁶ ʔbou³   hɯ⁵ ʔbou³   hɯ⁵ ʔa⁶?
　　　件　衣　不　　干　不　　干　啊
　　　（衣服干吗？/衣服不干吗？）

第三种，晋语五台片（山西朔州平鲁、代县）的双音节动词可构成"VV-neg-B（O）"式重叠问，表能性的问句格式也可以构成"VV-neg-C（O）"式重叠问，如（郭利霞，2010：79-80）：

（86）你认认不得那个人？（你认识不认识那个人？）
（87）拿拿不动？（能拿动拿不动？）

以上三种是其他方言出现的情况，在怀集（下坊）话的重叠问中，都不出现。

14.3　怀集（下坊）话重叠问的类型学意义

14.3.1　合音与紧缩

目前尚未见到相关汉语史的材料可以说明重叠问的形成过程。根据重叠问形成的原因，目前学术界主要把重叠问归为两类：源自"VP-neg-VP"结构的"合音"或"紧缩"。

14.3.1.1　合音

合音主要指"VP-neg-VP"的重叠前字发生变调，一律变成否定词的声调，或某种统一的声调。典型的情况是项梦冰（1990）报道的福建连城（新泉）

客方言：AA（B）的重叠前字 A 不管其单字调是什么，一律置换为其后否定词 "唔^{35}" 的声调，变成 A^{35}A（B）。在一定条件下还会发生二次合音，前字 A^{35} 叠加了后字 A 的声调，只剩下 A^{35xx}（B）。合音路径为：A^{xx}唔^{35}A^{xx}（B）→A^{35}A^{xx}（B）→A^{35xx}（B），例如：

(88) 福建连城（客）：喜^{51}唔^{35}喜^{51}欢这件？（喜不喜欢这件？）→喜^{35}喜^{51}欢这件？→喜^{3551}欢这件？（项梦冰，1990：128）

重叠前字统一变成某种不同于否定词的声调，例如：

(89) 江西于都（客）：你食食酒？[ni^{42}ṣe ʔ^{5}ṣe^{42}tsiu^{35}]①（你喝不喝酒？）（谢留文，1995：208）

有的方言则是重叠后字置换为否定词的声母，而声调不变，例如：

(90) 广西横县（平）：去不去？[xɔi^{53}mo xɔi^{53}?]→去去？[xɔi^{53}mɔi^{53}?]（闭思明，2002：107）

符合合音情况的还有福建长汀（谢留文，1995）、江西会昌（邵敬敏和周娟，2007）、山东长岛、招远（罗福腾，1996；许卫东，2005）、江苏涟水南禄（顾劲松，2010）、福建福州（郑懿德，1983）等地的汉语方言。这些方言中有的还并存着正反问，有的正反问已基本上不说。

14.3.1.2 紧缩

紧缩是指 "VP-neg-VP" 完全脱落了中间的否定词，而重叠前后字的语音形式不受任何影响，仍读单字音，例如：

(91) 湖南邵阳（湘）：其到底来唔来哩？→其到底来来哩？（他到底还来不来了？）（蒋协众，2013：201）

符合紧缩情况的其他汉语方言还有：晋语五台片（郭利霞，2010）、甘肃舟曲（莫超，2004）方言，重庆（李科凤，2005）方言，江苏的泗阳（王玉梅，2008）

---

① 重叠前字表现为特殊变调，与否定词 "唔" 的调值（44）不同。

和淮安淮阴（李文浩，2009；潘登俊，2011）方言，湖北的安陆（盛银花，2007）、随州（黄伯荣，1996）和浠水（郭攀，2003）方言，浙江的绍兴（寿永明，1999）、诸暨（邵敬敏，周娟，2007）、嵊县①（朱德熙，1991）、金华和武义（傅国通，1978）方言，湖南的邵东（陈颖，2013）、永州（罗昕如和彭红亮，2012）、益阳（黄伯荣，1996）和桂阳流峰（欧阳国亮，2009）方言等。这些方言的重叠问都与"VP-neg-VP"共存，重叠问明显是由正反问删除否定词而来。

14.3.2 "VP-neg-VP>VVP"的演变链条

14.3.2.1 否定词的脱落程度与演变的四个阶段

刘丹青（2008b）认为正反问整体性越强，内部成分（如否定词）的独立性就越弱，就容易在高频压力下由经济性原则促成脱落。我们认为，无论是合音还是紧缩，从结果上看都是"VP-neg-VP"不同程度地脱落了否定词，不过前者依然保留着 neg 的痕迹（声调或音素），而后者脱落得较彻底，已找不到 neg 的痕迹。两者实际上是"VP-neg-VP>VVP"演变链条上的不同阶段，如图 14-1 所示。

图 14-1　"合音""紧缩"在"VP-neg-VP>VVP"演变链条上的位置

刘丹青（2012）将正反问的存在情况和变调变音情况结合起来，进一步归纳出汉语重叠问的四个阶段，简述如下。

阶段 a. 可还原为正反问，重叠前字变为否定词的声调，例如：

（92）福建连城（客）：喜^{35}喜^{51}欢这件？②（喜不喜欢这件？）（项梦冰，1990：128）

阶段 b. 可还原为正反问，重叠前字有特殊变调，但与否定词不同，例如：

（93）浙江绍兴（吴）：伊晓^{335}晓^{55}得^{54}？（他知不知道？）（王福堂，2003：232）

阶段 c. 没有正反问，重叠前字有特殊变调，但与否定词不同。如：

---

① 1995 年，撤县设市，改名嵊州市。
② 否定词声调为 35。

（94）江西于都（客）：你食食酒？[ni⁴²ʂeʔ⁴²⁻⁵ʂe⁴²tsiu³⁵]（你喝不喝酒？）
（谢留文，1995：208）

阶段 d. 不可还原为正反问，但有其他情况下的正反问①，无变音变调，如：

（95）江苏淮安淮阴（官）：走走？（走不走？）（李文浩，2009：178）
湖北随州（官）：是是他？（是不是他？）（黄伯荣，1996：695）

刘丹青（2012）认为，阶段 a、b 中重叠问和正反问有较明显的联系，属于重叠问的较早阶段；但阶段 b 中重叠前字的变调与否定词无显性联系，比阶段 a 更靠近重叠问；而阶段 c、d 与正反问失去联系，已是地道的重叠式，实现了从句法形态到重叠形态（"次生重叠"）的重新分析。

若将这四个阶段放在"VP-neg-VP>VVP"演变链条上，可得出图 14-2。

图 14-2　四个阶段在"VP-neg-VP>VVP"演变链条上的位置

14.3.2.2　演变的第五个阶段

刘丹青（2012）提出的四个阶段，并不能涵盖怀集（下坊）话重叠问的情况，地道的老派怀集（下坊）话不存在正反问，重叠前后字也不变调，几乎找不到正反问的痕迹。不妨将其列为"第五个阶段 e"，如图 14-3 所示。

图 14-3　五个阶段在"VP-neg-VP>VVP"演变链条上的位置

不过，近年来因为受到广州话正反问的影响，年轻一代所说的怀集（下坊）

---

① 据李文浩（2009）研究，淮阴话除了"有没有？"可以说成"有有？"之外，"V 没 V"式正反问不能删除"没"，例如"走没走？"不能删除"没"。再如据黄伯荣（1996：695）研究，随州话的形容词不能构成 AA 式，一定要说"A 不 A"。

话逐渐出现与重叠问并存的正反问（VP 唔 VP），有"回潮"的趋势。

14.4　怀集（下坊）话重叠问的来源探讨：联系标话和顺德（容桂）粤方言

14.4.1　肇庆勾漏片粤方言的反复问句

根据侯兴泉的考察，广东肇庆封开（南丰）话的反复问存在 VP-neg、F-VP 及其混合形式 F-VP-neg，如（侯兴泉，2005：129-130）：

（96）封开南丰：佢去过南丰曾[tsɐŋ²¹][1]？（他去过南丰没有？）
　　　你阿[a⁵⁵]喫饭？（你吃不吃饭？）
　　　你阿见过李平曾？（你见过李平没有？）

周昀（2006）对广东肇庆勾漏片粤方言（怀集、广宁、德庆、封开）的反复问句进行过考察，认为肇庆的粤方言使用 VP-neg-VP、VP-neg、F-VP 及 F-VP-neg 混合句式，如：

（97）广宁：作业做唔做得齐？（作业做不做得完？）【VP-neg-VP】
　　　（周昀，2006：5）
（98）德庆（官圩）：啊啲花香冇[mɐu²³]？（这些花香不香？）【VP-neg】
　　　（周昀，2006：7）
（99）怀集（马宁）：你阿[at⁵]望电视？（你看不看电视？）【F-VP】（周昀，2006：10）
（100）怀集（马宁）：水阿滚曾[nəŋ²¹][2]？（水开了没有？）【F-VP-neg】
　　　（周昀，2006：12）

以上侯兴泉（2005）、周昀（2006）所考察的对象与怀集（下坊）话一样，同属肇庆勾漏片粤方言，但侯文、周文均未发现重叠问。那问题来了，怀集（下坊）的重叠问从哪里来的呢？是源自接触，还是自身演变所致？我们先看怀集境内的语言/方言情况。

---

[1] 侯兴泉（2005）认为"VP 曾"由"VP-neg 曾"脱落否定词而来，"曾"逐渐向疑问标记演变。
[2] 此处的"曾"是否定词。

14.4.2 怀集县内语言/方言的情况

怀集县内的粤方言除了下坊话，还有另一种上坊话，分布于梁村、大岗、马宁、冷坑、蓝钟、岗坪等镇。上坊话使用 F-VP 式反复问，例如：

（101）梁村粤方言：你阿[a^{53}]去？（你去不去？）

除粤方言外，县内也使用客方言，其反复问句的类型为 F-VP 或 VP-neg，没有重叠问，例如（杨璧菀，2011：16）：

（102）蓝钟客方言：你阿食？（你吃不吃？/你吃吗？）
（103）闸岗客方言：你去无？（你去不去？/你去吗？）

怀集县内的少数民族包括壮族和瑶族，主要聚居于下帅壮族瑶族乡，汉化程度高。据《怀集县志》记载，怀集县内壮族人口约 6000 人。（怀集县地方志编纂委员会，2012）下帅壮语的反复问主要使用"VP 不 VP"和"VP 有[mi^{132}]"形式，有时候使用上坊话的"阿 VP"和下坊话的 VVP，但不普遍，没有特定规律；动词重叠式可表示短时少量的意义。梁敏、张均如（2002）曾提到1982年瑶族人口为 728 人，占县内总人口的 0.12%，而《怀集县志》（1993）不再提及瑶语。怀集下帅地理位置偏僻，壮语、瑶语对下坊话重叠问造成影响的可能性不大。

然而，怀集境内的另一种民族语"标话"普遍存在重叠问。据梁敏、张均如（2002）介绍，"标人"虽然没有自己的民族称谓，过去都报作汉族，但标话并不是汉语方言，而属于侗台语族侗水语支。根据杨璧菀（2011）介绍，标话使用于县内西南部诗洞、永固、大岗等镇，其中以诗洞镇最为典型，使用人口约为 16 万。标话中融入了不少汉语借词，但仍与怀集粤方言相差较大，两者基本不能互相通话。标话相对下坊话来说是弱势语言，标人为了与外面的人交流需要学习粤方言。

标话有 10 个声调，包括 6 个舒声调 55、214、53、231、334、22，以及 4 个促声调 <u>55</u>、<u>214</u>、<u>334</u>、<u>22</u>。连续变调规律为：55、53、334、<u>55</u> 在其他音节前一般读成中平调 33（<u>33</u>），而 214、231、22、<u>214</u>、<u>22</u> 在其他音节前读成低降调 21（<u>21</u>）。标话的语音系统主要参考杨璧菀（2010）的《标话语音研究》及其修订稿。以下简略介绍标话重叠问的情况。

14.4.3 标话的重叠问[①]

14.4.3.1 由单音节动词构成的重叠问

1）VV 式

光杆动词在谓语和宾语位置上构成重叠问，也可作附加疑问句，例如：

（104）θu$^{334\text{-}33}$θu^{334}la^{33}？（做不做？）
　　　 做　 做　啦
（105）mu$^{214\text{-}21}$poi$^{55\text{-}33}$poi^{55}？（你去不去？）
　　　 你　 去　 去
（106）jɐu$^{22\text{-}21}$ok^{33}poi^{55}，tsɛ$^{214\text{-}21}$tsɛ^{35}？[②]（又出去，是不是？）
　　　 又　 出 去，　 是　 是
（107）mu$^{214\text{-}21}$kɔŋ$^{55\text{-}33}$ɔ$^{55\text{-}33}$ɔ^{55}？（你说要不要？）
　　　 你　 讲　　 要　 要

2）VVO 式

在谓语位置上构成重叠问，例如：

（108）mɐn$^{214\text{-}21}$tsɛ$^{214\text{-}21}$tsɛ$^{214\text{-}21}$mu$^{214\text{-}21}$toŋ$^{214\text{-}21}$hɔk^{22}ni^{55}？
　　　 他　　 是　　 是　　 你　　 同　　 学　 呢
　　 （他是不是你同学？）
（109）mu$^{214\text{-}21}$poi$^{55\text{-}33}$poi^{55}kuɔŋ^{33}tsau^{53}？（你去不去广州？）
　　　 你　 去　 去　 广　 州
（110）mu$^{214\text{-}21}$sok$^{214\text{-}21}$sok$^{214\text{-}21}$ta^{33}θu^{334}？（你会不会打字？）
　　　 你　 熟　　 熟　　 打　字

[①] 梁敏、张均如（2002）所提供的材料中，标话使用正反问，没有出现重叠问。例如：
　（1）poi^{55}m^{55}poi^{55}？（去不去？）
　　　 去　不 去
　（2）mu^{214}suk^{12}m^{22}suk^{12}tsau^{214}jo^{22}？（你会不会犁田？）
　　　 你　熟　 不 熟　 犁　田
但当我们到诗洞实地调查时却发现，标话中普遍存在重叠问。本章标话的主要发音人徐文海（调查时 46 岁），正是梁敏、张均如（2002）一文发音人之一徐大兴（已离世）的儿子。
[②] 疑问句末存在一个高升的语调，导致句末的"是"的声调也发生了变化。

3）VVC 式

述补结构 VC 重叠动词 V，在谓语位置上构成重叠问，如：

(111) mu$^{214-21}$ok$^{55-33}$ok^{55}poi^{55}? （你出不出去？）
　　　你　　出　　出　去
(112) mu$^{214-21}$tok$^{55-33}$tok^{55}hɔ^{231}la^{33}? （你拿不拿进去啊？）
　　　你　　拿　　拿　进　啦

4）VV 得 C 式

可能式述补结构"V 得 C"重叠动词 V，可在谓语位置上构成重叠问，如：

(113) mui$^{55-33}$mɔ$^{214-21}$hɔ$^{231-21}$hɔ^{231}li^{53}poi^{55}? （那里进不进得去？）
　　　那　　里　　进　　进　得　去
(114) mu$^{214-21}$tok$^{55-33}$tok^{55}li^{53}ȵiok^{55}? （你拿不拿得动？）
　　　你　　拿　　拿　得　动

5）VV（O）作连谓结构前项

(115) mu$^{214-21}$tok$^{55-33}$tok^{55}kɔ^{33}pau^{53}poi$^{55-33}$ki^{55}? （你拿不拿个包子去吃？）
　　　你　　拿　　拿　个　包　去　吃
(116) mu$^{214-21}$poi$^{55-33}$poi^{55}mɔŋ$^{22-21}$piɛŋ^{22}la^{33}? （你去不去看病？）
　　　你　　去　　去　望　病　啦
(117) mu$^{214-21}$li$^{53-33}$li^{53}hɐu$^{334-21}$in^{334}? （你有没有空回来？）
　　　你　　得　　得　空　回

这类问句的肯定回答为"VP"，否定回答为"唔 VP"或"唔有"。如对例（104）的肯定和否定回答分别为"做"、"唔做"或"唔有"。

14.4.3.2　由单音节形容词构成的重叠问

形容词可以在宾语和补语位置上构成 AA 式重叠问，即"V 得 AA"式，例如：

(118) mu$^{214-21}$kʰɔk^{33}tɛk^{55}lɛ$^{55-33}$lɛ$^{55-33}$la^{33}? （你觉得好不好？）
　　　你　　觉　　得　好　好　啦

（119）mu$^{214-21}$moŋ^{22}tsie^{55}θie$^{55-33}$li^{53}ŋam$^{53-33}$ŋam^{53}?（你看我写得对不对？）
　　　你　望　我　写　得　啱　啱

形容词不能在谓语位置上构成重叠问，比如不能说：

（120）*tsa^{21}lat^{22}løŋ^{334}løŋ^{334}la^{55}?
　　　辣　椒　红　红　啦
（121）*joŋ^{214}θɐn^{53}θɐn^{53}θɐn^{53}la^{55}?
　　　菜　新　新　鲜　啦
（122）*a^{33}ma^{334}tsoŋ^{214}kɐm^{22}joŋ^{214}høŋ^{53}høŋ^{53}a^{55}?
　　　阿　妈　煮　的　菜　香　香　啊

这种情况需使用"有有+形容词"句式，详见下文 14.4.3.4 节"有有"式重叠问的第四类"有有 A"。

14.4.3.3　由单音节介词构成的重叠问

介词可以在副词位置上构成重叠问。介宾短语后必须紧跟着谓词性成分，与其组成状中结构，即"Prep 重叠+O+VP"句式，例如：

（123）ny$^{231-21}$ny$^{231-21}$nai^{22}ki^{55}la^{33}?（在不在这里吃？）
　　　在　　在　　这　吃　啦
（124）a^{33}ma^{334}pɐn$^{53-33}$pɐn^{53}mu$^{214-21}$ok^{55}la^{33}?（妈妈让不让你出来？）
　　　阿　妈　分　　分　你　出　啦
（125）m^{21}hɐu^{53}mɐn$^{214-21}$koŋ$^{22-21}$koŋ^{22}tsie^{55}hɐu^{33}wɐn$^{214-21}$ni^{55}?
　　　唔　晓　他　共　　共　我　玩　耍　　呢
　　　（不知道他跟不跟我玩呢？）
（126）høŋ$^{334-33}$høŋ^{334}pɐn$^{22-21}$nɐi^{22}poi$^{55-33}$ni^{55}?（向不向这边走呢？）
　　　向　　向　　边　这　去　呢

另外，动词、形容词和介词的重叠式都可以在非疑问句中充当主语小句，例如：

（127）mu$^{214-21}$poi$^{55-33}$poi^{55}mu$^{214-21}$ti^{21}ka^{53}tiɐŋ^{22}。（你去不去你自己定。）
　　　你　去　　去　你　自　家　定

（128）tsa²¹lat²²lɔŋ³³⁴⁻²¹lɔŋ³³⁴mu²¹⁴⁻²¹ti²¹ka⁵³tsiŋ⁵³mɔŋ²²tɐu²²⁻²¹hɐu⁵³la³³。
　　　　辣　椒　红　　　红　　你　自　己　看　　望　就　晓　啦
　　　（辣椒红不红你自己看看就知道了。）

（129）mu²¹⁴⁻²¹tsiu³³⁴tsiu³³⁴kuɔŋ³³tsɐu⁵³in³³⁴tu⁵³m²¹hɐu⁵³。
　　　　你　朝　　朝　　广　州　　回　都　唔　晓
　　　（你从不从广州回来都不知道。）

14.4.3.4 "有有"式重叠问

"有有[mi²¹⁴⁻²¹mi²¹⁴⁽⁻²¹⁾]"（后一个"有"有时不变调）式重叠问表示对动作事件、现存性质、状态或想法进行确认性的提问。说明如下。

1）"有有"

"有有"可独立成句或者作附加疑问句，例如：

（130）fɐn⁵³⁻²¹tsy²³¹⁻²¹my⁵⁵⁻³³li⁵⁵，mi²¹mi²¹la³³？（番薯叶有没有？）
　　　　番　　　薯　　　叶　　哩，有　有　啦

"有有"的肯定和否定回答分别为"有口[ŋi⁵⁴]"和"唔有"。

2）"有有 NP"（相当于 VVO 式）

"有有"后加名词性成分构成重叠问。句子主语可以是有生命的，表示某人是否拥有某物或某人；也可以是无生命的，表示某处是否存在某物或某人，例如：

（131）a³³tsøŋ⁵⁵mi²¹mi²¹θɔi³³⁴⁻³³tsɛ⁵⁵la⁵⁵？（哥哥有没有零钱？）
　　　　哥哥　　有　有　碎　　钱　啦
（132）mui³³løk²²mi²¹mi²¹lɐn²¹⁴⁻²¹？（屋里有没有人？）
　　　　那屋　　有　有　人

"有有 NP"的肯定和否定回答分别为"有口[ŋi⁵³]"和"唔有"。

3）"有有 VP"

"有有"后加动词、述宾（VO）或述补（VC）结构构成重叠问。表示动作行为是否已经实现，或事件的性状是否已经起了变化，例如：

（133）mu²¹⁴⁻²¹mi²¹mi²¹ok³³kai⁵³la³³？（你上没上街？）
　　　　你　　有　有　出　街　啦

（134）mu²¹⁴⁻²¹mi²¹mi²¹tʰiɛŋ³³hɐu⁵³？（你有没有听见？）
　　　　你　　有　有　听　　晓
（135）mu²¹⁴⁻²¹mi²¹mi²¹søŋ²¹⁴⁻²¹tai²²⁻²¹hɔk²²？（你有没有上大学？）
　　　　你　　有　有　上　　大　学
（136）θɔk²¹it²²mi²¹mi²¹θiɐ⁵⁵⁻³³lɛ⁵⁵？（作业有没有写完？）
　　　　作　业　有　有　写　　好
（137）mi²¹mi²¹lɛ⁵⁵⁻³³tik⁵⁵？（有没有好一些？）
　　　　有　有　好　　些

"有有 VP"也可以是对当下状态的提问，与对应的 VVP 意思相同。对比例如：

（138）a. mui³³mɔ²¹⁴⁻²¹mi²¹mi²¹li⁵³hɔ²³¹poi⁵⁵？（那里能不能进去？）
　　　　　 那　 里　　有　有　得　进　去
　　　 b. mui³³mɔ²¹hɔ²³¹⁻²¹hɔ²³¹⁻²¹li⁵³poi⁵⁵？（那里能不能进去？）
　　　　　 那　 里　进　　　进　　得　去
（139）a. mu²¹⁴⁻²¹mi²¹mi²¹tok⁵⁵li⁵³n̠iok⁵⁵？（你拿不拿得动？）
　　　　　 你　　有　有　拿　得　动
　　　 b. mu²¹⁴⁻²¹tok⁵⁵tok⁵⁵li⁵³n̠iok⁵⁵？（你拿不拿得动？）
　　　　　 你　　拿　　拿　得　动
（140）a. mu²¹⁴⁻²¹mi²¹mi²¹sok²¹⁴⁻²¹ta⁵⁵θu²²la³³？（你会不会打字？）
　　　　　 你　　有　有　熟　　打　字　啦
　　　 b. mu²¹⁴⁻²¹sok²¹⁴⁻²¹sok²¹⁴⁻²¹ta⁵⁵θu²²la³³？（你会不会打字？）
　　　　　 你　　熟　　　熟　　　打　字　啦

"有有 VP"的肯定回答为"VP□[n̠i⁵³]"，否定回答则是"唔 VP"或"唔有"，例如，例（133）的肯定和否定回答分别为"出街□[n̠i⁵³]"和"唔出街"或"唔有"。

4）"有有 A"
"有有"后加形容词（音节数不限）构成重叠问，表示事物是否有此性状（静态），例如：

（141）tsa²¹lat²²mi²¹mi²¹lɔŋ³³⁴la³³？（辣椒红不红？）
　　　　辣　椒　有　有　红　啦

（142）joŋ²¹⁴⁻²¹mi²¹mi²¹θen⁵³⁻³³θɛn⁵³la³³？（菜新不新鲜？）
　　　　菜　有有　新　　鲜　啦
（143）a³³ma³³⁴tsoŋ²¹⁴⁻²¹kem²¹joŋ²¹⁴⁻²¹mi²¹mi²¹høŋ⁵³a⁵⁵？
　　　　阿妈　煮　　　的菜　有有　香啊
　　（妈妈煮的菜香不香？）

"有有 A"的肯定回答为"A□[n̠i⁵³]"，否定回答为"唔 A"或"唔有"。如例（141）的肯定和否定回答分为"红□[n̠i⁵³]"和"唔红"或"唔有"。

5）"有有 PP"

"有有"后加介宾短语构成重叠问，提问未然事件，例如：

（144）mi²¹mi²¹n̠i²³¹⁻²¹nai²²ki⁵⁵？（在不在这里吃？）
　　　　有有　在　　这　吃
（145）mu²¹⁴⁻²¹mi²¹mi²¹ta⁵⁵⁻³³kuoŋ³³tsɐu⁵³in³³⁴？（你从不从广州回来？）
　　　　你　有有　打　广　州　回
（146）mu²¹⁴⁻²¹mi²¹mi²¹θøŋ⁵³⁻³³tsie⁵⁵⁻³³ŋen²¹tsɛ⁵⁵wan²³¹⁻²¹in³³⁴pen⁵³tsie⁵⁵？
　　　　你　有有　将　我　银纸　还　　返分我
　　（你将不将我的钱还给我？）

"有有 PP"的肯定回答为"Prep□[n̠i⁵³]"，否定回答为"唔 Prep"或"唔有"。如例（144）的肯定和否定回答分别为"在□[n̠i⁵³]"和"唔在"或"唔有"。

14.4.3.5　其他重叠式

标话的动词重叠式 VV 还可以表示动量小、时量短或反复义，例如：

（147）tsie⁵⁵ok³³poi⁵⁵ta⁵⁵ta⁵⁵ten²¹wa²²。（我出去打打电话。）
　　　　我　出去打打电　话
（148）hɔ²³¹hɔ²³¹ok⁵⁵ok⁵⁵
　　　　进　进　出　出

VV 无论在疑问句中还是在非疑问句中声调都不发生改变，需靠语境判断它的语法意义。同样的意义还可以用"V 望[mɔŋ²²]"来表达，例如：

（149）sɔ³³⁴sɔ³³⁴（/sɔ³³⁴mɔŋ²²）ken⁵³løk²²。（扫扫这间房子。）
　　　扫 扫 （/扫 望） 间 屋
（150）sɔ³³⁴sɔ³³⁴ken⁵³løk²²?（扫不扫这间房子？）
　　　扫 扫 间 屋
（151）mu²¹⁴⁻²¹kau³³⁴⁻³³kau³³⁴⁻³⁵（kau³³⁴mɔŋ²²⁻³⁵）。（你试试。）
　　　你 试 试 （试 望）
（152）mu²¹⁴⁻²¹kau³³⁴kau³³⁴⁻³⁵?（你试不试？）
　　　你 试 试

上文提到怀集（下坊）话的 VV 还可表示普通话的"V 着 V 着"，标话则必须用"V-pɛ⁵⁵V-pɛ⁵⁵"表示相同的语法意义，不会与重叠问发生混淆，例如：

（153）mɐn²¹⁴⁻²¹tʰiɛŋ³³⁴pɛ⁵⁵tʰiɛŋ³³⁴pɛ⁵⁵hɐn³³⁴poi⁵⁵lɔ²²。
　　　他 听 着 听 着 瞓 去 咯
　　（他听着听着就睡着了。）

14.4.4　怀集（下坊）话与标话重叠问的比较

本节将怀集（下坊）话与标话重叠问的结构分布总结为表 14-1。

表 14-1　怀集（下坊）话与标话重叠问的结构分布

词性	怀集（下坊）话	标话
动词	VV?	VV?
	VVO?	VVO?
	VVC?	VVC?
	VV 得 C?	VV 得 C?
	VV（O）+VP?	VV（O）+VP?
	—	有有（NP）?
	—	有有 VP?
	离合词重叠问	—
形容词	AA?（可作谓语）	AA?（不作谓语）
	—	有有 A?
介词	Prep 重叠+O+VP?	Prep 重叠+O+VP?
	—	有有 PP?

怀集（下坊）话和标话重叠问的相同之处有三点：都不存在正反问；部分单音节动词、形容词和介词可构成重叠问，重叠后语音形式不变；近年来因受广州话的影响，年轻一辈开始出现正反问（VP 唔 VP）。

不同之处主要是，标话重叠问的重叠前后字的声调在语流中存在变化，但遵循变调规律（一般变成 33 或 21），如例（115）的"拿拿[tok$^{55\text{-}33}$tok^{55}]"、例（125）的"共共[koŋ$^{22\text{-}21}$koŋ^{22}]"、例（127）中的"去去[poi$^{55\text{-}33}$poi^{55}]"。另外，标话存在"有有"式重叠问，怀集（下坊）话 AA 式可作重叠问的谓语，而标话必须说成"有有 A"；标话的"有有"式重叠问使用广泛，包括"有有？""有有 NP？""有有 VP？""有有 A？""有有 PP？"。怀集（下坊）话中部分离合词可重叠构成问句，而标话不能容纳双音节词重叠式。

应进一步指出，"有有 X？"重叠问是标话重叠问的进一步发展，表现是"有有[mi^{21}mi^{21}]"的"有"原是 214 调（后头的"有"有时读原调），X 可以是名词性、动词性和形容词性成分，格式表示对动作事件、现有性质、状态或想法进行确认性的提问。重叠问是怀集（下坊）话和标话共有的语法特征，两者是否因相互接触而引发，谁是复制语，谁是模式语，这些问题很难从重叠问本身进行判断。如果"VP-neg-VP > VVP"的演变链条成立，那么怀集（下坊）话的重叠问处于演变的第五个阶段，可看作"VP-neg-VP"自身的句法演变所致。

14.4.5　顺德（容桂）话的反复问

佛山顺德容桂街道距广州市中心仅约 60 公里。顺德粤方言中也存在重叠问，但至今未见书面报告正式公开发表。据笔者调查，顺德（容桂）话共有 9 个声调，分别为阴平（53）、阳平（42）、阴上（25）、阳上（13）、阴去（32）、阳去（21）、上阴入（55）、下阴入（33）、阳入（22）；另有高平变调（55）和高升变调（25）。

从共时上看，顺德（容桂）话反复问包括三种类型："VP 唔 VP"、VVP 和"VP 未"。一般来说，"VP 唔 VP"和 VVP 都是对现状或未然的动作行为进行提问，例如：

（154）a. 我块面红唔红啊？　[ɔi^{13}fai^{32}min^{21}hoŋ^{42}m̩^{21}hoŋ^{42}a^{33}？]
　　　　（我的脸红不红啊？）
　　　b. 我块面红红啊？　[ɔi^{13}fai^{32}min^{21}hoŋ^{42}hoŋ^{42}a^{33}？]
（155）a. 你听日去唔去？　[lei^{13}tʰen^{53}jet^{22}hy^{32}m̩^{21}hy^{32}？]
　　　　（你明天去不去？）

b. 你听日<u>去去</u>？[lei¹³tʰen⁵³jet²²hy³²hy³²？]
（156）a. *你琴日<u>去唔去</u>？
b. *你琴日<u>去去</u>？

"VP 未"是对已然的动作行为的提问。"VP 唔 VP"的特殊句式"有唔有（有冇①）VP"也是一样，通常缩略为"有冇 VP"，例如：

（157）a. 你（琴日）<u>去咗未</u>？[lei¹³（kʰem²¹jet²²）hy³²tsɔ²⁵mei²¹？]
（你昨天去了没有？）
b. 你（琴日）<u>有冇去</u>？[lei¹³（kʰem²¹jet²²）jeu¹³mou¹³hy³²？]
（你昨天有没有去？）
（158）a. *你听日<u>去咗未</u>？
b. *你听日<u>有冇去</u>？

在当地人的语感中，重叠问 VVP 更地道，属于旧的层次，正反问"VP 唔 VP"则是受广州话影响的新层次。这两种问句还有以下几点异同。

第一，正反问对 VP 的词类和词语音节数没有限制；而 VVP 只能容纳部分动词、形容词和介词，不接受副词、连词和短语等，对词语音节数也有限制（一般是单音节）。从这个角度来说，正反问使用范围更广，可以替换所有重叠问。如以下例子一般用"VP 唔 VP"来表达。

（159）<u>成唔成功</u>？[ʃen⁴²m²¹ʃen⁴²kɔŋ⁵³？]（成不成功？）
（160）今日<u>凉唔凉爽</u>？[kem⁵³jet²²løŋ⁴²m²¹løŋ⁴²ʃɔŋ²⁵？]（今天凉不凉爽？）

第二，在句法功能方面，VVP 难以作主语小句，替换成"VP 唔 VP"才更自然，例如：

（161）*<u>去去</u>都得。
（162）<u>去唔去</u>都得。[hy³²m²¹hy³²tou⁵³tek⁵⁵。]（去不去都可以。）

两者都可以作宾语小句，例如：

---

① "有冇"有时为"有唔有"的合音。

（163）我点知佢<u>去去</u>？[ɔi¹³tim²⁵tʃi⁵³ky¹³hy³²hy³²?]（我怎么知道他去不去？）

（164）我点知佢<u>去唔去</u>？[ɔi¹³tim²⁵tʃi⁵³ky¹³hy³²m²¹hy³²?]

第三，一部分发音人认为：VVP通常有预设，说话人已经基本掌握情况，心中有较为肯定的答案而明知故问，或附加提问，正反问"VP 唔 VP"没有预设，是中性的；使用VVP时，语气一般比较急促、强硬或不耐烦，或带祈使语气，相比之下使用正反问"VP 唔 VP"则显得较为平缓，因而VVP主要通行于私下场合或熟人之间，正式场合或陌生人之间倾向于使用正反问"VP 唔 VP"，以表尊重，或为了照顾外地人而向"标准粤方言"广州话靠拢。

第四，在使用人群方面，明显存在新老派的差异：老派倾向于使用VVP问，新派对"VP 唔 VP"问的接受度高，同时认为VVP最为地道，能够接纳更大范围的词语进入VVP式疑问句，并使用更多不同的VVP形式。在性别方面，女性比男性更容易接受不同形式的VVP问，接纳更多的词语进入VVP问。以下举例说明顺德（容桂）话VVP问的分布情况。

14.4.5.1 动词构成的重叠问

1）VV式

光杆动词V（不带任何附属成分）可在谓语位置上构成重叠问，或作附加疑问句，例如：

（165）你<u>爱爱</u>？[lei¹³ɔi³²ɔi³²?]（你要不要？）

（166）你<u>去去</u>啊？[lei¹³hy³²hy³²a³³?]（你去不去啊？）

（167）你<u>知知</u>？[lei¹³tʃi⁵³tʃi⁵³?]（你知不知道？）

（168）你<u>明明</u>啊？[lei¹³men⁴²men⁴²a³³?]（你明不明白？）

（169）我哋朝早走，<u>得得咖</u>？[ɔi¹³tei²¹tʃiu⁵³tʃɔ²⁵tʃeu²⁵, tek⁵⁵tek⁵⁵ka³³?]
（我们早上走，行不行啊？）

（170）<u>系系</u>？[hei²¹hei²¹?]（是不是？）

（171）<u>喺喺</u>？[hei²⁵hei²⁵?]（在不在？）

某些常用的双音节动词或离合词也可进入重叠问，重叠形式为不完全重叠式AAB。相对来说，新派对双音节动词重叠式的接受度更高，例如：

（172）<u>钟钟意</u>？[tʃoŋ⁵³tʃʰoŋ⁵³i³²?]（喜不喜欢？）

(173) 你冲冲凉啊？[lei¹³tʃʰoŋ⁵³tʃʰoŋ⁵³løŋ⁴²a³³?]（你洗不洗澡啊？）

相比之下，新派女性发音人更容易接纳判断动词、存在动词的重叠式。老派发音人或新派男性发音人较难接受这两种动词的重叠式，倾向于使用"VP 唔 VP"或其合音形式，例如：

(174) 系唔系（/系咪①）？[hei²¹m̩²¹hei²¹（/hei²¹mei²¹）?]（是不是？）
(175) 你喺唔喺（/喺咪）度啊？[lei¹³hei²⁵m̩²¹hei²⁵（/hei²⁵mei²⁵）tou²¹a³³?]
（你在不在啊？）

VV 式也可以作宾语，但不常用，例如：

(176) 你谂好去去咖。[lei¹³lɐm²⁵hou²⁵hy³²hy³²ka³³。]（你想好去不去。）

2) VVO 式

述宾结构的及物动词 V 重叠后构成重叠问，宾语 O 可以是体词性的，也可以是谓词性的，例如：

(177) 食食饭啊？[ʃek²²ʃek²²fan²¹a³³?]（吃不吃饭啊？）
(178) 你去去广州？[lei¹³hy³²hy³²kʷoŋ²⁵tʃɐu⁵³?]（你去不去广州？）
(179) 得得听日走哩？[tɐk⁵⁵tɐk⁵⁵tʰen⁵³jɛt²²tʃɐu²⁵li⁵⁵?]（可不可以明天走呢？）
(180) 使使喺饭堂食饭？[ʃɐi²⁵ʃɐi²⁵hei²⁵fan²¹tʰoŋ⁴²ʃek²²fan²¹?]（要不要在饭堂吃饭？）
(181) 系系食晒喇？[hei²¹hei²¹ʃek²²ʃai³²la³³?]（是不是吃完啦？）

其中，予取类动词（如"畀"）可带单宾语也可带双宾语，例如：

(182) 你畀畀我？[lei¹³pei⁵³pei⁵³ɔi¹³?]（你给不给我？）
(183) 你畀畀本书我？[lei¹³pei⁵³pei⁵³pun²⁵ʃy⁵³ɔi¹³?]（你给不给我这/那本书？）

---

① "咪"为"唔系"的合音形式。

"有"的重叠式"有有"不能接谓词性宾语，而要用"有冇"，例如：

（184）a. 有冇洗干净？[jɐu¹³mou¹³ʃai²⁵kɔn⁵³tʃɛŋ²¹?]（有没有洗干净？）
　　　　b. *有有洗干净？

VVO还可以在宾语位置上构成重叠问，例如：

（185）你决定去去广州？[lei¹³kʰyt³³ten²¹hy³²hy³²kʷɔŋ²⁵tʃɐu⁵³?]（你决定去不去广州？）
（186）你点知我识识佢？[lei¹³tim²⁵tʃi⁵³ɔi¹³ʃek⁵⁵ʃek⁵⁵ky¹³?]（你怎么知道我认不认识他？）

3）VVC式
C可以是趋向补语，但必须是复合趋向动词如"入来、翻来"等。若有宾语，则紧接在VV之后。这类用法更易被新派接受，例如：

（187）张凳攞攞入来啊？[tʃøŋ⁵³tɐŋ³²lɔ²⁵lɔ²⁵jɐp²²lei⁴²a³³?]（这张凳子拿不拿进来啊？）
（188）你收收啲衫翻来？[lei¹³ʃɐu⁵³ʃɐu⁵³ti⁵⁵ʃam⁵¹fan⁵³lei⁴²?]（你收不收这些衣服回来？）

主观趋向动词充当补语的句子，比复合趋向动词作补语的句子更自然，新老派都易接受，例如：

（189）你出出去？[lei¹³tʃʰøt⁵⁵tʃʰøt⁵⁵hy³²?]（你出不出去？）
（190）佢入入来教室啊？[ky¹³jɐp²²jɐp²²lei⁴²kɛu³²ʃɐt⁵⁵a³³?]（他进不进教室？）

C也可以是能性补语"得"和"倒"，表示能否做某事，例如：

（191）你去去得？[lei¹³hy³²hy³²tɐk⁵⁵?]（你能不能去？）
（192）嗰度入入倒咖？[kɔ²⁵tou²¹jɐp²²jɐp²²tɔ²⁵ka³³?]（那里能不能进去啊？）

4)"VV 得 C"式

可能式述补结构"V 得 C"重叠动词 V 构成重叠问,例如:

(193)洗洗得干净?[ʃai²⁵ʃai²⁵tɐk⁵⁵kɔn⁵³tʃɛŋ²¹?](能不能洗干净?)
(194)你来来得倒?[lei¹³lei⁴²lei⁴²tɐk⁵⁵tɔ²⁵?](你能不能来?)
(195)唔知佢写写得晒?[m²¹tʃi⁵³ky¹³ʃɛ²⁵ʃɛ²⁵tɐk⁵⁵ʃai³²?](不知道他能不能写完?)

顺德(容桂)话的"V 得 C"的否定形式为"V 唔 C"、"唔 V 得 C"或"冇 VC",例如"洗唔净"、"唔洗得净"和"冇洗干净"。否定式不能重叠,如不说"*攞攞唔郁""*唔写写得晒""*冇洗洗干净"。

5)VVP 作连谓结构前项

VVP 可出现在连谓结构的前项,构成重叠问。先看例子:

(196)来来得食饭?[lei⁴²lei⁴²tɐk⁵⁵ʃɛk²²fan²¹?](能不能来吃饭?)
(197)你去去睇病?[lei¹³hy³²hy³²tʰɐi²⁵pɛŋ²¹?](你去不去看病?)
(198)你入入来坐咖?[lei¹³jɐp²²jɐp²²lei⁴²tʃʰɔ¹³ka³³?](你进不进来坐啊?)

VVP 不能作连谓结构的后项,如下例不能说:

(199)*佢来开开会啊?

14.4.5.2 由形容词构成的重叠问

单音节的性质形容词重叠后构成疑问句,例如:

(200)你只脚痛痛?[lei¹³tʃɛk³³kɵk³³tʰoŋ³²tʰoŋ³²?](你的脚痛不痛?)
(201)我畀噉多你,多多啊?[ɔi¹³pei⁵³kɐm¹³tɔ⁵³lei¹³,tɔ⁵³tɔ⁵³a³³?](我给你这么多,多不多啊?)
(202)我块面红红啊?[ɔi¹³fai³²min²¹hoŋ⁴²hoŋ⁴²a³³?](我的脸红不红啊?)
(203)啲花香香啊?[ti⁵⁵fa⁵³hɵŋ⁵³hɵŋ⁵³a³³?](这些花香不香啊?)

表示比较义的"A 得过"结构,重叠 A 后构成"AA 得过"问句,例如:

（204）佢<u>大大</u>得过我哩？[ky¹³tai²¹tai²¹tɐk⁵⁵kʷɔ³²ɔi¹³li⁵⁵?]（他是不是比我大呢？）

（205）你<u>高高</u>得过佢？[lei¹³kou⁵³kou⁵¹tɐk⁵⁵kʷɔ³²ky¹³?]（你是不是比他高？）

单音节形容词也可以在宾语位置上重叠构成重叠问，前面的动词一般为"话、觉得"之类，例如：

（206）你话<u>好好</u>哩？[lei¹³wa²¹hou²⁵hou²⁵li⁵⁵?]（你说好不好？）
（207）你觉得<u>靓靓</u>？[lei¹³kɔk²²tɐk⁵⁵lɛŋ³²lɛŋ³²?]（你觉得漂不漂亮？）

一些表示"难、易"的形容词也可以在状语位置上重叠构成重叠问，例如：

（208）<u>难难</u>（/<u>恶恶</u>）整？[lan⁴²lan⁴²(/ok³³ok³³)tʃen²⁵?]（难不难修？）
（209）<u>易易</u>做啊？[i²¹i²¹tʃɔ³²a³³?]（容不容易做啊？）

单、双音节形容词都可以在补语位置 C 上重叠，构成重叠问"V 得 AA/AAB"。新派发音人或女性发音人更易接受"V 得 AA"式，例如：

（210）你睇睇写得<u>啱啱</u>啊？[lei¹³tʰei²⁵tʰei²⁵ʃɛ²⁵tɐk⁵⁵am⁵³am⁵³a³³?]（你看一下写得对不对啊？）
（211）佢讲得<u>清清楚</u>咖？[ky¹³kɔŋ²⁵tɐk⁵⁵tʃʰen⁵³tʃʰen⁵³tʃʰɔ²⁵ka³³?]（他讲得清不清楚啊？）

"VV 得 C"是对动作可能性的提问，而"V 得 CC"是对动作结果的状态的提问，前者更常用。对比如下：

（212）<u>洗洗</u>得干净？[ʃai²⁵ʃai²⁵tɐk⁵⁵kɔn⁵³tʃɛŋ²¹?]（能不能洗干净？）
（213）洗得<u>干干</u>净？[ʃai²⁵tɐk⁵⁵kɔn⁵³kɔn⁵³tʃɛŋ²¹?]（洗得干不干净？）

个别双音节形容词可构成重叠问，重叠形式为 AAB，例如：

（214）啲菜<u>新新鲜</u>？[ti⁵⁵tʃʰɔi³²ʃøn⁵³ʃøn⁵³ʃin⁵³?]（这些菜新不新鲜？）

(215)张台干干净咖？[tʃøŋ⁵³tɔi²⁵kɔn⁵³kɔn⁵³tʃɛŋ²¹ka³³？]（这张桌子干不干净啊？）

14.4.5.3 由介词构成的重叠问

部分介词跟动词一样，可以构成重叠问，例如：

(216) 佢畀畀你睇咖？[ky¹³pei⁵³pei⁵³lei¹³tʰei²⁵ka³³？]（他给不给你看？）
(217) 你同同阿妈讲啊？[lei¹³tɔŋ⁴²tɔŋ⁴²a⁵⁵ma⁵³kɔŋ²⁵a³³？]（你跟不跟妈妈讲啊？）
(218) 喺喺度食饭？[hei²⁵hei²⁵tou²¹ʃek²²fan²¹？]（在不在这里吃饭？）
(219) 经经呢边走？[ken⁵³ken⁵³nei⁵³pin²¹tʃeu²⁵？]（从不从这边走？）

新派发音人可以接受更多的介词甚至双音节介词进入重叠问，如"将、对、当、按住（照着）"。

(220) 你将将啲钱畀翻我？[lei¹³tʃøŋ⁵³tʃøŋ⁵³ti⁵⁵tʃʰin⁴²pei⁵³fan⁵³ɔi¹³？]
（你把不把钱还给我？）
(221) 你仲对对人吐水先？[lei¹³tʃoŋ²¹ty³²ty³²jen⁴²tʰy²¹heu²⁵søy²⁵ʃin⁵³？]
（你还对不对着别人吐口水？）
(222) 你仲当当我马骝噉玩？[lei¹³tʃoŋ²¹tɔŋ³²tɔŋ³²ɔi¹³ma¹³leu⁵³kem²⁵fan²⁵？]
（你还当不当我是猴子那样玩？）
(223) 你按按住本书读落去啊？[lei¹³ɔn³²ɔn³²tʃy²¹pun²⁵ʃy⁵³tok²²lɔk²²hy³²a³³？]
（你还按不按照这本书读下去啊？）

与怀集（下坊）话、标话一样，顺德（容桂）话的体词、拟声词、感叹词、副词、连词、否定式都不能重叠构成问句。

14.4.5.4 动词、形容词的重叠式的其他意义

顺德（容桂）话的动词重叠式（VV）还可表示动量轻或时量少，或可表尝试义。形容词重叠式（AA）还表示程度深，如例（226）。双音节词的重叠形式为不完全重叠AAB。这两种重叠式的重叠前字通常发生变调，读高调25或55。这应是前一音节与"一"合音所致。"一[jet⁵⁵]"在语流中失去声母和韵母，只留下声调和前一音节融合，使重叠前字的声调发生改变，例如：

（224）今晚散散步。[kɐm⁵³man⁵⁵ʃan³²⁻²⁵ʃan³²pou²¹。]（今晚散一下步。）

（225）问问佢制制。[mɐn²¹⁻²⁵mɐn²¹ky¹³tʃei³²tʃei³²。]（问一问他愿不愿意。）

（226）佢恶恶嘅。[ky¹³ɔk³³⁻²⁵ɔk³³kɛ³²。]（他很凶的。）

（227）食食喇。[ʃek²²⁻²⁵ʃek²²la⁵⁵。]（吃一下啦。）

（228）我哋倾倾计啦。[ɔi¹³tei²¹kʰɐn⁵³⁻⁵⁵kʰɐn⁵³kɐi²⁵la⁵⁵。]
（我们聊聊天啊。）

（229）你等等。[lei¹³tɐŋ²⁵tɐŋ²⁵。]（你等一下。）

（230）熄熄灯。[ʃek⁵⁵ʃek⁵⁵tɐŋ⁵¹。]（熄一下灯。）

例（229）（230）叠字的声调本来就是高调 25 或 55，因此不需变调。重叠问与一般重叠式的对比如下：

（231）a. 你试试啊？[lei¹³ʃi³²ʃi³²a³³？]（你试不试啊？）
　　　b. 你试试吧嘅啦。[lei¹³ʃi³²⁻²⁵ʃi³²ti⁵⁵kɛ²⁵la⁵⁵。]（你试试这些东西啦。）

（232）a. 你觉得靓靓？[lei¹³kɔk²²tɐk⁵⁵lɛŋ³²lɛŋ³²？]（你觉得漂不漂亮？）
　　　b. 靓靓都有用啦。[lɛŋ³²⁻²⁵lɛŋ³²tou⁵³mou¹³joŋ²¹la⁵⁵。]（多漂亮都没有用啦。）

另外，还有一种动词重叠式"VV下"或"V下V下"，表示如同普通话"V着V着"结构的语法意义，但这种结构不能省略后面的"下"，其后需紧跟另一谓词性成分，不会与重叠问发生混淆。如：

（233）我听听下（/听下听下）就瞓着咗。[ɔi¹³tʰɐn⁵³tʰɐn⁵³ha¹³（/tʰɐn⁵³ha¹³ tʰɐn⁵³ha¹³）hɐn³²tʃøk²²hɐu⁵⁵。]（我听着听着睡着了。）

根据上文的情况，可总结出顺德（容桂）粤方言重叠问的主要特点：①重叠问（VVP）与正反问（VP 唔 VP）共存，重叠问适用范围相对较小且都可替换成正反问；两种问句之间存在语境、语气、新老派和性别等方面的差异。②重叠问更容易接受单音节词语，而较难接受双音节词语。③词语重叠后语音形式不变，仍读单字音。④部分动词、形容词和部分未完全虚化的介词可进入重叠问构式，介词重叠的接受度和使用频率都不及前两者高。体词、拟声词、感叹词、副词、连词、短语和否定式等都不能重叠构成问句。⑤重叠式可作谓语、宾语、状语、补语以及连谓结构前项，但不能作主语和连谓结构后项；重叠问一般用来提问现状或未然的动作行为。⑥重叠问与其他重叠式若产生歧义，可通过语境、语气、句调或变调等办法加以区分。

14.4.6　怀集（下坊）话、标话和顺德（容桂）话重叠问的比较

怀集（下坊）话、标话和顺德（容桂）话的重叠问有着类似的特征：①可由部分动词、形容词或介词重叠构成疑问句；介词重叠的接受度比前两者要低；而体词、拟声词、感叹词、副词、连词、短语和否定式均不能重叠构成问句。②词语重叠后语音形式不变，仍读单字音，重叠式位于句末可以带上疑问句调。③重叠式有多种句法功能，可作谓语、宾语、状语、补语以及连谓结构前项，但不能作连谓结构后项。

三者的区别主要体现在重叠问的具体形式上。总的来说，怀集（下坊）话与顺德（容桂）话重叠问在具体形式上对应得更为整齐，如表 14-2 所示。

表 14-2　怀集（下坊）话与顺德（容桂）话重叠问的结构分布

重叠问形式	怀集（下坊）	顺德（容桂）
VV	去去？（去不去？） 你话使使？（你说要不要？）	爱爱？（要不要？） 你决定去去？（你决定去不去？）
VVO	去去广州？（去不去广州？） 做问佢去去广州？（问一下他去不去广州？）	买买药？（买不买药？） 你点知我识识佢？（你怎么知道我认不认识他？）
VVC	出出去？（出不出去？） 你话尼嘢取取得？（你说这些东西能不能要？）	翻翻来？（回不回来？） 你话啲嘢重爱爱得？（你说这些东西还能不能要？）
VV 得 C	洗洗得净？（能不能洗干净？） 我得知吃吃得饱？（我怎么知道能不能吃饱？）	洗洗得干净？（能不能洗干净？） 唔知佢写写得晒？（不知他能不能写完？）
VVP+后项谓词	你去去望病？（你去不去看病？）	来来开会？（来不来开会？）
AA	香香？（香不香？） 你觉得怕怕？（你觉得害不害怕？） （作业）易易做？（作业容不容易做？） 写得啱啱？（写得对不对？）	红红？（红不红？） 你话好好？（你说好不好？） 难难整？（难不难做？） 讲得真真？（讲得真不真？）
Prep 重叠+O+VP	你共共我耍？（你跟不跟我玩？）	你妈畀畀你出来？（你妈让不让你出来？）

也就是说，在地缘上更容易发生接触关系的怀集（下坊）粤方言与标话之间，

重叠问的结构形式相差较大；相反，地缘上不易发生接触关系的怀集（下坊）粤方言与顺德（容桂）粤方言之间，重叠问在结构形式的分布上，相似度却更高。从怀集（下坊）与顺德（容桂）两地粤方言的比较来看，两地粤方言重叠问可以视为自身发展的结果，即由正反问演变而来，其较一致的结构分布的原因是它们共属粤方言，有一致的来源；即使是后来各自发展，其发展的结果也可以一致，况且是两种结构之中选择一个——正反问还是重叠问。两地粤方言的"VP 唔 VP"都能充当主语或宾语，如例（12′）b、例（14′）b、例（164），可以视为正反问结构形式的残留。

然而，在正反问向重叠问演变的过程中，标话对怀集（下坊）粤方言的影响仍难以排除。标话和怀集（下坊）粤方言的地域性接触部分抵消了一些广州话的影响，对重叠问的存在有巩固作用。也就是说，接触在句法演变中仍起作用。我们认为，怀集（下坊）、顺德（容桂）粤方言重叠问的产生，无论是自身的句法演变，还是接触引发[标话影响怀集（下坊）粤方言]，由"正反问>重叠问"演变的过程是一致的。

14.5 小结：结构的语法化和接触引发的"钟摆现象"

本章从怀集（下坊）粤方言出发，联系其临近的标话以及顺德（容桂）粤方言，在详细描写三者重叠式反复问句的基础上，尝试讨论了怀集（下坊）粤方言重叠问的类型意义及其来源。总结如下两点。

第一，怀集（下坊）粤方言重叠问由部分动词、形容词和介词构成，其语音形式不变，且其老派的"VP-neg-VP"可存在于主宾语位置不表疑问，可补充为"VP-neg-VP > VVP"演变链条的第五个阶段，具有重要的类型学意义。

第二，怀集（下坊）粤方言和标话都存在重叠问，两者的区别比怀集（下坊）与顺德（容桂）粤方言的要大。笔者倾向于认为，怀集（下坊）、顺德（容桂）粤方言的重叠问是它们各自平行发展的结果，均源自"VP-neg-VP"结构；而由于怀集（下坊）、标话及顺德（容桂）粤方言均受到强势广州话的影响，三种语言或方言又新发展出了"VP-neg-VP"的结构；由于怀集（下坊）粤方言与标话存在接触关系，重叠问是两者共同的语法特征，抵消了部分来自广州话的影响，表现是怀集（下坊）粤方言的"VP-neg-VP"问句不及顺德（容桂）粤方言使用得那么普遍。

若假设以上两地粤方言及标话的重叠问都源自"VP-neg-VP"，那么两地粤方言重叠问的产生，则是"VP-neg-VP > VVP"平行演化的结果；但同时，与强势的广州话接触，又引发了三者"VP-neg-VP"的"回潮"，即存在"VP-neg-VP＞VVP＞VP-neg-VP"的演化（演变或变化，后一个"VVP＞VP-neg-VP"不属于一般的演变）现象。本章将这种现象总结为接触引发的"钟摆现象"。"钟摆"的前半段的"VP-neg-VP＞VVP"可视为结构的语法化（洪波和董正存，2004），其间伴随着否定词（neg）的逐渐弱化、脱落；"钟摆"的后半段不是语法化过程，属"语法结构复制"中的"构式复制"（Heine and Kuteva, 2005；吴福祥，2013），是由接触而引发的语法复制或"恢复"，不涉及结构成分的脱落或弱化等现象。也就是说，"VP-neg-VP＞VVP＞VP-neg-VP"这一演化过程，包括了自身演变和外部接触引发的变化。

本章支持汉语方言的重叠问源自正反问的观点。汉语方言中的重叠问可以视为一种构式或"形态"，但该构式或"形态"源自正反问，而非单个动词的重叠，即"*V＞VV？""V＞VV？"的观点难以解释图14-2中的四个阶段。语法结构自身的演化和语言接触引发的演化，都离不开语言结构本身（比如反复问句"VP-neg-VP"结构）。也就是说，可能存在一个更为简便的上位的解释，不管是语言内部的还是外部的，都存在一个类似循环或轮回的演化模式，周而复始，又各有不同。

第 15 章

形式与功能的联系：粤西粤方言的小称范畴

小称（diminutive）是汉语的显赫范畴，其形式多样，意义或功能也十分丰富。小称形式由"人子"义名词语法化而成，不光是汉语，还有民族语言，以及其他外语，也大多如此——这是一个较为普遍的语言规律（Jurafsky，1996；林华勇和马喆，2008）。

同一方言中的小称形式通常是有限的，但却可以表示多种功能，即存在"有限形式，多种功能"的情况。在此情况下，如何坚持形式和意义/功能相结合，寻求形式和功能之间的对应关系，以及不同功能之间的相互联系呢？语法化中"重新分析"的情况，给我们带来了启发。根据小称形式所附单位（形式）以及该单位小称形式所表达的功能（意义）之间的对应关系，粤西粤方言小称功能的不同类别得以体现，各小称功能之间的相互联系得以揭示。这一思路得益于语法化的视角。研究事实说明，汉语小称是一个形式和功能兼而有之的范畴。

15.1 引　言

小称是普遍存在于汉语方言中的范畴，也是汉语方言研究的一个重点。过去研究者把目光集中在小称形式的演变上，而对与形式相对应的功能（包括语义、语法和语用功能）考察却存在明显的不足。这些小称功能之间的相互联系有待深究。就粤方言而言，小称变音（如广州话的小称变调、信宜话的小称变音）是研究的热点，如叶国泉、唐志东（1982），Jurafsky（1988）等的研究；而粤方言其他小称形式的功能及其相互关系的研究仍有待展开。自 Jurafsky（1996）、曹逢甫（2006）的研究以来，小称研究重形式轻功能的"失衡"状况已有所改变，汉语方言中小称功能的研究取得了重要的进展，相关研究如高婉瑜（2007），曹逢甫、刘秀雪（2008），Kwok 等（2009），林华青（2011）。

本章在林华勇等（2011）、卢妙丹（2013）研究的基础上，集中对粤西四地（阳江、高州、吴川、廉江）粤方言的小称形式和功能进行梳理；借鉴曹逢甫（2006）提出的语法化阶段（六个阶段）、Jurafsky（1996）提出的放射性模式和功能分布，继续对四地粤方言小称形式和功能之间的关系、各功能之间的联系进行考察。

这样做出于两方面考虑：一方面，粤西离广州较远，方言与广州话有较大差别（林华勇，2014），而粤西四地的粤方言存在较高的一致性；另一方面，粤西四地粤方言的小称问题（包括小称的形式和意义）异常复杂、有趣，反映了人类语言小称范畴的诸多共性，同时又具有一定的个性，值得深入探讨。

本章分以下几个部分进行讨论：第一，粤西粤方言的小称形式；第二，小称功能与所附单位；第三，小称功能的分类与联系；第四，粤西粤方言小称的共性和个性。

15.2 粤西粤方言的小称形式

本章考察的粤西四地具体包括：阳江（阳东）、高州（宝光街道红花村）、廉江（罗州街道）、吴川（吴阳镇）。[①]化州（城区）与高州相近，不列入比较。以下常以地名分别代表各地粤方言。

我们把表示小称功能的成分（如"-仔""-子""-儿""-团"等后附成分[②]）、变音形式（如变调、变调同时变韵）或重叠手段（如"碗碗"）统称为小称形式。小称功能也是广义的，包括小称"指小"的语义功能（如男性、年幼、形状小、职位低等）、语法功能（如名物化、构词或构形）和语用功能（如喜爱、轻视、自谦、嫌少、适中等）。因此，本章小称功能的范围比传统上的"称小""表爱"等功能要大得多，不少功能难以再用"称小"去概括，如名物化、嫌少等。小称形式也是广义的，除了表达小称功能的形式外，还包括与小称形式组合的语法单位，这是本章考察的重要内容，也是有别于过往大多数研究的不同做法。

15.2.1 小称形式

阳江、高州、廉江、吴川四地的小称形式都不止一个。高州、吴川存在小称

[①] 下文分析仍使用阳江、高州、廉江、吴川。廉江话为笔者母语，其余粤西方言发音人或语料的具体信息为：高州话（卢妙丹，女，24岁，中山大学语言学专业硕士；卢明武，男，56岁，高中学历）、阳江话（刘敏玲，女，24岁，中山大学语言学专业硕士；陈园中，男，50岁，高中学历），吴川话的语料主要来自林华青（2011），并由其本人核对、补充。

[②] 本章以"后附成分"统称出现在词素、词或词组后的小称语素，其作用与后缀、词尾或虚词相当。汉语后缀与词尾的区别存在分歧，这里暂不作区分。

变音，同时存在小称后附成分；而阳江和廉江则主要使用后附成分。四地粤方言的小称形式都不止一种，但它们都主要使用一种形式（变音或某种后附成分）广泛表达小称功能。以下分别举例说明。

15.2.1.1　阳江

小称形式主要为后附成分"-仔[tʃei^{21}]""-子[tʃei^{21}]"。"-仔"是较为常见的小称形式；"-子"还可附着在形容词重叠和动词重叠形式之后，与"仔"有所不同。

- **-仔**：叔仔、徒弟仔、班长仔、眼仔、手指仔、鸭仔、虫、辣椒仔、樽仔、一樽仔、一阵仔
- **-子**：桃子、桑子、柿子、蕉子、黄皮子、榄子；瘦瘦子、黑黑子、行行子、可能可能子 有点儿可能

15.2.1.2　廉江

小称形式为后附成分"-仔[tsei^{25}]""-子[tsi$^{25(-55)}$]""-儿[ȵi$^{21-55}$]"。廉江话极个别词出现变音（变调）形式（林华勇和马喆，2008）。"-仔"是最为常用的小称形式；"-子"常出现在果实类名词中，起构词作用；"-儿"只见于几个派生词之中。

- **-仔**：男仔、妹仔[mui$^{21-55}$ tsei^{25}]、木仔、橙子仔、歌仔、经理仔、一阵仔、肥肥仔、行行仔 走着走着
- **-子**：苦楝子[fu^{25} lin^{21} tsi^{25}]、橙子、蕉子、栗子、禾草子 捆着晒的稻草、蚊子[mɛn^{55} tsi^{25}]；男子仔[nɛm^{21} tsi$^{25-55}$ tsei^{25}] 小男孩、男子佬[nɛm^{21} tsi$^{25-55}$ lou^{25}] 男人
- **-儿**：乞儿[het^{5} ȵi$^{21-55}$]、细蚊儿、汗儿

廉江这三个"子"义语素都可独立构成名词，例如：

（1）系仔抑试⁼[et^{5} si^{33}]女啊？（是儿子还是女儿啊？）
（2）嗰条木打子未啊？（那棵树结果实了吗？）
（3）出儿嘚，出儿仔。（发芽了，发细芽了。）

15.2.1.3　高州

高州话中有"-仔[tsei^{35}]""-子[tsi^{35}]""-儿[ȵi^{55}]"三个小称后附成分。

第 15 章　形式与功能的联系：粤西粤方言的小称范畴　　247

-仔：鸡仔小鸡、牛仔小牛、马骝仔猴子、孙仔孙子、肥仔胖子、看牛仔放牛娃、化州仔化州男青年、烟仔香烟
-子：茄子、柑子、桃子、蕉子香蕉、人面子银莲果
-儿：鸡儿、牛儿、老虎儿、马骝儿、燕子儿、雀[tsɔŋ⁴⁶]儿

变音是常用的小称形式。还存在后附成分与变音并存的混合形式。

变音：阿弟[a³³ tɐi³¹⁻⁴⁶]、班长[pan⁵⁵ tsɛŋ³⁵⁻⁴⁶]、眼[ŋen¹³⁻⁴⁶]、牛[ŋeu²¹⁻⁴⁶]①、瓜[kua⁵⁵-kuan⁴⁶]、斤三[kɐn⁵⁵ ɬam⁵⁵⁻⁴⁶]、走走[tsɐu³⁵ tsɐu³⁵⁻⁴⁶]、软软[ȵyn¹³ ȵyn¹³⁻⁴⁶]
后附成分+变音：蕉子[tsiu⁵⁵ tsi³⁵-tsin⁴⁶]、死仔[ɬei³⁵ tsɐi³⁵-tsɐi⁴⁶]、狗儿[kɐu³⁵ ȵi⁵⁵-ȵin⁴⁶]

高州的"变音"是指音高一律变成 46。且其中含塞韵尾-p、-t、-k 的一律变成-m、-n、-ŋ；韵尾为-m、-n、-ŋ 和-u、-i 的，只变调；不含韵尾的直接在韵母后加上-n，变韵同时变调。

15.2.1.4　吴川

吴川与高州一样，小称的附加成分有"-仔[tɐi²³]""-子[tɛi²³]""-儿[ȵi⁵⁵]"。

-仔：后生仔、打工仔、高州仔
-子：李子、桃子、蕉子、柿子、粟子
-儿：阿公儿（=阿公 kuŋ⁵⁵⁻⁴⁴⁶）、台儿（=台 tʰuɛin⁴⁴⁻⁴⁴⁶）、石头儿（=石头 tʰeun⁴⁴⁻⁴⁴⁶）

变音是常见的小称形式，同时存在后附成分与变音并存的混合形式。

变音：梳[sɔ⁵⁵-sɔn⁴⁴⁶]、萝[lɔn⁴⁴⁻⁴⁴⁶]、岭[lɛn³³⁻³³⁶]、褂[kua²²-kuan³²⁶]、桶[tʰuŋ²³⁻²³⁶]、蛋[tʰan²¹⁻²¹⁶]
后附成分+变音：桃子[tʰuɔu⁴⁴ tɐi²³-tɐin²³⁶]、后生仔[heu²² saŋ⁵⁵ tɐi²³-tɐin²³⁶]

据林华青（2011：16）研究，吴川的变音规律是：高调（阴平 55、阳平 44、

---

① 变音的"牛"可指"牛的后代"，也可指"小牛"；"牛儿"只能指"牛的后代"。

上阴入4）一律变成446调；中调（阳上33和上阳入3）变成336调；中降（下阳入31）、低平（阳去22）变成326调；低升（阴上23）变成236调；低降（阴去和下阴入21）变为216调；阴声韵不管单、复韵母，一律附加上-n，塞音韵尾-p、-t、-k也一律变成-m、-n、-ŋ。总体上看，吴川话的小称变调为高升调。

阳江和廉江的小称形式以后附成分为主，高州和吴川则较为多样，除后附成分外，还存在变音（含变调、变韵伴随变调两种情况）、后附成分与变音形式并存的情况。总的来说，粤西四地粤方言的小称形式有异。

15.2.2 小称形式的所附单位与小称范畴的连续性

我们把小称形式的所附单位作为小称形式的重要内容来考察，并以之为出发点，将小称的结构形式与小称功能联系起来。比如形容词、动词附加小称形式，通常表示"名物化"的功能，不会表示职务低、亲切、轻视等。也就是说，小称的功能受限于小称形式的所附单位。这一认识受到了Jurafsky（1996）、曹逢甫（2006）、曹逢甫、刘秀雪（2008）等研究的启发。

Jurafsky（1996：542）对世界上60多种语言（包括汉语）的小称的语义/语用进行归纳、概括，提出了一个共时、历时语义相结合的放射性范畴（radical category）的模型，把纷繁的小称义置于其中进行解释。该模型如图15-1所示。

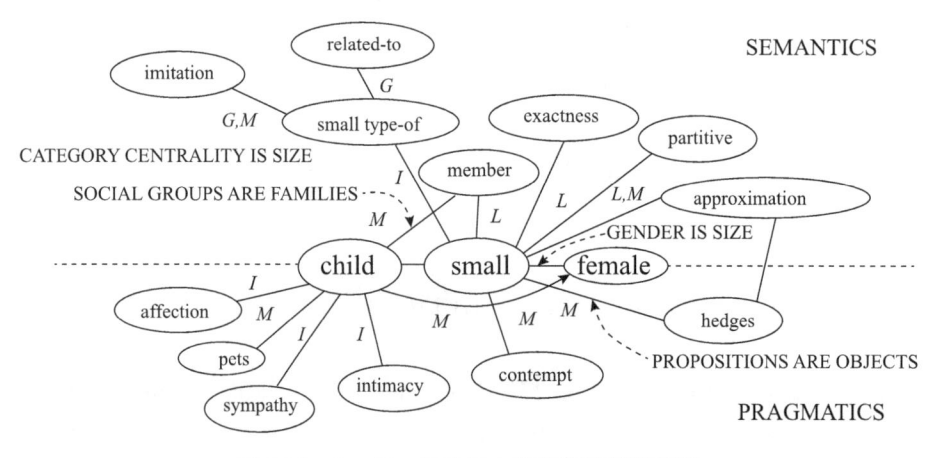

图15-1 Jurafsky提出的小称放射性范畴模型

图15-1中，虚线以上的功能属于语义（SEMANTICS）的，虚线以下属于语用（PRAGMATICS）的；箭头中间的字母代表（语义的或语用的）小称功能演变的四种机制：隐喻（metaphor）、推理（inference）、泛化（generalization）、兰

第15章　形式与功能的联系：粤西粤方言的小称范畴　　249

姆达抽象（Lambda-abstraction）法则①。严格来说，图 15-1 仅是"子"义语素的小称功能模式。从汉语方言看，小称的来源不止"子"义语素，比如山西方言中的重叠式可表小称。

基于汉语方言的情况，曹逢甫（2006：4）提出了小称的语法化轮回现象，提出了小称的六个语法化阶段，如图 15-2 所示。

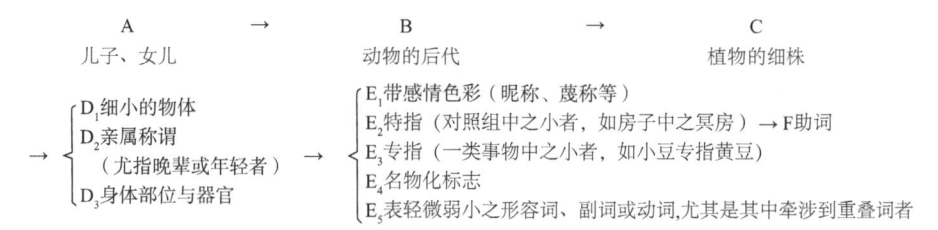

```
      A              →           B                    →            C
   儿子、女儿               动物的后代                           植物的细株

      ⎧ D₁细小的物体              ⎧ E₁带感情色彩（昵称、蔑称等）
→     ⎨ D₂亲属称谓        →      ⎨ E₂特指（对照组中之小者，如房子中之冥房）→ F助词
      ⎪   （尤指晚辈或年轻者）    ⎨ E₃专指（一类事物中之小者，如小豆专指黄豆）
      ⎩ D₃身体部位与器官          ⎨ E₄名物化标志
                                  ⎩ E₅表轻微弱小之形容词、副词或动词，尤其是其中牵涉到重叠词者
```

图 15-2　曹逢甫提出的小称词语义、语用与语法上的语法化轮回

曹逢甫认为理论上存在 F（助词）的阶段，但没找到相应的语言事实。与图 15-2 相对应，曹逢甫、刘秀雪（2008：647）提出小称的语义弱化、语法化的几个阶段，如图 15-3 所示。

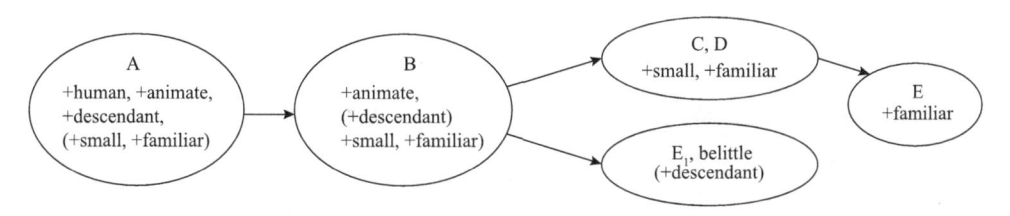

```
┌─────────────┐      ┌─────────────┐         ┌──────────────┐
│      A      │      │      B      │         │     C, D     │
│+human,      │  →   │+animate,    │  ──→    │+small,       │      ┌──────────┐
│+animate,    │      │(+descendant)│         │+familiar     │      │    E     │
│+descendant, │      │+small,      │         └──────────────┘  ──→ │+familiar │
│(+small,     │      │+familiar)   │                               └──────────┘
│+familiar)   │      └─────────────┘         ┌──────────────┐
└─────────────┘                              │ E₁, belittle │
                                     ──→     │(+descendant) │
                                             └──────────────┘
```

图 15-3　曹逢甫、刘秀雪提出的小称语义特征的弱化连续统

图 15-1 着重解释普遍语言中小称各功能（原文区分"语义"和"语用"）的产生及相互联系，有些功能的概括比较抽象，不一定适用于汉语。图 15-2 从语法化的角度把小称功能分成不同的六个阶段。图 15-3 则说明语法化不同阶段中小称语义特征的弱化过程。以上三种做法，从认知、语义演变的角度出发考察各小称功能之间的联系，是小称问题及汉语小称研究的重要突破。但还存在一些问题，比如小称的所附单位（附着形式）与小称功能之间存在哪些联系，如何联系？对这些问题还缺少总结。林华勇、马喆（2008）在此方面做出了一定的尝试，得出了在廉江方言的小称形式"仔"语法化过程中，所附单位（词、词的重叠式和词

---

① 兰姆达抽象法则，是使可分级或可量化的范畴在程度或数量上有所改变的法则。小称基式必须是可以分级的谓词（包括形容词、动词、数量结构等）或可以量化的体词。以该基式为参照系，小称的变式一般在程度上低于其基式，或在数量上少于其基式。

组）和语义的大致对应关系，如图 15-4 所示。

	词							重叠 词组
	低			虚化程度				高
	年龄	个儿	容积	单位	职位	数量	时短	程度

图 15-4　廉江方言"仔"语法化的连续性

我们继续借鉴以上小称功能连续性及相互关联的做法，进一步结合小称形式所附单位的语法功能，借用语义地图模型的观念和方法（Haspelmath，2003；张敏，2010；吴福祥，2011），发现更为具体的规律。

15.3　小称功能与所附单位——以高州为例

以下以高州为例，考察小称形式的所附单位（/组合成分）与功能之间的联系。

15.3.1　小称变音

15.3.1.1　指人名词

所附单位	功能	用例
亲属称谓名词	亲昵	公祖[koŋ^{55} tsou$^{35\text{-}46}$]曾祖父
		婆祖[pʰɔ^{21} tsou$^{35\text{-}46}$]曾祖母
	指小，亲昵/喜爱	阿叔[a^{33} sok^5-soŋ^{46}]
		孙[ɬyn$^{55\text{-}46}$]
一般称谓名词	亲昵，蔑称	阿公[a^{33} koŋ$^{55\text{-}46}$]公公，老头
	指小，女性，亲昵/喜爱	阿妹[a^{33} mui$^{31/55\text{-}46}$]小妹妹
	指小，蔑称	寡佬[kua^{35} lou$^{35\text{-}46}$]光棍
	指小，亲昵	徒弟[tʰou^{21} tɐi$^{31\text{-}46}$]
		学生[hɔk^2 saŋ$^{55\text{-}46}$]
职务称谓名词	轻蔑或自谦	经理[kɪŋ^{55} lei$^{13\text{-}46}$]小经理
		班长[pan^{55} tsɛŋ$^{35\text{-}46}$]小班长
	指小，蔑称	白拈[pak^2 nɛn$^{55\text{-}46}$]小偷儿
专有名词	指小，亲昵，蔑称	阿红[a^{33} hoŋ$^{21\text{-}46}$]
		阿三[a^{33} ɬam$^{55\text{-}46}$]
	蔑称或亲昵	沙田柚[sa^{55} tʰin^{21} jɐu$^{21\text{-}46}$]一绰号

以上小称使用了变音形式，所附单位都是指人名词。从功能上看，指人名词的小称自然有指小（年幼）的功能，此外，通常伴随表亲昵/喜爱或蔑称/轻蔑的功能。职务称谓名词的小称不一定有指小（年幼）的功能，但可具有轻蔑（对他人）或自谦（对自己）的功能；小称形式用于绰号具有蔑称或亲昵的功能。指人名词小称的指小功能通常指的是年幼。

15.3.1.2 身体部位或器官名词

功能   **用例**

指小（年幼＞形状小），亲昵/喜爱
- 头壳[tʰeu²¹ hɔk³-hɔŋ⁴⁶]小脑袋
- 头毛[tɐu²¹ mou⁵⁵⁻⁴⁶]
- 毛辫[mou⁵⁵ pin⁵⁵⁻⁴⁶]
- 眼[ŋan³⁵⁻⁴⁶]
- 鼻[pei³¹⁻⁴⁶]
- 嘴[tsui³⁵⁻⁴⁶]

指小（形状小，不一定是因为年幼）
- 毛荫[mou⁵⁵ jɐm⁵⁵⁻⁴⁶]刘海
- 烧酒窝[siu⁵⁵ tsɐu³⁵ wɔ⁵⁵-wɔn⁴⁶]
- 手公头[sɐu³⁵ kon⁵⁵ tʰeu²¹⁻⁴⁶]大拇指
- 手尾幺[sɐu³⁵ mei⁵⁵ lai⁵⁵⁻⁴⁶]尾指

指小（形状小），亲昵，成员
- 脚[kɛk³-kɛŋ⁴⁶]小脚；脚趾
- 手[sɐu³⁵⁻⁴⁶]小手；手指

15.3.1.3 动物名词

功能   **用例**

指小（年幼或形状小），动物的后代
- 牛[ŋeu²¹⁻⁴⁶]
- 猪[tsy⁵⁵-tsyn⁴⁶]
- 兔[tʰou³³⁻⁴⁶]
- 狗[kɐu³⁵⁻⁴⁶]

动物的后代，喜爱/亲昵
- 牛儿[ŋeu²¹ n̠in⁴⁶]
- 猪儿[tsy⁵⁵ n̠in⁴⁶]
- 兔儿[tʰou³³ n̠in⁴⁶]
- 狗儿[kɐu³⁵ n̠in⁴⁶]
- 鸡姆[kɐi⁵⁵ na¹³-nan⁴⁶]
- 鸡项[kɐi⁵⁵ hɔŋ³¹⁻⁴⁶]小母鸡

15.3.1.4 植物名词

功能	用例
指小（形状小），喜爱	黄瓜[wɔŋ²¹ kua⁵⁵-kuan⁴⁶]
	金瓜[kɐm⁵⁵ kua⁵⁵-kuan⁴⁶]
	丝瓜[ɬei⁵⁵ kua⁵⁵-kuan⁴⁶]
	冬瓜[toŋ⁵⁵ kua⁵⁵-kuan⁴⁶]
	辣椒[lat² tsiu⁵⁵⁻⁴⁶]
	酸桃[ɬyn⁵⁵ tʰou²¹⁻⁴⁶]本地芒果
	苹果[pʰɪŋ²¹ kɔ³⁵-kɔn⁴⁶]
	石榴[sɛk² lɐu²¹⁻⁴⁶]
喜爱	番薯[fan⁵⁵ sy²¹-syn⁴⁶]
	木薯[mok² sy²¹-syn⁴⁶]
	黄豆[wɔŋ²¹ tɐu³¹⁻⁴⁶]
	番豆[fan⁵⁵ tɐu³¹⁻⁴⁶]

15.3.1.5 无生命静物名词

功能	用例
指小（形状小），喜爱	山[san⁵⁵⁻⁴⁶]
	河[hɔ²¹-hɔn⁴⁶]小河
	坑[haŋ⁵⁵⁻⁴⁶]小溪
	饼干[pɪŋ³⁵ kɔn⁵⁵⁻⁴⁶]
	咸菜[ham²¹ tsʰɔi³³⁻⁴⁶]
指小（规模），轻蔑	学校[hɔk² hau³¹⁻⁴⁶]
	小学[ɬiu³⁵ hɔk²-hɔŋ⁴⁶]
专指（小的一类事物）①，部分/个体（partitive），仿拟（imitation）	石[sɛk²-sɛŋ⁴⁶]专指建筑用的石子
	粉[fɐn³⁵⁻⁴⁶]米粉丝
	手巾[sɐu³⁵ kɐn⁵⁵⁻⁴⁶]手绢
	图书[tʰou²¹ sy⁵⁵-syn⁴⁶]小人书
	银[ŋɐn²¹⁻⁴⁶]硬币
指小，或名物化	锯[kui³³⁻⁴⁶]小锯子
	凿[tsɔk²-tsɔŋ⁴⁶]小凿子
	刨[pʰau²¹⁻⁴⁶]小刨子

---

① 本章不分属同类事物中的小者或对照组中的小者。曹逢甫（2006）称前者为"专指"，后者为"特指"。本章都理解为"专指"。

第 15 章　形式与功能的联系：粤西粤方言的小称范畴　　253

"部分/个体"功能的意思是把成类的事物量化，使之成为类物的一部分或者个体。如"石[sek²]"是一种材料，变音后的"石[sɛŋ⁴⁶]"是搅拌水泥成混凝土用的小块石头；再如"图书[tʰou²¹ sy⁵⁵]"是书的总称，指一类事物，而变音后的"图书[tʰou²¹ syn⁴⁶]"则是小人书，是图书的一种。所以，"部分/个体"功能可以归到"专指（小的一类事物）"中去，可把"石[sɛŋ⁴⁶]""图书[tʰou²¹ syn⁴⁶]"视为同类事物中小的一种。"仿拟"也可归入"专指（小的一类事物）"，如"手巾[sɐu³⁵ kɛn⁵⁵]"是毛巾，变音后的"手巾[sɐu³⁵ kɛn⁴⁶]"为"手绢"，是一种小的"手巾"。

15.3.1.6　空间、时间或单位专名

功能	用例
指小，仿拟	巷[hɔŋ³¹⁻⁴⁶]小巷子
	角头[kɔk³ tʰɐu⁵⁵⁻⁴⁶]小角落
	束腰[tsʰok⁵ jiu⁵⁵⁻⁴⁶]专指墙的中间部位
	地尾[tei³¹ mei¹³⁻⁴⁶]专指菜园最靠里的菜地
轻蔑（已淡化）	一中[tsoŋ⁵⁵⁻⁴⁶]
	二中[ȵi³¹ tsoŋ⁵⁵⁻⁴⁶]
	一年级[jet⁵ nin²¹ kʰɐp⁵-kʰɐm⁴⁶]
	初一[tsʰɔ⁵⁵ jet⁵-jɐn⁴⁶]
减短或精确（exactness）	后尾[hɐu³¹ mei⁵⁵⁻⁴⁶]后来不久
	跟尾[kɐn⁵⁵ mei⁵⁵⁻⁴⁶]后来不久
	头先[tʰɐu²¹ ɬin⁵⁵⁻⁴⁶]/头早[tʰɐu²¹ tsou³⁵⁻⁴⁶]/正下[tsɪŋ³³ ha¹³-han⁴⁶]①刚才
语气减弱（委婉）	以前[ji³⁵ tsʰin²¹⁻⁴⁶]
	早时[tsou³⁵ si²¹⁻⁴⁶]

"减短或精确"的功能以"头先"为例，试比较：

（4）你行头先正，我等阵正去。（你先走，我等会儿再去。）
（5）头先[ɬin⁵⁵⁻⁴⁶]（/头早[tsou³⁵⁻⁴⁶]/正下[ha¹³-han⁴⁶]）系乜人在己＝啊？（刚才是谁在这里啊？）

"语气减弱（委婉）"的功能以"以前"为例，变音后有一种亲昵的语气，

---

① "头早[tʰɐu²¹ tsou³⁵⁻⁴⁶]""正下[tsɪŋ³³ ha¹³-han⁴⁶]"两个词只有变音形式。

即想要拉近与听者距离。试比较：

（6）以前他好靓仔啊喔。（以前他很帅的喔。）
（7）以前[tsʰin²¹⁻⁴⁶]他好靓仔啊喔。（以前他很帅的喔。）

以上小称的所附单位（附着形式）的语法功能都是名词。附着于名词的小称功能最为丰富，由此可见，名词与小称的关系最为密切，小称的功能与"人子"义名词直接相关。曹逢甫先生提出的"动物后代""植物细株"等可用"指小（年幼）"来概括。也就是说，"指小"功能包括了人、动物和植物不同生命度事物在时间维度上的"小"。曹先生没提到时间的"减短"或"精确"等功能，这一功能在Jurafsky（1996）的研究中用exactness概括。

15.3.1.7 代词

功能：委婉
用例：自己[tsi³¹ kei³⁵⁻⁴⁶]、咁子[kɐn³⁵⁻⁴⁶ tsi³⁵]这/那样、点子[tim³⁵⁻⁴⁶ tsi³⁵]、几多[kei³⁵ tuo⁵⁵⁻⁴⁶]

委婉、亲昵的语气，可拉近与听者的距离。试比较：

（8）今日冇几多人来。（今天没多少人来。）
（9）今日冇几多[tuo⁵⁵⁻⁴⁶]人来。（今天没多少人来。）

15.3.1.8 量词

功能：指小（形状小或动量轻）
用例：一只[a³³/jet⁵ tsɪk⁵-tsɪŋ⁴⁶]小只、一粒[a³³/jet⁵ nɐp⁵-nɐm⁴⁶]小粒、一对[a³³/jet⁵ tui³³⁻⁴⁶]小对、一套[a³³/jet⁵ tʰou³³⁻⁴⁶]小套、打一下[ta³⁵ a³³/jet⁵ ha¹³-han⁴⁶]打一小下

15.3.1.9 数词、数量短语

功能：数量少或时间短；嫌少

用例： 三万[ɬam⁵⁵ man³¹⁻⁴⁶]オ三万、五十[ŋ¹³ sep²-sem⁴⁶]オ五十、三分一[ɬam⁵⁵ fen³¹ jet⁵-jen⁴⁶]オ三分之一、一半[a³³/jet⁵ pun³³⁻⁴⁶]オ一半、三斤[ɬam⁵⁵ ken⁵⁵⁻⁴⁶]、一匹[a³³/jet⁵ pʰet⁵-pʰen⁴⁶]、一阵[a³³/jet⁵ tsen⁴⁶]一小会儿

15.3.1.10 动词、动词重叠式

1）动词

功能： "名物化"；程度减弱
用例： 钓[tiu³³⁻⁴⁶]钓钩、诂[ku³⁵-kun⁴⁶]谜语、可能[hɔ³⁵ nen²¹⁻⁴⁶]

2）动词重叠式

功能： 短时/尝试；减弱
用例： 走走[tseu³⁵ tseu³⁵⁻⁴⁶]、听听[tʰɪŋ³³ tʰɪŋ³³⁻⁴⁶]、睇睇[tʰei³⁵ tʰei³⁵⁻⁴⁶]；得得[tek⁵ tek⁵-teŋ⁴⁶]有点行、可以可以[hɔ³⁵ ji¹³ hɔ³⁵ ji¹³-jin⁴⁶]有点可以

15.3.1.11 形容词、形容词重叠式

1）单音节形容词①

功能： 增强
用例： 远[jyn¹³⁻⁴⁶]远一点、近[kʰen¹³⁻⁴⁶]近一点、肥[fei²¹⁻⁴⁶]肥一点

2）形容词重叠式

功能： 程度减弱/适中；委婉
用例： 软软[ȵyn¹³ ȵyn¹³⁻⁴⁶]有点软、硬硬[ŋaŋ³¹ ŋaŋ³¹⁻⁴⁶]有点硬、圆圆[jyn²¹ jyn²¹⁻⁴⁶]有点圆、红粉红粉[hoŋ²¹ fen³⁵ hoŋ²¹ fen³⁵⁻⁴⁶]有点粉嫩、凉气凉气[lɛŋ²¹ hei³³ lɛŋ²¹ hei³³⁻⁴⁶]有点凉快

---

① 单音节形容词的变音形式，实际上是形容词（"远""近"等）加上不定量词的小称形式（呢=[nit5-nin46]）后融合演化而来。因而语义上或功能上比基式（未添加小称形式）的性质增强了。

15.3.1.12 副词（范围、时间、频度、语气、程度）

功能：减弱；委婉

用例：上下[sɛŋ¹³ ha¹³-han⁴⁶]差不多、啱啱[ŋam⁵⁵ ŋam⁵⁵⁻⁴⁶]刚好/恰好、正好[tsɪŋ³³ hou³⁵⁻⁴⁶]刚好；正下[tsɪŋ³³ ha¹³-han⁴⁶]才、率时[ɬek⁵ si²¹-sin⁴⁶]偶尔、有时[jɐu¹³ si²¹-sin⁴⁶]有时候；居然[kui⁵⁵ jin²¹⁻⁴⁶]、好彩[hou³⁵ tsʰɔi³⁵⁻⁴⁶]或许；有呢ᵀ[jɐu¹³ nit⁵-nin⁴⁶]有点

15.3.1.13 形容词短语（代词/副词+形容词）

功能：程度减弱或加强；嫌少/不足；委婉

用例：咁多[kem³³ tɔ⁵⁵-tɔn⁴⁶]：～，有多啊（才这么点儿，不算多。有"嫌少"之意）、咁深[kem³³ sem⁵⁵⁻⁴⁶]才这么深、咁短[kem³³ tyn³⁵⁻⁴⁶]才这么短、好高[hou³⁵ kou⁵⁵⁻⁴⁶]挺高的、好矮[hou³⁵ ai³⁵⁻⁴⁶]挺矮的

15.3.2 "-儿"

高州的小称后附成分（"-儿""-仔""-子"）的分布远不及变音形式广，后附成分也有所分工。"-儿"主要用于动物类名词之后起构词作用，其功能和用例如下。

功能：指小（动物的后代或年幼）

用例：鸡儿[kei⁵⁵ n̠i⁵⁵]、鸭儿[ap³ n̠i⁵⁵]、鹅儿[ŋɔ⁵⁵ n̠i⁵⁵]、雀儿[tsɔŋ⁴⁶ n̠i⁵⁵]、燕子儿[jin³³ tsi³⁵ n̠i⁵⁵]、老虎儿[lou¹³ fu³⁵ n̠i⁵⁵]、狮子儿[si⁵⁵ tsi³⁵ n̠i⁵⁵]、马骝儿[ma³⁵ lɐu⁵⁵ n̠i⁵⁵]、老鼠儿[lou¹³ sy³⁵ n̠i⁵⁵]、蛇儿[sɛ²¹ n̠i⁵⁵]

15.3.3 "-子"

"-子"用于构成果实类名词。功能和用例如下。

功能：果实

用例：茄子[kʰɛ²¹ tsi³⁵]、柑子[kam⁵⁵ tsi³⁵]、橙子[tsʰaŋ²¹ tsi³⁵]、橘子[ket⁵ tsi³⁵]、蕉子[tsiu⁵⁵ tsi³⁵]、桑子[ɬɔŋ⁵⁵ tsi³⁵]、桃子[tʰou²¹ tsi³⁵]、人面子[nɛn²¹ min³¹ tsi³⁵]

15.3.4 "-仔"

15.3.4.1 构成名词

功能：孩子；男性；指小（年幼，形状小）；亲昵；蔑称；专指

用例：孙仔[ɬyn⁵⁵ tsɐi³⁵]、侄仔[tsɐt² tsɐi³⁵]、阿姨仔[a³³ ji⁵⁵ tsɐi³⁵]、阿舅仔[a³³ kʰɐu¹³ tsɐi³⁵]、化州仔[fa³³ tsɐu⁵⁵ tsɐi³⁵]、烟仔[jin⁵⁵ tsɐi³⁵]、芥菜仔[kai³³ tsʰɔi³³ tsɐi³⁵]

15.3.4.2 用于成形容词词素后构成名词

功能：孩子；男性；指小（年幼）；亲昵；蔑称

用例：肥仔[fei²¹ tsɐi³⁵]、烂仔[lan³¹ tsɐi³⁵]、好仔[hou³⁵ tsɐi³⁵]、坏仔[wai³¹ tsɐi³⁵]、后生仔[hɐu³¹ saŋ⁵⁵ tsɐi³⁵]

15.3.4.3 用于成动词词素组合后构成名词

功能：孩子；男性；指小（年幼）；蔑称

用例：看牛仔[hɔn⁵⁵ ŋɐu²¹ tsɐi³⁵]、搬运仔[pun⁵⁵ wɐn³¹ tsɐi³⁵]、补鞋仔[pou³⁵ hai²¹ tsɐi³⁵]

15.3.5 总结

从高州话看，变音、后附成分"-仔""-子""-儿"都可附加在名词上，名词小称的功能最为丰富和典型。亲昵与蔑称/轻视、加强与减弱或委婉、蔑称与自谦等是语用功能，它们之间的功能看上去相背，实际上相依，是一个事物的两面。动词重叠式、形容词重叠式以及形容词性短语的小称功能均比名词小称的功能要抽象，在高州话中，它们采用了变音形式，不采用后附成分。这可能是变音形式在高州话中使用更为广泛的缘故。

15.4 小称功能的分类与联系

15.4.1 高州粤方言

小称功能与小称形式所附单位有联系，依据高州粤方言的情况，归纳如下。

名词：孩子，男性，指小（年幼、形状小），女性，果实，亲昵/喜爱，
　　　蔑称，自谦，专指，成员，仿拟，精确，减弱。
量词：指小（形状小或动量轻）。
动词：指小（形状小），名物化，减弱。
动词短语：男性，指小（年幼），蔑称/亲昵。
动词重叠：减弱，短时/尝试。
数词、数量短语：数量少或时间短，嫌少。
代词、副词：委婉，减弱。
形容词、形容词重叠式：孩子，男性，指小（年幼），亲昵，蔑称；程
　　　度减弱/适中，委婉，增强。
形容词短语：程度减弱或加强，嫌少/不足，委婉。

结合以上功能分布的情况，把小称功能进一步分类。

第一类：指小。包含了两个层面的"小"：
　　　　A．自然时间、空间上的小：孩子、男性、女性、年幼、动物
　　　　　后代、果实、植物细株、形状。
　　　　B．人的认知上的小：职务、专指、仿拟、量化、成员。
第二类：由第一类"指小"（A.自然时间、空间上的小）引发的语用功
　　　　能，包括：亲昵/喜爱、蔑称、自谦、委婉等。
第三类：与"量"有关，包括：数量、程度的减少/减轻/增强。
第四类：由第三类引发的语用功能，包括：嫌少、适中、尝试、委婉或
　　　　精确等。
第五类：名物化。

可以看出，第一类和第三类功能是基础性的，第二、四类分别是第一、三类派生出来的；而第一类的 B 类功能是由 A 类演化而来的；第五类功能"名物化"是动作与事物相互关联的结果，可视为由动作转喻或关联而来。其中，孩子，男性，指小等方框中的功能是小称词素带来的，小称的语义较为实在，在语法化链条中属于初始阶段。

结合小称形式的所附单位和小称功能的分类，可以把所附单位（即形式）和小称功能之间的关系概括表述如下。

【名词/构成名词等】第一类>第二类；第一类A>第一类B
【代词、数词、数量短语、形容词、谓词重叠式、形容词短语等】第三类>第四类
【动词】第五类（名物化）

方梅（2007）曾概括了北京话儿化的功能演变特征：客观小量>主观小量>"量"。方梅认为，主观小量是说话人用来指称"小"或"可爱"的事物，"量"特征指的是转指用法（"画儿/盖儿/摊儿" "好儿/黄儿" "头儿/颠儿"等）和自指用法（"整儿" "零儿" "错儿"等）；儿化的转指用法属于词汇形态手段，自指用法属于句法形态手段。大致上，第一、三类是客观小量，第二、四类为主观小量，第五类属于名词的"量"特征（形态）。

15.4.2 其他三地方言

以上只是大概的归类，接下来我们再根据其他三地方言的情况，进一步检验以上小称形式所附单位与小称功能之间的对应关系。由于篇幅关系，每种功能我们只举1至2例。

15.4.2.1 第一类小称功能【名词】

（A1）孩子，男性
阳江：仔、侄仔 | 廉江：同阳江 | 吴川：侬[nuŋ$^{22\text{-}326}$]、仔[tei^{23}-tein^{236}]

（A2）指小（年幼）
阳江：叔仔、银仔 | 廉江：同阳江 | 吴川：凳[teŋ$^{21\text{-}216}$]、台[tʰuei^{44}-tʰuein^{446}]

（A3）女性
阳江：妹仔[mui$^{21\text{-}55}$ tɕi^{31}] | 廉江：老妹仔、妹$^{21\text{-}55}$仔 | 吴川：□女[hmɔu^{55} nɛi^{33}-nɛin^{326}]未婚女子、新妇[ɬeŋ^{55} fu^{33}-fun^{336}]儿媳妇

（A4）动物后代
阳江、廉江：牛仔、猫仔 | 吴川：牛[niaun$^{44\text{-}446}$]、狗[keu^{23}-keun^{236}]

（A5）果实
阳江、廉江：桃子、蕉子香蕉 | 吴川：桃子[tʰuou^{44} tei^{23}-tein^{236}]、蕉子[tiu^{55} tei^{23}-tein^{236}]

（A6）植物细株
阳江：木仔小树、树苗 | 廉江：木仔小树、树苗、木儿[ni$^{21\text{-}55}$]小树苗 | 吴川：木[mɔŋ^{3}-mɔŋ^{336}]树苗

（A7）形状小

阳江：书包仔、碗仔｜廉江：杯仔、碗仔｜吴川：碗[wun$^{23-236}$]、电油[t^{h}in^{22} jiɐu^{44}-jiɐun^{446}]

（B1）专指或量化

阳江：烟仔_香烟_｜廉江：烟仔、石仔、禾草子｜吴川：菜头[t^{h}uɛi^{21} t^{h}eu^{44}-t^{h}eun^{446}]_萝卜干_、炮[p^{h}au$^{21-216}$]_炮仗_

（B2）成员

阳江、廉江：茂名仔｜吴川：高州仔[kuɔu^{55} tsɐu^{55} tɐi^{23}]

（B3）仿拟

阳江、廉江：手巾仔_手帕_｜吴川：手巾[sɐu^{23} kɐŋ$^{55-446}$]_手帕_、书房[si^{55} fuɔŋ$^{44-446}$]

15.4.2.2 第二类小称功能【名词或代词】

（C1）亲昵/喜爱

阳江：伢仔[ŋa^{55} tsei^{31}]｜廉江：虾仔、细蚊仔(/儿)｜吴川：阿姨[a^{55} ji^{44}-jin^{446}]、细佬[ɬei^{21} luɔu^{33}-luɔun^{336}]

（C2）蔑称或自谦

阳江：老师仔、经理仔｜廉江：班长仔、经理仔｜吴川：开车佬[huɛi^{55} ts^{h}ɛ^{55} luɔu^{33}-luɔun^{336}]_开车的_

（C3）委婉

阳江：□子[nɐŋ^{31} tʃei^{31}]_那样_、□子[ti^{55} tʃei^{31}]_怎样_｜吴川：我人[ŋɔ$^{33-336}$ ȵiɐŋ^{44}]_我们_、伝人[wɐŋ$^{44-446}$ ȵiɐŋ^{44}]_咱们_

蔑称还是自谦，要看是称呼别人还是指称自己。如在廉江话中，称呼别人，如"佢只不过系只班长仔"（他不过是个小班长），是蔑称；若指称自己，则可理解为自谦，如"我只不过系只班长仔"（我只不过是个小班长）。阳江、吴川也是如此理解。（C1）~（C2）的"亲昵"等功能，都附着在指人名词上，与"孩子，指小"等 A 类功能捆绑在一起。只是代词在指代方式和人称时，带上了委婉的功能。

15.4.2.3 第三类、第四类小称功能[①]

（D1）单位小/形状小，或动量轻【量词】

阳江：两粒仔、一碗仔｜廉江：一碗仔、一□[tsɔk^2]仔｜吴川：碗[wun$^{23-236}$]、杯[pui^{55}-puin^{446}]

[①] 该部分的 E 类功能是由 D 类功能引申出来的，故放在一起。

（D2）数量少，嫌少（E1）【数量短语】

阳江：一餐仔 | 廉江：两斤仔 | 吴川：八只[tset⁴-tsɛn⁴⁴⁶]才八只

（D3）量少或减弱、精确（E2）【数量短语】

阳江、廉江：一阵仔 | 吴川：个阵[tsʰɐn³²⁶]此刻

（D4）短时或减弱，委婉（E3）、尝试（E4）【动词重叠式】

阳江：偷偷子、听听子 | 廉江：偷偷仔、听听仔

（D5）程度减弱，不足或适中（E5）

阳江：啃啃子 | 廉江：有哟仔 |吴川：有星[jiɐu²³ ɬɛn⁵⁵⁻⁴⁴⁶]有点儿【程度副词】

阳江：软软子、矮矮子 | 廉江：矮矮仔、高高仔| 吴川：酸酸仔【形容词重叠式】

廉江：好高仔、咁多仔 | 吴川：咁远[win²³⁻²³⁶]、好高[kuɔu⁵⁵-kuɔun⁴⁴⁶]【形容词短语】

15.4.2.4　第五类小称功能【动词】

（F）名物化，形状小（D）

阳江、廉江：锤仔、刨仔 |吴川：筛[sɐi⁵⁵-sɐin⁵⁵]、锯[kɛi²¹-kɛin²¹⁶]

综合以上所得，把小称各功能之间的联系情况大致绘制如图15-5所示。

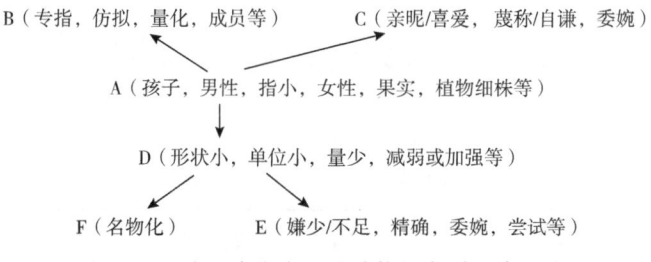

图15-5　粤西粤方言小称功能的类别及其联系

要是再考虑细致些，把各种功能之间的联系标示出来，则会形成一张网络，如图15-6所示。

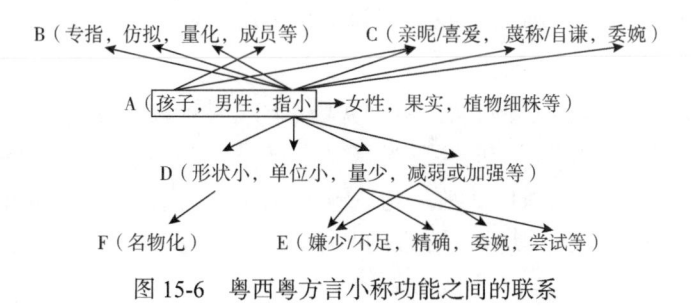

图15-6　粤西粤方言小称功能之间的联系

图 15-6 比图 15-5 更为细化，将各功能之间的联系用箭头关联起来，其关联依据很大程度上是依靠所附形式或单位来帮助判断——相同依附对象的功能可以相连。A 类方框内（"☐"）的功能，语义上是较为实在或基础的。跟图 15-1 相比，图 15-6 具有了组合形式上的依据。

15.5　粤西粤方言小称的共性和个性

林华勇等（2011）曾将廉江方言小称形式的功能与 Jurafsky（1996）所提的图 15-1 进行比较，发现廉江方言小称功能的丰富性可与之相媲美，并多了诸如"果实、植物细株"的功能，如图 15-7 所示。实际上，如果把眼光放大至粤西整个地区，也会得出相似的结论。这说明汉语小称范畴的确十分显赫。

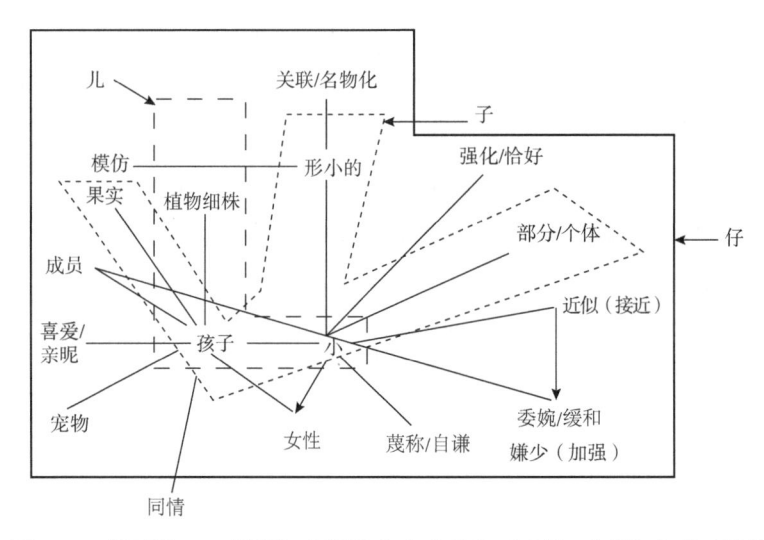

图 15-7　基于图 15-1 的廉江小称形式（"-儿""-子""-仔"）的功能及联系

具体单位的小称功能往往不止一个。比如"孙仔"的"仔"，兼有男性、指小（年幼）、喜爱/亲昵的功能；"梳子"的"子"有"名物化"、指小（形状小）的功能。"指小"是具有概括性的，可以是年龄小，表示年幼，还可以是形状小、职位低。有时形状小与年幼相关。

有些功能是相同事物的两面，由于立场不同，功能发生变化，这类功能属于语用功能。如"喜爱/亲昵"和"蔑称"（"广州仔、日本仔"）、"蔑称"与"自谦"（"班长仔"）、"强化/加强"与"弱化/减弱"（高州话"咁多[tɔ⁵⁵-tɔn⁴⁶]"，意为不够多，程度不足，嫌少；变音的"咁多"的意思为"才这么点儿"，语气加强或强化了）。

粤西四地粤方言的小称形式上虽然差异大，但其小称功能却有着相当的一致性。仅举部分不同于广州话的两种小称功能（数量少、程度减弱/适中）进行说明，这两种小称形式都附着于短语这一大于词的语法单位上（小称形式记作"X"）：

数量少（数量短语+X）　　　　　程度减弱/适中（形容词短语+X）
阳江：两个仔（才两个）　　　　　—（无。存在"黑黑子"）
高州：三斤[kɐn$^{55\text{-}46}$]米（才三斤米）　好高[kou$^{55\text{-}46}$]（挺高的）
吴川：一百米[mɐi$^{55\text{-}446}$]（才一百米）　好高[kuɔu^{55}-kuɔun^{446}]（挺高的）
廉江：三斤仔（才三斤）　　　　　好高仔（挺高的）

以上四个方言点中，仅阳江没有附着在形容词短语后的小称的"程度减弱"或"适中"的用法，其余三地都存在此功能；四地都存在数量小称（嫌少或不足）的功能。

广州话没有形容词短语、数量短语这一短语级单位的小称。可以看作粤西地区较为明显的区域性的语法特征，应与方言接触有关。

通过以上粤西粤方言小称语料，可总结出以下两条小称附着单位的蕴含共性：

数量词⊃量词⊃名词
形容词性短语⊃形容词重叠式

即如果方言中的数量词有小称形式，那么其量词也会存在小称；如果方言中的量词有小称形式，那么名词也存在小称形式。如果方言中的形容词性短语有小称形式，那么该方言的形容词重叠式也有小称形式。

15.6　小　　结

仅从粤西四地出发，汉语小称范畴的显著性便可见一斑。汉语小称范畴的显著性，不仅表现在形式的多样性上，还表现在功能的多样性上。可联系小称形式附着单位的情况，对众多的小称功能进行分类，并建立其间的联系（演变关系）。方梅（2007，2015）先后探讨北京话儿化、儿化词语阴平变调的功能和语法意义，指出北京话儿化的转指、自指及个体化的功能，儿化词语阴平变调是一种副词化"构形"音变。这些形式与意义之间，以及不同意义或功能间的联系，是方言语法关心的重点。

本章尝试借鉴语法化机制中重新分析的做法：如果一个形式表示两种或多种功能，那么我们就可以假设，这两种或多种功能之间的关系比较密切。再根据语法化的单向性原则（由实到虚），实在的意义或功能发展出较虚的功能，从语义的功能衍生出语用的功能。这样一来，就可以尝试建立不同小称功能之间的联系。根据这种办法构建粤西粤方言小称功能之间的联系，所得结果，与 Jurafsky（1996）的小称放射性范畴模型（图15-1）相类似。这说明借鉴重新分析的做法是可行的。

结 语

本书从语法化的角度,一共讨论了15个方言语法问题。其中大多数是对汉语方言语法事实进行共时的描写,有时根据需要,结合早期方言的语料进行考察,涉及了语法化等演变的工作。本书虽未进一步强调描写的重要性,但要知道,描写始终是研究的基础。

内容方面,我们主要对词的多功能性及其语法化问题进行了描写和分析。本书通常的做法是先对词或语素的多功能性进行描写,然后对其语法化途径进行重构,如涉及方言或语言接触,则进而从接触的角度来考察来源问题。

例如,趋向动词的语法化大多跟体貌有关,如趋向动词"过""开""起身"产生出了经历、重行、起始、始续等体貌用法。言说动词在句中,演变出了"小句标记"(或称"标句词")的用法;在句末,则演变成表示转述或直述的传信(示证)语气助词,跟话语信息的来源密切相关。空间义的方位词和形容词,如"头先"和"正",分别演变出了时间顺序(动态助词)和事理顺序(事态助词)上"先行"的用法。"人子"义名词"仔""子""儿"等,语法化成小称标记,这一演变途径,具有人类自然语言的共性。具备人类自然语言共性的演变途径还有"言说动词>小句标记/标句词"。

有的词语的词汇化和语法化涉及跨层结构,如廉江方言的"起身","起"和"身"最初不在一个结构层次上,词汇化后成了一个词,开始了语法化的进程。此外,有的问题涉及结构的演化,如方言中的重叠式疑问句,是由正反问演变而来的,否定词发生了不同程度的弱化甚至丢失。

经过对以上方言语法事实的描写和研究,我们得到了一些认识。简要说明如下。

第一,描写上除了继续借鉴结构主义的方法之外,本书主要运用了语法化的理论;同时,根据实际情况跟语言接触、语义地图模型等有关理论方法相联系,发现了新角度,总结了新办法。比如,我们总结了学界把接触引发的语法化跟语义地图模型相结合的做法——实际上就是把语法化、语言接触和语义地图模型三者联系起来的办法。这一"三结合"的办法可以利用视觉性强的语义地图,直观地去观察接触引发的语法化现象,尤其是具有接触事实的多功能形式的语法化分析。实践证明,这一办法对区域语言学中的语法化研究是有效的。

第二,发现了一些有趣的现象和规则。通过观察"起身"和重叠式疑问句的演变过程,讨论了语法化的"不一致现象"和"一致原则",并讨论了语言演变的"钟摆现象"。它们分别跟语言或方言系统的相对独立性、语言接触及语法结构有关,说明语言的演化,无论是在语言内部还是语言外部(接触)的演化,存在相似之处:演化在不断地"轮回"或"循环"中,其过程离不开深层次的语义组配和语言结构类型的限制。

第三,从语法化角度出发,在发现了一些演变规律的同时,也反映了一些汉语语法的类型特点。汉语是分析性强的语言,方言中普遍存在多功能语法形式。而这些语法形式多以虚词为主,也包括一些结构或手段,如重叠等。可以说,汉语多功能语法形式的普遍存在,为观察语法化的途径和不同阶段提供了便利,这也是汉语语法系统简明的表现。本书不少地方谈到句末语气助词。粤方言的句末语气助词总是带特定音高,以达到区分语气助词不同功能的作用。这充分显示粤方言句末助词显赫的类型特点。

第四,汉语的小称范畴异常发达,小称标记由"人子"义名词语法化而成。其中,"植物细株""果实""嫌少"等小称的意义或功能,鲜见于其他语言的报道。充当程度小称时,小称形式可以附着于形容词重叠式及形容词性短语之后,如廉江方言的"高高仔""好高仔"。动词短语、名词短语及名词也可重叠,如"淋花淋花嘅只人"(正在浇花的这个人)、"放走箱底箱底/台仔台仔呢"(放在靠箱底/桌子的地方)。这说明小称和重叠是汉语方言中异常重要的范畴和形式手段。这些小称和重叠形式在粤西方言中普遍存在,属于区域性的语法特征。粤西及与其毗邻的广西,处于地理上的边缘地区,区域经济也相对落后,往往是方言/语言接触异常活跃的地方,应给予关注。

总之,汉语是分析性的语言,虚词或词缀、结构等语法形式多,而且往往具有多功能性。这为在共时语法描写的基础上,进一步探讨语法化等演化及类型学问题,提供了可能性和相对的便利。我们把书名定为《方言语法研究的语法化视角》,就是希望能引起学界的共同关注。

参考文献

奥托·叶斯柏森. 1988. 语法哲学. 何勇，夏宁生，司辉，等译. 王惟甦，韩有毅校. 廖序东审订. 北京：语文出版社.
巴色会传教士. 1880. 启蒙浅学. 巴色：巴色会出版.
闭思明. 2002. 广西横县平话的反复问句. 广西师院学报，（2）：106-108.
蔡建华. 1995. 广州话动词后的"先"//郑定欧. 广州话研究与教学（第2辑）. 广州：中山大学出版社：69-72.
曹逢甫. 2006. 语法化轮回的研究——以汉语鼻音尾/鼻化小称词为例. 汉语学报，（2）：2-15, 95.
曹逢甫，刘秀雪. 2008. 闽语小称词语法化研究——语意与语音形式的对应性. 语言暨语言学，（3）：629-657.
曹广顺. 1987. 语气词"了"源流浅说. 语文研究，（2）：10-15.
曹广顺. 1995. 近代汉语助词. 北京：语文出版社.
曹志耘. 2008. 汉语方言地图集（语法卷）. 北京：商务印书馆.
陈昌来. 2017. 汉语常用双音词词汇化和语法化研究. 上海：学林出版社.
陈鸿迈. 2002. 海南闽语的"囝"//丁邦新，张双庆. 闽语研究及其与周边方言的关系. 香港：香港中文大学出版社：297-306.
陈前瑞. 2017. 语法化与汉语时体研究. 上海：学林出版社.
陈前瑞，王继红. 2010. 南方方言"有"字句的多功能性分析. 语言教学与研究，（4）：47-55.
陈日芳. 2012. 博白岭坪村客家话研究. 南宁：广西大学硕士学位论文.
陈山青，施其生. 2018. 汨罗湘语中的"使然"与"非使然". 方言，（4）：451-458.
陈颖. 2013. 湘语邵东话重叠式问句研究. 锦州：渤海大学硕士学位论文.
戴维·克里斯特尔. 2000. 现代语言学词典. 沈家煊译. 北京：商务印书馆.
邓思颖. 2013. 方言语法研究问题的思考. 汉语学报，（2）：9-15, 95.
邓思颖. 2014. 粤语谓词性语气词//何志华，冯胜利. 继承与拓新：汉语语言文字学研究（下册）. 香港：商务印书馆：427-444.
邓思颖. 2016. 反复问句的联合结构分析. 现代外语，（6）：742-750, 872.
董秀芳. 2004. "是"的进一步语法化：由虚词到词内成分. 当代语言学，（1）：35-44, 94.
董秀芳. 2017. 汉语词汇化和语法化的现象与规律. 上海：学林出版社.
饭田真纪. 2012. 粤语的条件分句标记"嘅". 中国语文，（5）：458-468, 480.

饭田真纪. 2017. 粤语句末助词"嘅"ge2 的语义和语法化途径. 中国语文，（4）：421-437，511.
方梅. 2002. 指示词"这"和"那"在北京话中的语法化. 中国语文，（4）：343-356，382-383.
方梅. 2006. 北京话里"说"的语法化——从言说动词到从句标记. 中国方言学报，（1）：107-121.
方梅. 2007. 北京话儿化的形态句法功能. 世界汉语教学，（2）：5-13，2.
方梅. 2015. 北京话儿化词语阴平变调的语法意义//北京大学中国语言学研究中心《语言学论丛》编委会编. 语言学论丛（第 51 辑）. 北京：商务印书馆：33-51.
方小燕. 2003. 广州话里的动态助词"到". 方言，（4）：352-353.
费孝通. 2006. 江村经济. 上海：上海人民出版社.
冯骏. 2015. 赣语岳西方言体貌系统. 桂林：广西师范大学硕士学位论文.
冯雅琳. 2009. 广东粤方言处置句比较研究. 广州：中山大学硕士学位论文.
傅国通. 1978. 浙江方言语法的一些特点. 杭州大学学报（哲学社会科学版），（2）：112-126.
甘甲才. 2003. 中山客家话研究. 汕头：汕头大学出版社.
甘于恩. 2002. 广东四邑方言语法研究. 广州：暨南大学博士学位论文.
甘于恩. 2011. 广东粤方言完成体标记的综合研究. 第 16 届国际粤方言研讨会论文. 香港：香港理工大学.
甘于恩，吴芳. 2005. 广东四邑方言的"减"字句. 中国语文，（2）：158-159.
高婉瑜. 2007. 论粤语小称词及其语法化. 台大中文学报，（27）：229-261.
谷峰. 2007. 从言说义动词到语气词——说上古汉语"云"的语法化. 中国语文，（3）：231-236，288.
顾劲松. 2010. 从涟水南禄话看汉语方言两类反复问句的相对共存. 常熟理工学院学报，（9）：76-79.
贵港市地方志编撰委员会. 1993. 贵港市志. 南宁：广西人民出版社.
郭必之. 2009. 语言接触诱发语法化的实例——论畲语三个补语标记的来源和分工. 语言暨语言学，（1）：59-92.
郭必之. 2010. 语言接触中的语法变化：论南宁粤语"述语+宾语+补语"结构的来源//张洪年，张双庆. 中国语言学报专著系列 24 卷. 香港：香港中文大学出版社：201-216.
郭必之. 2012. 从南宁粤语的状貌词看汉语方言与民族语言的接触. 民族语文，（3）：16-24.
郭必之. 2014. 南宁地区语言"去"义语素的语法化与接触引发的复制. 语言暨语言学，（5）：663-697.
郭必之. 2016. 粤语方言小称变音的类型及其历史来源. 汉学研究，（2）：281-314.
郭必之. 2019. 语言接触视角下的南宁粤语语法. 北京：中华书局.
郭必之，李宝伦. 2015. 粤语方言三个全称量化词的来源和语法化//吴福祥，汪国胜. 语法化与语法研究（七）. 北京：商务印书馆：25-56.
郭必之，林华勇. 2012. 廉江粤语动词后置成分"倒"的来源和发展——从语言接触的角度为切入点. 语言暨语言学，（2）：289-320.
郭必之，片冈新. 2006. 早期广州话完成体标记"晓"的来源和演变. 中国文化研究所学报，（46）：91-116.
郭辉. 2008. 皖北濉溪方言的语气词"来". 方言，（2）：173-178.
郭辉. 2013. 皖北濉溪方言"可"字应答句的声调和语调. 方言，（1）：31-35.

郭利霞. 2010. 晋语五台片的重叠式反复问句. 中国语文，（1）：79-82.
郭攀. 2003. 湖北浠水方言中的叠合式正反问. 中国语文，（3）：273.
海涅，库特夫. 2012. 语法化的世界词库. 龙海平，谷峰，肖小平译.北京：世界图书出版公司北京公司.
洪波. 1998. 论汉语实词虚化的机制//郭锡良. 古汉语语法论集. 北京：语文出版社：370-379.
洪波. 1999. 论平行虚化. 汉语史研究集刊，（1）：1-13.
洪波，董正存. 2004. "非 X 不可"格式的历史演化和语法化. 中国语文，（3）：253-261，287-288.
侯兴泉. 2005. 广东封开南丰话的三种正反问句. 方言，（2）：129-135.
胡明扬. 2000. 单项对比分析法——制订一种虚词语义分析法的尝试. 中国语文，（6）：508-515，574-575.
怀集县地方志编纂委员会. 2012. 怀集县志 1979—2000. 广州：广东人民出版社.
黄伯荣. 1996. 汉语方言语法类编. 青岛：青岛出版社.
黄阳. 2016. 南宁粤语的助词"晒". 方言，（4）：410-419.
江蓝生. 1999. 语法化程度的语音表现//石锋，潘悟云. 中国语言学的新拓展. 香港：香港城市大学出版社：195-204.
江蓝生. 2002. 时间词"时"和"後"的语法化. 中国语文，（4）：291-301，381.
江蓝生. 2004. 跨层非短语结构"的话"的词汇化. 中国语文，（5）：387-400，479.
江蓝生. 2017. 汉语语法化的诱因与路径. 上海：学林出版社.
蒋绍愚，曹广顺. 2005. 近代汉语语法史研究综述. 北京：商务印书馆.
蒋协众. 2013. 湘语邵阳话中的重叠式反复问句及其类型学意义. 中国语文，（3）：201-204.
蒋玉婷. 2011. 增城程乡腔客家话中的"开". 中国语文研究，（1-2）：93-103.
柯理思. 2002. 客家话里表示"暂时 VP 吧"、"先 VP 再说"的句末形式"正"//谢栋元. 客家方言研究（第四届客方言研讨会论文集）. 广州：暨南大学出版社：344-357.
柯理思. 2003. 试论谓词的语义特征和语法化的关系//吴福祥，洪波. 语法化与语法研究（一）. 北京：商务印书馆：22-42.
黎奕葆. 2015. 香港粤语双音节状貌后缀的音韵特色. 语言暨语言学，16（5）：691-729.
黎奕葆，钱志安. 2018. 粤语的动词后缀"着"//何大安，姚玉敏，孙景涛，等. 汉语与汉藏语前沿研究：丁邦新先生八秩寿庆论文集（下卷）. 北京：社会科学文献出版社：697-707.
李方桂. 2005. 武鸣土语. 北京：清华大学出版社.
李科凤. 2005. 重庆方言疑问句与普通话的差异. 重庆工商大学学报（社会科学版），（3）：149-153.
李荣. 1995. 柳州方言词典. 南京：江苏教育出版社.
李荣. 1998. 雷州方言词典. 南京：江苏教育出版社.
李如龙. 1996.《动词的体》前言//张双庆. 动词的体. 香港：香港中文大学中国文化研究所吴多泰中国语文研究中心：1-8.
李如龙. 2007. 闽南方言语法研究. 福州：福建人民出版社.
李如龙，张双庆. 1992. 客赣方言调查报告. 厦门：厦门大学出版社.
李如龙，等. 1999. 粤西客家方言调查报告. 广州：暨南大学出版社.
李思旭. 2013. 完成体助词量化功能差异的跨方言考察//甘于恩. 南方语言学（第五辑）. 广州：暨南大学出版社：196-206.

李文浩. 2009. 江苏淮阴方言的重叠式反复问句. 中国语文，（2）：178-179.
李新魁，黄家教，施其生，等. 1995. 广州方言研究. 广州：广东人民出版社.
李宗江. 2017. 语法化与汉语实词虚化. 上海：学林出版社.
梁慧敏. 2016. 论粤语句末助词"啫"的主观性. 中国语文，（3）：339-348，384.
梁敏，张均如. 2002. 标话研究. 北京：中央民族大学出版社.
林宝卿. 1982. 厦门话的常用词尾. 中国语文，（3）：215-220.
林连通. 1988. 福建永春方言的"仔"尾. 中国语文，（2）：121-127.
林华青. 2011. 吴川方言小称变音研究. 广州：中山大学硕士学位论文.
林华勇. 2005. 广东廉江方言的经历体和重行体——兼谈体貌的区分及谓词的语义作用. 中国语文研究，（2）：9-18.
林华勇. 2006. 廉江方言起始体助词"起身"的语法化——兼谈语法化的不一致现象. 语言科学，（4）：14-23.
林华勇. 2007. 广东廉江方言语气助词的功能和类别. 方言，（4）：339-347.
林华勇. 2011. 廉江粤语的"在"、"走"及相关持续体貌形式. 中国语言学集刊，4（2）：305-323.
林华勇. 2014. 廉江粤语语法研究. 北京：北京大学出版社.
林华勇，郭必之. 2010a. 廉江粤语"来/去"的语法化与功能趋近现象. 中国语文，（6）：516-525，575-576.
林华勇，郭必之. 2010b. 廉江粤语中因方言接触产生的语法变异现象//甘于恩. 南方语言学（第2辑）. 广州：暨南大学出版社：83-94.
林华勇，李敏盈. 2017. 转述和直述：粤语言说性语气助词的功能分化//吴福祥，陈前瑞. 语法化与语法研究（八）. 北京：商务印书馆：240-265.
林华勇，李雅伦. 2014. 廉江粤语"头先"和"正"多功能性的来源. 中国语文，（4）：317-325.
林华勇，卢妙丹. 2016. 粤西粤语小称的形式和功能. 中国语言学报，（17）：102-119.
林华勇，马喆. 2007. 廉江方言言说义动词"讲"的语法化. 中国语文，（2）：151-159.
林华勇，马喆. 2008. 广东廉江方言的"子"义语素与小称问题. 语言科学，7（6）：626-635.
林华勇，吴雪钰. 2015. 广东廉江粤语句末疑问语调与语气助词的叠加关系. 方言，（1）：70-74.
林华勇，颜铌婷，李敏盈. 2021. 粤语句末助词"佢"的非现实性——兼谈方言语法范畴比较中存在的问题. 语言研究论丛，（2）：175-193，393.
林华勇，钟蔚苹，吴雪钰. 2011. 从西部粤语看汉语小称的语义问题（第19届国际中国语言学会论文）. 天津：南开大学.
林俐. 2005. 广州话的动态助词"过". 广西民族学院学报，（S2）：297-300.
林俐. 2006. 粤语能性述补结构的研究. 广州：暨南大学硕士学位论文.
林立芳. 1997. 梅县方言的"来". 语文研究，（2）：44-48.
林晓玲. 2014. 广州话"畀/俾"的语法化. 语文学刊，（23）：24-26.
林亦. 2009. 武鸣罗波壮语的被动句. 民族语文，（6）：10-16.
刘翠香. 2007. 山东栖霞方言的持续体. 方言，（2）：124-130.
刘丹青. 1996. 东南方言的体貌标记//张双庆. 动词的体. 香港:香港中文大学中国文化研究所吴多泰中国语文研究中心：9-33.
刘丹青. 2001. 语法化中的更新、强化与叠加. 语言研究，（2）：71-81.
刘丹青. 2002. 赋元实词与语法化//潘悟云. 东方语言与文化. 上海：东方出版中心：238-263.

刘丹青. 2004a. 汉语里的一个内容宾语标句词——从"说道"的"道"说起//中国社会科学院语言研究所《中国语文》编辑部编. 庆祝《中国语文》创刊50周年学术论文集. 北京：商务印书馆：110-119.

刘丹青. 2004b. 话题标记从何而来？——语法化中的共性与个性//石锋，沈钟伟. 乐在其中：王士元教授七十华诞庆祝文集. 天津：南开大学出版社：6-15.

刘丹青. 2008a. 粤语"先""添"虚实两用的跨域投射视角. 第十三届国际粤方言研讨会论文. 香港：香港城市大学.

刘丹青. 2008b. 谓词重叠问的语言共性及其解释//北京大学中国语言学研究中心《语言学论丛》编委会编. 语言学论丛（第38辑）. 北京：商务印书馆：144-164.

刘丹青. 2012. 原生重叠和次生重叠：重叠式历时来源的多样性. 方言，（1）：1-11.

刘坚，曹广顺，吴福祥. 1995. 论诱发汉语词汇语法化的若干因素. 中国语文，（3）：161-169.

刘纶鑫. 2008. 芦溪方言研究. 北京：文化艺术出版社.

刘勋宁. 1988. 现代汉语词尾"了"的语法意义. 中国语文，（5）：321-330.

刘勋宁. 2002. 现代汉语句尾"了"的语法意义及其解说. 世界汉语教学，（3）：70-79，3.

刘一之. 2006. 北京话中的"（说）：'……'说"句式//北京大学汉语语言学研究中心《语言学论丛》编委会. 语言学论丛（第三十三辑）. 北京：商务印书馆：337-339.

刘云，龙海平. 2009. 《语言接触与语法变化》简介. 当代语言学，（1）：86-88.

刘子瑜. 2006. 试论粤方言"V到C"述补结构的语法化及其与"V得C"述补结构的互补分布. 语言研究，（3）：50-56.

卢惠惠. 2015. 江西南康客家话中的程度增减标记词"系"与"子". 嘉应学院学报，（10）：15-18.

卢妙丹. 2013. 粤西粤语小称形式和功能的多样性. 广州：中山大学硕士学位论文.

陆俭明. 1984. 关于现代汉语里的疑问语气词. 中国语文，（5）：330-337.

陆镜光. 2002. 广州话句末"先"的话语分析. 暨南学报（哲学社会科学版），（2）：41-44.

罗福腾. 1996. 山东方言里的反复问句. 方言，（3）：69-74.

罗康宁. 1987. 信宜方言志. 广州：中山大学出版社.

罗昕如，彭红亮. 2012. 广西湘语的重叠式反复问句. 汉语学报，（4）：59-63，96.

罗竹风. 1997. 汉语大词典（缩印本下卷）. 上海：汉语大词典出版社.

吕叔湘. 1980. 现代汉语八百词. 北京：商务印书馆.

吕叔湘，王海棻. 2005. 《马氏文通》读本. 上海：上海教育出版社.

马庆株. 1988. 自主动词和非自主动词. 中国语言学报，（3）：157-180.

马庆株. 1996. 汉语动词和动词性结构. 北京：北京语言学院出版社.

麦仕治. 1893a. 广州俗话书经解义. 广州：羊城十八甫文宝阁.

麦仕治. 1893b. 广州俗话诗经解义. 广州：羊城十八甫文宝阁.

麦穗. 2002. 广西贵港方言的"住". 语言研究，（S1）：273-277.

麦耘. 1993. 广州话"先"再分析//郑定欧. 广州话研究与教学（第1辑）. 广州：中山大学出版社：63-73.

麦耘. 1998. 广州话疑问语气系统概说. 纪念《方言》杂志创刊20周年学术研讨会. 成都：四川联合大学.

麦耘. 2006. 广州话疑问语气系统概述//《开篇》编辑部. 开篇. 25. 东京：好文出版：283-300.

麦耘. 2008. 广州话的句末语气词"来"//邵敬敏等. 21世纪汉语方言语法新探索——第三届汉语方言语法国际研讨会论文集. 广州：暨南大学出版社：196-205.
麦耘. 2009. 从粤语的产生和发展看汉语方言形成的模式. 方言,（3）：219-232.
麦耘,谭步云. 1997. 实用广州话分类词典. 广州：广东人民出版社.
莫超. 2004. 白龙江流域汉语方言语法研究. 北京：中国社会科学出版社.
倪大白. 1982. 藏缅、苗瑶、侗泰诸语言及汉语疑问句结构的异同. 语言研究,（1）：249-258.
欧阳国亮. 2009. 桂阳方言的重叠式反复问句. 理论语言学研究,（3）：98-102.
欧仰义. 1934. 贵县志. 南宁：广西民族出版社.
潘登俊. 2011. 淮阴方言中的"没没 VP". 中国语文,（5）：439-440.
潘立慧. 2014. 壮语 te:ŋ1/tɯk8/ŋa:i2 及汉语"着/捱"情态义、致使义的来源. 民族语文,（2）：55-60.
彭睿. 2020. 语法化理论的汉语视角. 北京：北京大学出版社.
彭小川. 2002. 广州话的动态助词"开". 方言,（2）：127-132.
彭小川. 2003. 广州方言表"持续"义的几种形式及其意义的对比分析. 语文研究,（4）：45-48.
彭小川. 2006a. 广州话含复数量意义的结构助词"啲". 方言,（2）：112-118.
彭小川. 2006b. 广州话是非问句研究. 暨南学报（哲学社会科学版）,（4）：112-117, 152.
片冈新. 2007. 19世纪的粤语处置句："搣"字句//张洪年,张双庆,陈雄根. 第十届国际粤方言研讨会论文集. 北京：中国社会科学出版社：191-200.
片冈新. 2010. 粤语体貌词尾"紧"的演变与发展. 香港：香港中文大学博士学位论文.
片冈新. 2015. 从粤客语语料看进行体标记的特性与语法化. 中国语言学报专著系列,（25）：115-136.
钱奠香. 2002. 海南屯昌闽语语法研究. 昆明：云南大学出版社.
覃东生. 2012. 对广西三个区域性语法现象的考察. 石家庄：河北师范大学博士学位论文.
覃东生,覃凤余. 2015. 广西汉语"去"和壮语方言 pai^1 的两种特殊用法——区域语言学视角下的考察. 民族语文,（2）：68-75.
覃凤余,田春来. 2014. 从平话、壮语看"著"表使役的来源. 汉语史学报,（0）：142-149.
覃凤余,吴福祥. 2009. 南宁白话"过"的两种特殊用法. 民族语文,（3）：16-29.
覃凤余,吴福祥,莫蓓蓓. 2016. 东兰壮语的疑问句//中国社会科学院语言研究所《历史语言学研究》编辑部. 历史语言学研究（第十辑）. 北京：商务印书馆：42-59.
秦绿叶. 2015. 粤客接触引发的语法化——粤语持续体和进行体标记"稳". 广东技术师范学院学报, 36（6）：70-76.
丘宝怡. 2008. 早期粤语能性述补结构研究. 香港：香港中文大学博士学位论文.
单韵鸣. 2009. 广州话动词"够"的语法化和主观化. 语言科学,（6）：633-640.
邵慧君. 2005. 广东茂名粤语小称综论. 方言,（4）：337-341.
邵敬敏,周娟. 2007. 汉语方言正反问的类型学比较. 暨南学报（哲学社会科学版）,（2）：108-117.
沈家煊. 1994. "语法化"研究综观. 外语教学与研究,（4）：17-24, 80.
沈家煊. 1998. 语用法的语法化. 福建外语,（2）：1-8, 14.
沈家煊. 1999. 语法化和形义间的扭曲关系//石锋,潘悟云. 中国语言学的新拓展. 香港：香港城市大学出版社：217-229.

沈家煊. 2001. 语言的"主观性"和"主观化". 外语教学与研究, (4): 268-275, 320.
盛银花. 2007. 湖北安陆方言的否定词和否定式. 方言, (2): 131-136.
施其生. 1984. 汕头方言的持续情貌. 中山大学学报（哲学社会科学版）, (3): 127-136.
施其生. 1985. 闽、吴方言持续貌形式的共同特点. 中山大学学报（哲学社会科学版）, (4): 132-141.
施其生. 1988a. 汕头方言动词短语重叠式. 方言, (2): 149-151.
施其生. 1988b. 从口音的年龄差异看汕头音系及其形成. 中山大学学报（哲学社会科学版）, (3): 102-107.
施其生. 1990. 汕头方言的结构助词"咀"//中山大学中文系本书编委会. 语言文字论集. 广州: 广东人民出版社: 166-179.
施其生. 1995. 论广州方言虚成分的分类. 语言研究, (1): 114-123.
施其生. 1996. 论"有"字句. 语言研究, (1): 26-31.
施其生. 1997a. 论汕头方言中的"重叠". 语言研究, (1): 72-85.
施其生. 1997b. 汕头方言量词和数量词的小称. 方言, (3): 233-236.
施其生. 2006. 汉语方言里的"使然"与"非使然". 中国语文, (4): 333-341, 384.
施其生. 2009. 汉语方言中语言成分的同质兼并. 语言研究, 29 (2): 104-113.
施其生. 2013. 闽南方言的持续体貌. 方言, (4): 289-306.
石毓智. 2003. 现代汉语语法系统的建立——动补结构的产生及其影响. 北京: 北京语言大学出版社.
石毓智. 2006. 语法化的动因与机制. 北京: 北京大学出版社.
石毓智. 2011. 语法化理论——基于汉语发展的历史. 上海: 上海外语教育出版社.
石毓智. 2016. 汉语语法演化史. 南昌: 江西教育出版社.
石毓智, 李讷. 2001. 汉语语法化的历程——形态句法发展的动因和机制. 北京: 北京大学出版社.
石佩璇, 杨靖雯. 2016. 从语法特征看《客话读本》(1936) 的地域性质. 中国语文法研究, (5): 204-217.
史金生. 2017. 语法化的语用机制与汉语虚词研究. 上海: 学林出版社.
史文磊. 2021. 关于语法化及语法性的思考. 东方语言学, (1): 25-54.
寿永明. 1999. 绍兴方言的反复问句. 绍兴文理学院学报（哲学社会科学版）, (3): 7-10.
太田辰夫. 2003. 中国语历史文法. 2 版. 蒋绍愚, 徐昌华译. 北京: 北京大学出版社.
谭季强. 1925. 分类通行广州话. 广州: 越华印务局.
汤志祥. 2000. 粤语的常见后缀. 方言, (4): 342-349.
汪化云. 2008. 汉语方言"个类词"研究. 历史语言研究所集刊, (79): 517-573.
王春玲. 2011. 西充方言语法研究. 北京: 中华书局.
王福堂. 2003. 绍兴方言中的两种述语重叠方式及其语义解释//上海市语文学会, 香港中国语文学会. 吴语研究——第二届国际吴方言学术研讨会论文集. 上海: 上海教育出版社: 231-236.
王福堂. 2004. 原始闽语中的清弱化声母和相关的"第九调". 中国语文, (2): 135-144, 191-192.
王健. 2013. 一些南方方言中来自言说动词的意外范畴标记. 方言, (2): 111-119.
王玉梅. 2008. 泗阳方言正反问句研究. 南京: 南京师范大学硕士学位论文.
韦玉丽. 2008. 广西蒙山粤语研究. 桂林: 广西师范大学硕士学位论文.

温美姬. 2017. 赣语吉安横江话的持续体. 嘉应学院学报，（1）：73-77.
吴福祥. 1998. 重谈"动+了+宾"格式的来源和完成体助词"了"的产生. 中国语文，（6）：452-462.
吴福祥. 2001. 南方方言几个状态补语标记的来源（一）. 方言，（4）：344-354.
吴福祥. 2002. 汉语能性述补结构"V得／不C"的语法化. 中国语文，（1）：29-40，95.
吴福祥. 2003. 汉语伴随介词语法化的类型学研究——兼论SVO型语言中伴随介词的两种演化模式. 中国语文，（1）：43-58，96.
吴福祥. 2005a. 粤语能性述补结构"Neg-V得OC/CO"的来源. 方言，（4）：306-318.
吴福祥. 2005b. 汉语语法化演变的几个类型学特征. 中国语文，（6）：483-494，575.
吴福祥. 2007a. 多功能语素、语义图模型与语法化路径（详纲）. 高级语言学暑期班讲义.
吴福祥. 2007b. 关于语言接触引发的演变. 民族语文，（2）：3-23.
吴福祥. 2008. 南方语言正反问句的来源. 民族语文，（1）：3-18.
吴福祥. 2009a. 语法化的新视野——接触引发的语法化. 当代语言学，（3）：193-206，285.
吴福祥. 2009b. 南方民族语言动宾补语序的演变和变异. 南开语言学刊，（2）：59-73，179.
吴福祥. 2009c. 南方民族语言关系小句结构式语序的演变和变异——基于接触语言学和语言类型学的分析. 语言研究，（3）：72-85.
吴福祥. 2009d. 从"得"义动词到补语标记——东南亚语言的一种语法化区域. 中国语文，（3）：195-211，287.
吴福祥. 2010a. 汉语方言里与趋向动词相关的几种语法化模式. 方言，（2）：97-113.
吴福祥. 2010b. 粤语差比式"X+A+过+Y"的类型学地位——比较方言学和区域类型学的视角. 中国语文，（3）：238-255，288.
吴福祥. 2011. 多功能语素与语义图模型. 语言研究，（1）：25-42.
吴福祥. 2013. 关于语法演变的机制. 古汉语研究，（3）：59-71，96.
吴福祥. 2014a. 语义图与语法化. 世界汉语教学，（1）：3-17.
吴福祥. 2014b. 结构重组与构式拷贝——语法结构复制的两种机制. 中国语文，（2）：99-109，191.
吴福祥. 2015a. 白语no^{33}的多功能模式及演化路径. 民族语文，（1）：3-22.
吴福祥. 2015b. 近代汉语语法. 北京：中国社会科学出版社.
吴福祥. 2017. 语法化与语义图. 上海：学林出版社.
伍巍，陈卫强. 2008. 一百年来广州话反复问句演变过程初探. 语言研究，（3）：13-18.
项梦冰. 1990. 连城（新泉）话的反复问句. 方言，（2）：48-56.
项梦冰. 1997. 连城客家话语法研究. 北京：语文出版社.
肖萬萍. 2010a. 桂北永福官话的"着". 语言研究，（3）：103-106.
肖萬萍. 2010b. 桂北永福话中的"捱"和"给". 现代语文（语言研究版），（9）：91-93.
谢留文. 1995. 客家方言的一种反复问句. 方言，（3）：208-210.
邢公畹. 1987. 语言的"专化作用"和对外汉语教学. 世界汉语教学，（1）：5-7.
邢向东. 2011. 陕北神木话的话题标记"来"和"去"及其由来. 中国语文，（6）：519-526，575-576.
徐烈炯. 1998. 非对比性的方言语法研究. 方言，（3）：188-191.
许卫东. 2005. 山东招远话中的AA式和AAB式正反问句. 中国语文，（5）：474-476.
严丽明. 2009. 广州话表示修正的助词"过". 方言，（2）：134-139.

严丽明. 2016. 广府粤语"去+VP"结构的语法化预期及相关问题分析. 暨南学报（哲学社会科学版），38（5）：28-32.

杨璧菀. 2007. 怀集白话语音研究. 西安：陕西师范大学硕士学位论文.

杨璧菀. 2010. 标话语音研究. 北京：北京语言大学博士学位论文.

杨璧菀. 2011. 怀集客家话的地理分布及语言特点. 嘉应学院学报，（4）：9-17.

杨璧菀. 2012. 广东怀集下坊话同音字汇. 方言，（4）：326-343.

杨将领. 2004. 独龙语的情态范畴. 民族语文，（4）：2-6.

杨敬宇. 1999. 广州方言动态助词"住"的历史渊源. 学术研究，（4）：59-61.

杨敬宇. 2005. 三部粤讴作品中的可能式否定形式. 方言，27（4）：319-322.

杨敬宇. 2006. 清末粤方言语法及其发展研究. 广州：广东人民出版社.

杨永龙. 2001. 《朱子语类》完成体研究. 开封：河南大学出版社.

杨永龙. 2017. 实词虚化与结构式的语法化. 上海：学林出版社.

姚玉敏. 2008. 粤语开始体"起上嚟"的产生//纪念李方桂先生中国语言学研究学会，香港科技大学中国语言学研究中心. 中国语言学集刊. 北京：中华书局，2（2）：127-147.

叶国泉，唐志东. 1982. 信宜方言的变音. 方言，（1）：47-51.

易丹. 2007. 柳州方言中的"挨"字句. 广西民族大学学报（哲学社会科学版），（S2）：143-144.

游汝杰. 2004. 方言接触和上海话的形成//邹嘉彦，游汝杰. 语言接触论集. 上海：上海教育出版社：319-346.

曾献飞. 2006. 汝城方言研究. 北京：文化艺术出版社.

曾毅平. 2000. 石城（龙岗）方言的介词//李如龙，张双庆. 介词. 广州：暨南大学出版社：205-226.

詹伯慧. 1958. 粤方言中的虚词"亲、住、翻、埋、添". 中国语文，（3）：119-122.

詹伯慧，甘于恩. 2002. 雷州方言与雷州文化. 学术研究，（9）：138-142.

詹伯慧，张日升. 1988. 珠江三角洲方言词汇对照. 广州：广东人民出版社.

詹伯慧，张日升. 1994. 粤北十县市粤方言调查报告. 广州：暨南大学出版社.

詹伯慧，张日升. 1998. 粤西十县市粤方言调查报告. 广州：暨南大学出版社.

张洪年. 1972. 香港粤语语法的研究. 香港：香港中文大学出版社.

张洪年. 2007. 香港粤语语法的研究（增订版）. 香港：香港中文大学出版社.

张洪年. 2009. *Cantonese Made Easy*：早期粤语中的语气助词. 中国语言学集刊，3（2）：131-168.

张洪年. 2017. 一切从语言开始. 香港：香港中文大学出版社：2-45.

张均如，梁敏，欧阳觉亚，等. 1999. 壮语方言研究. 成都：四川民族出版社.

张敏. 2010. "语义地图模型"：原理、操作及在汉语多功能语法形式研究中的运用//北京大学汉语语言学研究中心《语言学论丛》编委会. 语言学论丛（第四十二辑）. 北京：商务印书馆：3-60.

张敏. 2011. 汉语方言双及物结构南北差异的成因：类型学研究引发的新问题. 中国语言学集刊，（2）：87-270.

张双庆. 1996. 动词的体. 香港：香港中文大学中国文化研究所吴多泰中国语文研究中心.

张双庆，郭必之. 2005. 香港粤语两种差比句的交替. 中国语文，（3）：232-238.

张惟，高华. 2012. 粤语自然会话中"即係"的话语功能及其标记化. 语言科学，（4）：387-395.

张一舟，张清源，邓英树. 2001. 成都方言语法研究. 成都：巴蜀书社.

赵日新. 2000. 绩溪方言的介词//李如龙，张双庆. 介词. 广州：暨南大学出版社：78-93.

赵元任. 1979. 汉语口语语法. 吕叔湘译. 北京：商务印书馆.
赵元任. 1980. 中国话的文法. 丁邦新译. 香港：中文大学出版社.
赵元任. 2002. 汉语的字调跟语调//赵元任. 赵元任语言学论文集. 北京：商务印书馆：734-749.
郑懿德. 1983. 福州方言单音动词重叠式. 中国语文, （1）：30-39.
郑懿德. 1985. 福州方言的"有"字句. 方言, （4）：309-313.
郑张尚芳. 2003. 汉语与亲属语言比较的方法问题. 南开语言学刊, （0）：1-10.
中国社会科学院, 澳大利亚人文科学院. 1987. 中国语言地图集. 香港：香港朗文（远东）有限公司.
中国社会科学院语言研究所词典编辑室. 2016. 现代汉语词典. 7版. 北京：商务印书馆.
钟棣庆. 2013. 梧州粤语表体范畴的语法化音变——以完成体为例. 语文学刊, （17）：26-27.
钟静. 2009. 广西博白客家话的体标记"紧". 现代语文（语言研究版）, （9）：102-103.
周昀. 2006. 肇庆市粤语勾漏片中性问句研究. 广州：中山大学硕士学位论文.
朱德熙. 1982. 语法讲义. 北京：商务印书馆.
朱德熙. 1985. 《语言地理类型学》序//桥本万太郎. 语言地理类型学. 余志鸿译. 北京：北京大学出版社.
朱德熙. 1991. "V-neg-VO"与"VO-neg-V"两种反复问句在汉语方言里的分布. 中国语文, （5）：321-332.
竹越美奈子. 2005. 吴语闽语和广东话之间的联系和差异——广东话动词前、动词后"喺度"的表达功用和形成//沈家煊, 吴福祥, 马贝加. 语法化与语法研究（二）. 北京：商务印书馆：397-405.
庄初升. 2007. 一百多年前新界客家方言的体标记"开"和"里". 暨南学报（哲学社会科学版）, （3）：148-152, 158, 209.
庄初升. 2010. 清末民初西洋人编写的客家方言文献. 语言研究, （1）：94-100.
庄初升, 黄婷婷. 2014. 19世纪香港新界的客家方言. 广州：广东人民出版社.
Hopper, P. J. 2001. 语法化学说. 北京：外语教学与研究出版社.
Hopper, P. J., Traugott, E. C. 2001. 语法化学说. 英文版. 北京:外语教学与研究出版社.
Labov, W. 2001. On the use of the present to explain the past. In 拉波夫, 拉波夫语言学自选集(pp. 328-374). 北京:北京语言文化大学出版社.
Ansaldo, U. 1999. *Comparative Constructions in Sinitic: A Real Typology and Patterns of Grammaticalization*. Doctoral dissertation. Stockholm: Stockholm University.
Ball, J. D. 1883. *Cantonese Made Easy*. Hong Kong: China Mail Office.
Ball, J. D. 1888. *Cantonese Made Easy*. 2nd edn. Hong Kong: China Mail Office.
Ball, J. D. 1902. *How to Speak Cantonese*. 2nd edn. Hong Kong: Kelly & Walsh Limited.
Ball, J. D. 1907. *Cantonese Made Easy*. 3rd edn. Singapore-Hong Kong- Shanghai-Yokohama: Kelly & Walsh Limited.
Ball, J. D. 1912. *How to Speak Cantonese*. 4th edn. Hong Kong: Kelly & Walsh Limited.
Ball, J. D. 1924. *Cantonese Made Easy*. 4th edn. Hong Kong: Kelly & Walsh Limited.
Bonney, S. W. 1854. *A Vocabulary with Colloquial Phrases of the Canton Dialect*. Canton: The Office of the Chinese Repository.
Bridgman, E. C. 1841. *A Chinese Chrestomathy in the Canton Dialect*. Macao: S. Wells Williams.

Bruce, D. E. 1877. *Easy Phrases in the Canton Dialect of the Chinese Language*. San Francisco: Bruce's Printing House.
Burdon, J. S. 1877. *Forty Chapters on Cantonese Phrases*. Hong Kong: St. Paul's College.
Bybee, J. L., Perkins, R. D. & Pagliuca, W. 1994. *The Evolution of Grammar: Tense, Aspect, and Modality in the Languages in the World*. Chicago: University of Chicago Press.
Chalmers, J. 1862. *An English and Cantonese Pocket-Dictionary*. 2nd edn. Hong Kong: The London Missionary Society's Press.
Chanppell, H & Lamarre, C. 2005. *A Concise Grammar of Hakka*. Pairs: Centre de Recherches Linguistques sur l'Asie Orientale.
Chao, Y. R. 1947. *Cantonese Primer*. Cambridge: Harvard University Press.
Chao, Y. R. 1968. *A Grammar of Spoken Chinese*. Berkeley and Los Angeles: University of California Press.
Cheung, H.-N. S. 2001. The Interrogative construction: (Re)Constructing early Cantonese grammar. In H. Chappell (Ed.), *Sinitic Grammar: Synchronic and Diachronic Perspectives* (pp.198-212). Oxford: Oxford University Press.
Chin, A. C. 2011. Grammaticalization of the Cantonese double object verb [pei^{35}] 畀 in typological and areal perspectives. *Language and Linguistics*, 12(3): 529-563.
Chor, W. 2010. Inclusion of the outsider—grammaticalization of the verbal particle maai in Cantonese. *Taiwan Journal of Linguistics*, 8(2): 33-62.
Chor, W. 2013. From "direction" to "positive evaluation": On the grammaticalization, subjectification and intersubjectification of faan1 "return" in Cantonese. *Language and Linguistics*, 14(1): 91-134.
Comrie, B. 1976. *Aspect*. Cambridge: Cambridge University Press.
Grainger, A. 1900. *Western Mandarin, or the Spoken Language of Western China*. Shanghai: American Presbyterian Mission Press.
Haspelmath, M. 2003. The geometry of grammatical meaning: Semantic maps and cross-linguistic comparison. In M. Tomasello (Ed.), *The New Psychology of Language, Vol.2* (pp. 211-243). New York: Erlbaum.
Heine, B. & Kuteva, T. 2002. *World Lexicon of Grammaticalization*. Cambridge: Cambridge University Press.
Heine, B. & Kuteva, T. 2003. On contact-induced grammaticalization. *Studies in Language*, 27(3): 529-572.
Heine, B. & Kuteva, T. 2005. *Language Contact and Grammatical Change*. Cambridge: Cambridge University Press.
Heine, B., Claudi, U. & Hünemeyer, F. 1991. *Grammaticalization: A Conceptual Framework*. Chicago and London: The University of Chicago Press.
Hopper, P. J. & Traugott, E.C. 2003. *Grammaticalization*. 2nd edn. Cambridge: Cambridge University Press.
Jurafsky, D. 1988. On the semantics of Cantonese changed tone. *Berkeley Linguistics Society*, 14: 304-318.

Jurafsky, D. 1996. Universal tendencies in the semantics of the diminutive. *Language*, 72(3): 533-578.

Kwok, B. C., Chin, A. C. & Tsou, B. K. 2009. The strata of diminutive suffixes in Huazhou Yue: A language contact perspective. Paper presented at the 17th Annual Conference of the International Association of Chinese Linguistics (IACL-17). Paris: CRLAO, EHESS.

Leung, W. M. 2006. On the Synchrony and Diachrony of Sentence-final Particles: The Case of Wo in Cantonese. Doctoral Dissertation. HongKong: The University of Hong Kong.

Li, K. M. 2002. On Cantonese Causative Constructions: Iconicity, Grammaticalization and Semantic Structures. Master Dissertation. Hong Kong: The University of Hong Kong.

Lyons, J. 1977. *Semantics (Vol.2)*. Cambridge: Cambridge University Press.

Mackenzie, M. C. 1905. A Chinese-English Dictionary, Hakka Dialect as Spoken in Kwang-tung Province. Shanghai: American Presbyterian Mission Press.

Matthews, S. 1998. Evidentiality and mirativity in cantonese: wo5, wo4, wo3. Unpublished doctoral dissertation. Hong Kong: The University of Hong Kong.

Matthews, S. & Yip, V. 2009. Contact-induced grammaticalization: Evidence from bilingual acquisition. *Studies in Language*, 33: 366-395.

Meillet, A. 1912. L'évolution des formes grammaticales. *Scientia: Rivista di Scienza*, (12): 384-400.

Morrison, R. 1828. *A Vocabulary of the Canton Dialect*. Macao: The Honorable East India Company's Press.

Omar L.K,M.A.,M.D. 1917. *CHINESE LESSONS for First Year Students in West China*. Chengdu: The Union University.

Palmer, F. R. 2001. *Mood and Modality*. 2nd edn. Cambridge: Cambridge University Press.

Par Plusieurs Missionnaires du Sé-Tch'oūan Meridional. 1893. *Dictionnaire Chinois-Français de la Langue Mandarine Parlée*. Hong Kong: Imprimerie de la société des Missions Étrangères.

Speas, M. 2004. Evidentiality, logophoricity and the syntactic representation of pragmatic features. *Lingua*, (3): 255-276.

Stedman, T. L. & Lee, K. P. 1888. *A Chinese and English Phrase Book in the Canton Dialect*. New York: William R. Jenkins.

Tang, S. 2014. Cartographic syntax of pragmatic projections. In A. Li, A. Simpson & Wei-tien Dylan Tsai (Eds.), *Chinese Syntax in a Cross-linguistic Perspective* (pp. 429-441). Oxford and NewYork: Oxford University Press.

Williams, S.W. 1842. *Easy Lessons in Chinese*. Macau: Office of the Chinese Repository.

Wisner, O. F. 1906. *Beginning Cantonese*. Canton: China Baptist Publication Society.

Yiu, C. Y.-M. 2013. Directional verbs in Cantonese: A typological and historical study. *Language and Linguistics*, 14(3): 511-569.

Yue, O. A. 2001. The verb-complement construction in historical perspective with special reference to Cantonese. In H. Chappell (Ed.), *Synchronic and Diachronic Perspectives on the Grammar of Sinitic Languages* (pp. 232-265). Oxford and New York: Oxford University Press.

Yue, O. A. 2004. Materials for the diachronic study of the Yue dialects. In F. Shi, Z. W. Shen (Eds.), *The Joy of Research: A Festschrift in Honor of Professor William S-Y. Wang on His Seventieth*

Birthday (pp. 246-271). Tianjin: Nankai University Press.

Yue, O. A. 2011. Study of grammar in temporal and spatial perspectives: you³ 有 in the OBI, ancient documents and the dialects. *Bulletin of Chinese Linguistics*, 4(2): 1-80.

后 记

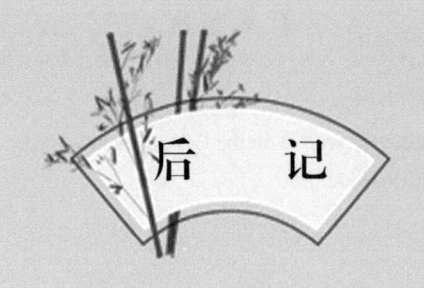

本书的写作基础，是 15 篇论文，分别对应于本书的第 1~15 章。这 15 篇论文的具体信息如下。

1.《粤方言语法化研究综观》，《惠州学院学报》2019 年第 2 期（与张海红、李敏盈合作）；

2.《粤西方言的一组区域性语法特征——从"接触引发的语法化"与语义地图相结合的框架看》，Bulletin of Chinese Linguistics 2017 年第 10 期（与吴雪钰、刘祉灵合作）；

3.《廉江粤语"头先"和"正"多功能性的来源》，《中国语文》2014 年第 4 期（与李雅伦合作）；

4.《四川资中方言"过"的多功能性及其语法化》，《语言研究集刊》第十四辑，学林出版社 2015 年版（与肖棱丹合作）；

5.《四川资中方言"来"的多功能性及其语法化》，《中国语文》2016 年第 2 期（与肖棱丹合作）；

6.《贵港粤语"开"的多功能性及其来源》，（日本）《现代中国语研究》2016 年总第 16 期（与李雅伦合作）；

7.《廉江方言起始体助词"起身"的语法化——兼谈语法化的不一致现象》，《语言科学》2006 年第 4 期；

8.《广东会城粤语的完成体助词"减"》，《粤语研究》2015 年总第 17 期（与李雅伦合作）；

9.《北流粤方言"着"（阳入）的多功能性及其探源》，《语言科学》2019 年第 5 期（与陈秀明合作）；

10.《粤语的持续体貌系统》，《方言》2021 年第 4 期（与刘玲、陈秀明合作）；

11.《廉江方言言说义动词"讲"的语法化》，《中国语文》2007 年第 2 期

后　记

（与马喆合作）；

12.《转述与直述——粤语言说性语气助词的功能分化》，《语法化与语法研究（八）》，商务印书馆 2017 年版（与李敏盈合作）；

13.《广东廉江粤语句末疑问语调与语气助词的叠加关系》，《方言》2015 年第 1 期（与吴雪钰合作）；

14.《怀集下坊粤语的重叠式疑问句及其探源——与怀集标话、顺德粤语相联系》，《语言学论丛》第五十七辑，商务印书馆 2018 年版（与黄怡辛合作）；

15.《粤西粤语小称的形式和功能》，《中国语言学报》第十七期，商务印书馆 2016 年版（与卢妙丹合作）。

以上论文的合作者，除了广州大学的马喆副教授外，都是我指导过的研究生，以硕士生为主。征得以上合作者同意后，我对论文进行了适当的调整，统一体例，有些地方借机进行了改正和补充。其中，第 7 章和第 11 章曾收入到我的另一本小书《廉江粤语语法研究》（北京大学出版社，2014）中，此处略作修改。研究生蔡黎雯、刘玲、颜铌婷、李华琛、沈冰、洪妍、刘燕婷、邓秋玲、罗虞欢、柯淑玲、郭韵、黄笑赧、谭葭钰、陈舒婷、周正莹等曾帮忙编辑、校对书稿。此外，曹兴隆博士也提出了不少意见。教学相长，谢谢各位同学。

自 2005 年完成博士学位论文《广东廉江方言助词研究》至今，我和中山大学的同学们一直注意从语法化的视角来考虑方言语法问题。具体一点，是注意从动态演变的角度对方言语法描写进行观照。对我来说，引入语法化的视角，得益于在南开大学的学习经历，尤其是洪波老师和柯理思老师的讲授。下一步的写作计划，如果顺利的话，我们将再回到描写的细节中。

除了感谢我的本科、硕士生导师马庆株教授，博士生导师施其生教授外，还要感谢李如龙、唐钰明、张双庆、麦耘、彭小川、方小燕、邢欣、洪波、方梅、邢向东、李炜、庄初升、邓思颖、郭必之、张庆文等各位师友，感谢他们在写作过程中提供的指导或帮助。马庆株先生提出的语义功能语法理论，与语法化、语义地图模型等理论方法，可以很好地相互融合。尤其感谢柯理思老师，为小书写序，增辉不少。每次请益，她都给予了无私的帮助。还有诸多师友及同事（刘街生、陆烁、金健、邵明园、曾南逸、黄燕旋等），无法一一列出，在此由衷致谢，并道一声"珍重"。科学出版社的王丹女士等，为本书做了大量细致的编辑、校对工作，纠正了许多错误，减少了多处遗憾。本书可成为以上 15 篇论文的修订本。在此向科学出版社表示由衷的敬意。

付梓之际，吴晓懿学兄欣然为封面题字，在此鸣谢。

本书作为国家社科基金重大项目"清末民国汉语五大方言比较研究及数据库建设"（批准号：22&ZD297）的中期成果，得到了国家社科基金重大项目"海外珍藏汉语文献与南方明清汉语研究"（批准号：12&ZD178）及中山大学中国语言文学系学科建设经费的支持，谨致谢忱。敬请各位批评指正！

作　者

2022年2月11日

于康乐园中文堂